黃復山 著

東漢讖緯學新探

臺灣學生書局印行

自序

讖緯之為學，怪矣！神矣！怪者其文辭，譎張幻奇而艱澀難解；神者其預言，暗喻明指而纖微必中。惟詳究其學，乃知神道設教，故作高妙，斯亦為政、誡君，篡奪、詐譎之一術也。然而於東漢經學中，渠何得雄踞高位，致令帝王循之以制國體，碩儒藉之而解群經？斯亦令人深深致惑者！

吾本治漢、宋經學，以讖緯影響東漢經學深遠，而北宋歐陽修乃視之若寇讎，因激發好奇，欲究其所以。然而讖緯佚文殘亂散敓，雖得輯本數種，仍難窺其門徑。唯幸適逢科學昌明、資訊便捷之年代，既得電腦快速處理龐雜之資料，又可自各類文史資料庫網站大量載錄相關文獻，所得乃快逾從前。由讖緯資料之彙整、編年中，察知歷代成說雜揉光武帝圖讖與世俗讖文為一，殆不明讖緯流衍所致，因而先取《尚書緯》部分，撰為博士論文〈漢代《尚書》讖緯學述〉，初論緯書輯本之佚文並無「讖、緯」之別。

既忝列上庠，教授《史》、《漢》及《讖緯研究》，乃寓學於教，並以漢代經學中之讖緯議題，請得國科會研究計畫補助，迄今已完成「漢代《河圖》、《洛書》研究」及「《白虎通》與東漢圖讖關係探論」兩案，而「漢代《公羊》學與讖緯關係探論」則為今年正執行者。研究過程中，先取緯書輯本，作佚文之全面類分，以見光武圖讖之大要，再準以比覈漢代經學文獻，期得明確之論斷，此亦可由本書各篇之探論中見之也。所論《河圖》、《洛書》及漢代《公羊》學部分，資料雖舊，然覈以完整之讖緯學流衍，其論斷得以惟新，故名之曰「新探」。

質言之，欲藉「新探」以澄清讖緯學定義：若據「緯書輯本」而論讖緯，則其書出自光武圖讖八十一卷，原書未作「配經、預言」之劃分；若欲泛論政治性符命、讖語或《推背圖》等讖書，則其術本即無與於經學，固無「配經」與否之疑問。

惟雖費時數載，管窺之獲，實僅滄海一粟，尚待著力者，厥為「佚文類釋」之作，於佚文類編之礎石上，再考覈歷代相關文獻，逐一為作字句校勘及文義闡釋，期使斷簡殘編之輯本雜句，得以窺其斑豹，是為至願。尚祈博雅君子有以教我。

東漢讖緯學新探

目　次

壹、引　論

「讖緯」名義，究竟何指？歷代說辭紛紜，莫衷一是。惟就現今學界之研究而言，其論議之依據，泰半取材自明、清以迄現代之諸家「緯書輯本」，乃無可疑者。然而「緯書輯本」之作，多見文獻上之訛舛。蓋輯佚諸家，自元末陶宗儀、明末孫瑴，以迄日本安居香山等❶，

---

❶ 明、清以來，十三種緯書輯佚本如下：

(1)〔元〕陶宗儀一〇〇卷《說郛》輯本。
(2)〔明〕一二〇卷《說郛》輯本。
(3)〔明〕孫瑴：《古微書·删微》。
(4)〔清〕文淵閣：《四庫全書》本《易緯》。
(5)〔清〕殷元正：《緯書》。
(6)〔清〕趙在翰：《七緯》。
(7)〔清〕陳喬樅：《詩緯集證》。
(8)〔清〕馬國翰：《玉函山房輯佚書》輯本。
(9)〔清〕喬松年：《緯攟》。
(10)〔清〕顧觀光：《七緯拾遺》。

雖以裒輯東漢圖讖八十一卷為初衷，而原書自唐、宋佚亡以來，未見傳本，其內容、篇目之真偽，本難定論；是以輯佚之際，或有誤收後世偽造緯書❷、誤收西漢專書❸、誤認西漢傳記❹、誤取魏、晉以後文獻為佚文❺等謬誤。其中尤以誤認佚文一事，最易誤導研究方向。蓋

⑾〔清〕劉學寵：《諸經緯遺》。

⑿〔清〕黃奭：《黃氏逸書考・通緯》。

⒀日・安居香山、中村璋八：《重修緯書集成》。

其中⑴僅見於一〇〇卷本《說郛》（上海古籍出版社，一九八八年）中，⑵至⑿已由上海古籍出版社編入《緯書集成》，其中《古微書》收錄《四庫全書》本及《問月樓》本兩種，惟皆不及錢熙祚道光二十一年之考注本便於參校；黃奭《通緯》原收入《漢學堂》輯本中，佚文較少，《集成》所收乃民國二十四年朱長圻增補別刊本，篇幅增多，當屬輯本中最完備者。⒀由安居香山所編，原為油印本，重修後改作鉛排本，所收條數最多，一九九四年由河北人民出版社據以標點刊行，最得研究者青睞。

❷ 如《四庫全書・易緯》誤收宋人偽作之《易乾坤鑿度》。

❸ 如〔明〕孫瑴《古微書》誤收《尚書五行傳》、〔清〕劉學寵《諸經緯遺》誤收《大戴禮逸》。

❹ 諸家輯本皆有誤認佚文處，清喬松年《緯攟・古微書訂誤》，專論《古微書》輯佚訛誤二〇〇條，其中確屬誤輯者計二十條；本書〈《公羊傳注疏》之讖緯資料類編考釋〉，於第五二、一〇〇組亦作考論。

❺ 如黃奭《通緯・春秋元命包》誤收「齊受籙之，當魏終之際，得乘三十五以為節，應六百七十六以為章」（《春秋緯》卷三，頁五九）、《論語比考讖》誤收「孔長彥、孔季彥兄弟，聚徒數百」云云（《論語讖》卷四，頁四），安居香山《重修緯書集成・河圖表紀》誤收「歲星、熒惑，守留平道，經七十日。惠帝元康元年十二月，填星、辰星守陵天平道，臣昌君令不行」（卷六，頁一三一）。

緯書輯本誤收西漢經義充作東漢圖讖，本已非是，學者又循其誤以論定東漢圖讖，乃是據明、清人之讖緯，論述東漢之圖讖，一如取材偽《古文尚書》以論先秦史實、經義，豈能得其真貌？

余嘗偏考兩漢、六朝與讖緯有關之文獻，彙為「讖緯資料編年」，據以撰為〈「讖」「緯」異名同實考辨〉；更於博士論文〈漢代《尚書》讖緯學述〉中，專章考論「漢代讖緯學流衍」，於學者區分「讖為隱語，緯以配經」，造成讖緯學之混淆處，詳作釐清。是以下段所述，有摘自二文者，不再別注出典。

繫聯史料所載東漢圖讖之傳流情況，可知光武帝即位後，乃詔命朝臣編纂圖讖，於建武三十二年（西元五六）纂成八十一卷，並「宣布圖讖於天下」。自此以迄鄭玄避黨錮之禍，閉門偏注群緯（約一六七），其間一百一十餘載，君臣詔令、奏疏以及《白虎通》所見之圖讖篇名，蓋有：

1.《詩氾歷樞》；
2.《尚書璇璣鈐》、《帝命驗》、《刑德放》、《尚書中候》；
3.《禮稽命徵》、《含文嘉》；
4.《樂動聲儀》、《稽耀嘉》、《叶圖徵》；
5.《易乾鑿度》、《中孚經》；
6.《春秋讖》、《保乾圖》、《元命苞》、《潛潭巴》、《感精符》；

7.《孝經讖》、《鉤命決》、《援神契》；

8.《論語讖》；

9.《河圖赤伏符》、《會昌符》、《合古篇》、《提劉予》；

10.《雒書甄曜度》；

凡十種、二十四篇（《春秋讖》、《孝經讖》不計），皆見於諸家緯書輯本中；且所引讖文，比覈輯本佚文及鄭玄、宋均注文，亦自相同。張衡於順帝陽嘉元年（西元一三二）上疏非讖，亦云：「《河》、《洛》、六藝，篇錄已定，後人皮傅，無所容篡。」❻是以光武以迄鄭玄，並未別纂配經之「緯書」，君臣所用皆取自光武圖讖；此即《隋書・經籍志》所載「鄭玄注」、「魏博士宋均注」之緯書，亦即明、清輯佚所欲還原之緯書也。至若安居香山推論：「緯書正是在東漢末年被整理成卷帙的。而後《隋書》作者在撰寫《經籍志》時，才加以匯集整理并附載在〈經類〉末尾」❼之說辭，顯然不可採信。

皮錫瑞《經學歷史》嘗分別「讖」「緯」之優劣，曰：「圖讖本方士之書，與經義不相涉，漢儒增益祕緯，乃以讖文牽合經義。其合於經義者近純，其涉於讖文者多駁。故緯，純

---

❻〔劉宋〕范曄：《後漢書》卷五十九，〈張衡列傳〉頁一九一二。

❼日・安居香山：《緯書與中國神秘思想》（河北人民出版社，一九九一年），頁一四三。

駮互見，未可一概詆之。」❽安居香山言之更詳：「緯書的內容大別之可分為讖和緯。……在今天殘存的緯書中，被稱為讖的內容也摻入到某些緯書之中，其數量大概占全部緯書的一半，而由於過分強調緯書這方面的內容，于是把緯書也說成是一種預言未來的書。」❾王葆玹亦謂：「就其出處而言，讖書多假稱是天帝詔命之符，緯書則偽託是古代聖人的作品；就其思想內容而言，讖書多是關於改朝換代的充滿神秘色彩的預言，緯書則多少有些自然科學和哲學方面的思想。」❿

然而光武圖讖八十一卷原無「預言、配經」之別，學者所以有此誤解，殆不明「緯書」之產生年代所致也。學者習以《莊子》「繙十二經」、李尋「五經六緯」、許慎《說文》、班固「聖人作經，賢者緯之」等說，論定西漢已有「緯書」。然而《莊子》「十二」一詞，陳槃、陳鼓應二位已考知其為「六」字缺壞；李尋之「六緯」則泛述星象，並非指稱書冊；《說文》「緯」字，絕無「緯書」之義；班固說緯，亦為朱彝尊《經義考》誤取三國孟康所言，冠諸班固而成。「緯書」一名，實由漢末鄭玄首言。鄭玄避黨錮之禍，閉門注解圖讖，始名光武圖讖為「緯」，又歸諸孔子親撰，以提昇其地位；惟尚未區分八十一卷有「緯、讖」

❽ 皮錫瑞：《經學歷史·經學極盛時代》（臺北：河洛圖書出版社，民國六十三年），頁一〇九。
❾ 日·安居香山：《緯書與中國神秘思想》，頁一四。
❿ 王葆玹：《西漢經學源流》（臺北：東大圖書公司，民國八十三年），頁三八四。

之別。

鄭玄之前絕無「緯書」傳世，亦無「配經」之書命名曰「緯」者，《隋書・經籍志》採鄭玄「孔子親撰緯書」之語，更作曲說，乃謂「孔子既敘六經，……別立緯及讖，以遺來世」。是以後世盲從，皆謂緯書八十一卷雜有讖語，是即「緯近乎醇、讖駁以雜」，優劣分矣；致使緯書之輯佚，亦衍生不同之標準⓫。今日研究者若據「緯書輯本」以論東漢圖讖，則應知八十一卷之前，並無「配經」之「緯書」傳世；使用輯本佚文時，亦應考辨該條是否有誤收問題。

職是之故，余近年來乃致力於漢代讖緯文獻之基礎研究，由論述《河圖》、《雒書》與「經讖」之關係，以明圖讖八十一卷之內容，乃知不必強分二者優劣⓬；再詳覈東漢經學重鎮所在之《白虎通》，與圖讖間之具體關聯；循此逐步探討東漢讖緯之真象。

⓫ 如趙在翰〈七緯總敘〉云：「七緯配七經而出也，……建武以來，與讖并偁，……然而緯自緯、讖自讖，詭號亂流，遂義懸越。」（《七緯》卷三十八，頁一）是以輯六經緯與《孝經緯》合為《七緯》，不以《論語讖》、《河圖》、《雒書》為「緯書」。

⓬ 王葆玹《西漢經學源流》即有此意，曰：「《符命》、《河圖》、《雒書》都是讖書，《七經緯》則是緯書，兩者有很大的不同。」（頁三八六）

一、東漢《河圖》、《雒書》考

《河》、《雒》本為先秦流傳之祥瑞名詞，《墨子·非攻》、《呂覽·應同》、《史記·秦始皇本紀》等，嘗略載其說辭；其餘如《論語·子罕》、《易·繫辭》、《管子·小匡》、《禮記·禮運》等篇，則僅言其名，而未述其內文。惟自光武取《河》、《雒》編入圖讖八十一卷後，遂產生具體之影響。

《河》、《雒》既納入光武官定之圖讖中，彼與配經之緯書有何異同？乃讖緯學中頗具爭議之問題。《隋志》以《河》、《雒》十五篇，為黃帝至周文王所受之於天者；黃帝、周文等九聖又演之為三十篇；合以孔子所撰七經緯三十六篇，乃得八十一篇之數。遂將光武圖讖分作「《河》、《雒》」與「經讖」二種、「上古天命、九聖增衍、孔子撰作」三類。然而詳作比覈之後，可知《隋志》所言實屬臆測，《河》、《雒》與七經讖輒有內容重複之處，詳見本書〈東漢《河圖》、《雒書》與「經讖」關係之探討〉。

至於《河》、《雒》之具體內容，及所產生之影響，以下略作論述：

㈠《河》、《雒》之佚文條數及內容

以黃奭《通緯》之《河》、《雒》佚文條數為例：所收《河圖》佚文八六三條、《雒書》

一八六條，共計一〇四九條，其中有雖分數條，實屬於一段者⑬，約九十條。經由分類比對後，前後文雷同複見者約得一六〇條，則《河》、《雒》佚文約賸八百條，其中又有七十餘條與「經讖」佚文字句相同或相近；另外泛論星象占驗、陰陽概念，屬於西漢通讖而與「經讖」文意相類者，又約得二百餘條。扣除之後，《河》、《雒》佚文一〇四九條，僅有五百餘條是「經讖」所無，惟此類文意又多與《山海經》、《淮南子》、《星經》等雜有方士、陰陽說辭者相類，其屬東漢思想中卓然獨特者，實為罕見。

依據《河》、《雒》佚文之內容，具為分類，得下述三類、十目，可知佚文偏重於「帝王傳說」、「五行生剋」與「占驗之辭」，較少言及經義。

1. **古史傳聞**

(1)三皇五帝之神話傳聞。

(2)三代以降之帝王傳說。

(3)感生神話：自伏羲、燧人以迄劉邦，凡十二帝。

2. **宇宙論**

(4)月令曆算：干支、四季政令、節氣。

(5)地理：天地初始及形質。

---

⑬ 如《河圖括地象》二四二～二四八、二四九～二五八、二六二～二七〇等。

(6)分野：二十八宿與各國分野、九州分野與五藏疾病對應關係、分野與民人習氣關係。

3. **陰陽五行與方術占驗**

(7)陰陽五行：五行生剋、五行帝。

(8)道家方術：諸神名氏、命算觀念、養生之言。

(9)人事占驗：君王能力、品德與施政間之關係、兵象、戰法。

(10)天文與星象占驗：天象、日月、星象（總說、北斗、五星、二十八宿、雜星）。

(二)《河》、《雒》佚文之解讀

光武以《河圖赤伏符》起家，因而圖讖八十一卷中，此讖最享盛名，論者亦據此耆言光武誕生之初，已有天命預兆其將興復漢室。然而詳考史料，乃知此讖字句前後數變，初見於王莽末年，乃卜者王況為李焉所造生，原作「劉室復興，李氏為輔」，其後西門君惠藉以慫恿劉歆謀莽，李通誦之鼓動劉秀昆仲起事，惟此時讖文乃泛稱宗室，並未直指劉秀。至彊華由長安持至河北鄗縣光武處，乃見「劉秀發兵捕不道，卯金修德為天子」兩句；三十二載後，光武封禪泰山，讖文又易為「劉秀發兵捕不道，四夷雲集龍鬥野，四七之際火為主」三句。是以讖文之傳流，本無定制，難以緯書輯本作全面論斷。

竄改讖文之例，又見於劉備即位一事。先是光武中元元年二月（西元五六），於封禪泰山之刻石銘文中，引用《雒書甄曜度》：「赤三德，昌九世，會修符，合帝際，勉刻封。」

百七十載後（漢獻帝二十五年），蜀臣譙周等奏請劉備即位，奏疏復引《洛書甄曜度》：「赤三日德昌，九世會備，合為帝際。」蜀臣引讖多一「日」字，又改「修符」作「備」字，竟使光武封禪之讖文，變成劉備即位之預言。此類史實，對於後人解讀讖緯佚文，當具有直接之影響。

至於輯本佚文編排散亂，難於卒讀，亦有待細作類分，始見讖文本意，如《河圖聖洽符》「五星犯招搖、玄戈、匏瓜」云云，取自星象占驗，原應有其星占系統之完整性，惟黃奭本、安居本皆散見於不同頁數中，若泛據輯本論述，必無法看出彼此的關聯性。以下排比十四條佚文，足可顯其本意，並比對出各條字句傳鈔時，字句之增減、漏敓：

河聖八〇六　歲星　犯　招搖，　邊兵大起，強鄰為寇。若守之，鄰國敗，其　主死，期不出三年。
河聖a七四五熒惑有犯　招搖，　邊兵大起，邊人為寇，若守之，邊人敗，其國主死，　不出二年。
河聖八二四　填星　犯　招搖，　　兵大起，邊人為寇，若守之，敵人敗，　敵君死，期不出二年。
河聖八二八　太白　犯　招搖，　邊兵大起，敵人為寇，若守之，敵　敗，若敵君死，期不出三年。
河聖八四〇　辰星　犯　招搖，　邊兵大起，敵人為寇，若守之，敵人敗，若敵主死，期不出三年。
河聖八〇七　歲星　犯　玄武，　邊兵　起，胡人為寇。若守之，邊人敗，其國主死，期在二年。
河聖a七四六熒惑　犯守元戈，　邊兵大起，強人為寇，若守之，邊人敗，其國王死，期不出二年。
河聖八二五　填星　犯　元戈，　邊兵大起，邊人為寇，若守之，敵人敗，若敵君守。
河聖八二九　太白　犯守元戈，為邊兵大起，敵人為寇，若守之，敵人敗，若敵君死，期不出二年。

河聖八〇八　歲星　犯　匏瓜，天下有憂，若有遊兵，各果物貴。一曰：魚鹽貴，在年中。
河聖a七四九熒惑　犯守匏瓜，天下有憂，若有遊兵，名菓貴。一曰：魚鹽貴價十倍，不出期年。
河聖八二六　填星　犯守匏瓜，天下有憂。
河聖八三〇　太白　犯守匏瓜，天下有憂，若有遊兵，名果貴。一曰：魚鹽價五倍。
河聖八四二　辰星　犯守匏瓜，天下有憂，若有游兵，水果貴。一曰：魚鹽貴十倍，不出其年。

二、《白虎通》與東漢圖讖之關係

《白虎通》源自東漢章帝建初四年（西元七九）之白虎觀議論中，所考詳五經異同。以其上距光武帝宣布之「圖讖八十一卷」（西元五六）僅二十四載，是以學者多謂此書之解經內容，頗多取自圖讖。然而《白虎通》與讖緯之關係，歷代未見著墨，孫穀撰《古微書》嘗引《白虎通》十六條為注文，清代諸家緯書輯本略有摘自《白虎通》者，《四庫總目》謂是書：「徵引六經、傳記而外，涉及緯讖，乃東漢習尚使然。」皆未言其書引經、引讖之輕重。迄自至嘉慶間，莊述祖〈《白虎通義》攷〉始謂其書：「傳以讖記，援緯證經……論郊祀、社稷、靈臺、明堂、封禪，悉隳括緯候，兼綜圖書。」⑬而道光末，陳立《白虎通疏證》，頗

⑬〔清〕莊述祖：〈《白虎通義》攷〉，收入《白虎通疏證・附錄二》頁六〇九。

引讖文以為說解。遂寖有《白虎通》多引讖緯之說，如侯外廬以為此書「百分之九十的內容出於讖緯」⓮。然而類分輯本讖文後，再比對《白虎通》之經義，可知此說有待商榷。蓋輯本不乏誤收《白虎通》文句作讖緯佚文者；又有《白虎通》與讖文所言，皆屬西漢通義，而論者視為《白虎通》引讖之證者。此外，《白虎通》與讖緯解義不同者，亦所在多有，不可一例歸之。以下略述其實：

(一)《白虎通》與讖文相類者

1. 數量方面

以大德本、陳立《疏證》本及《太平御覽》所補，比對緯書輯本之佚文，考知《白虎通》引讖有篇名者凡七種、三十二條，引用其它典籍解經義者約為五七四條次；陳立《疏證》引讖文以證成經義者約計三四二條次（不乏重複引文），引其它典籍者則逾七千條次以上。可見原書及《疏證》「引書、引讖」比例，無論以三二：五七四抑三四二：七〇〇〇算計，皆差異懸殊。是則以量而言，《白虎通》引讖並不頻繁，確信二者之關係並不重要。

至於所引文句類似讖緯者，於《白虎通》三〇八目中，多集中於「爵、號、社稷、禮樂、

⓮ 侯外廬等：〈漢代白虎觀宗教會議與神學思想〉，《中國思想通史》（北京：北京人民出版社，一九五七年），第二卷，頁二二九。

五行、三正、性情、姓名、日月、崩薨…」等篇八十目、約一一〇條中，其餘二二八目則未見讖文踪影。所引約一一〇條中，除明引篇名三十二條外，尚有約七十八條未引篇名而文句類似讖緯者。惟東漢讖文原本即多內容複見之情況，如《白虎通·郊祀》引《易乾鑿度》「三王之郊，一用夏正」，而《易坤靈圖》亦有是語；〈三正〉引《禮·三正記》「正朔三而改，文質再而復」，《禮緯》、《春秋元命包》皆有此句；〈紼冕〉「垂旒者，示不視邪；纊塞耳，示不聽讒」，《禮含文嘉》、《禮稽命徵》皆見此句；〈禮樂〉引《禮記》「黃帝樂曰《咸池》…」等諸王之樂名，又見於《樂動聲儀》、《樂協圖徵》。是以就《白虎通》而言，引讖之處雖約一一〇條，就緯書而言，則為約一五〇條。然而此數與圖讖八十一卷、今存無慮四千條以上⓯相比，仍不及什一也。

2. **內容方面**

《白虎通·日月》引《援神契》：「月三日而成魄，三月而成時。」《藝文類聚·天部·月》、《太平御覽·天部四·月》引相同文句，皆作「《禮記》曰」，是則此條雖引讖篇，實屬西漢通義也。

⓯ 以黃奭《逸書考·通緯》為準，《易緯》約八八〇條、《詩緯》一五二條、《禮緯》二五四條、《樂緯》一六三條、《春秋緯》約二三六七條、《尚書緯》約三四一條、《論語讖》九七條、《孝經緯》五四〇條、《河圖》約八六三條、《雒書》一八六條，共得約五八四三條，即使計數有誤，再扣除後世增衍誤收之佚文，亦或有四千條左右。

《白虎通・封禪》言及天子有德，則甘露降、嘉禾生、蓂莢起、秬鬯出、景星見、鳳皇翔、麒麟遊……等等瑞兆，雖見於《孝經援神契》，而《尚書大傳》、文帝十五年鼂錯〈對策〉、武帝初董仲舒〈對策〉、《春秋繁露・王道》、《淮南子・覽冥篇》、宣帝神爵元年及四年之〈詔書〉、揚雄〈羽獵賦〉、王莽於平帝元始元年之奏言，皆有此類文句。可知祥瑞云云，實乃西漢通義，並非讖緯獨具者也。

前文述及《白虎通》所引「《傳》曰、《禮說》」似讖文者五條，比覈其與西漢經解及讖文之字句，證明其確實取自西漢經解，而微異於讖文。此類文例甚多，若無《傳》曰等篇名，文句又類似讖文者，當如何判別其歸屬？則涉及學部認定之主觀矣。蓋若認可讖文源於今文學，則《白虎通》中類似西漢今文學、又見收錄於緯書輯本中之經說，應歸之於讖緯部分？抑西漢經解通義？皆將使結論產生微妙之差異。

《白虎通》與讖文相關者，共約一一〇條，除有篇名者三十二條外，尚有約七十八條未引篇名，惟若經義上有關鍵性價值而且僅見於讖文新創，別無西漢經解可印證者，實不及二十條，如〈三綱六紀〉「敬諸父兄，六紀道行」，〈京師〉「祿者，錄也，上以收錄接下，下以名錄謹以事上」，〈五行〉「木之為言觸也，陽氣躍動」、「火之為言委隨也，言萬物布施」，〈姓名〉「《易》曰帝乙謂成湯，《書》曰帝乙謂六代孫」，〈天地〉「地者，易也；萬物懷任，交易變化」，〈五刑〉「宮者，女子淫……」等等。

㈡《白虎通》與讖緯內容關係

依陳立《疏證》為據，《白虎通》所言不見於讖緯者，於全書三〇八目中，竟有二三八目之說解，概無讖緯之蹤跡，如〈爵〉十目中「太子、婦人、天子即位」等七目，〈謚〉八目全數，〈五祀〉四目中「五祀」等三目，〈社稷〉十三目中「誡社、社稷名義」等十目，〈禮樂〉十一目中「佾數、侑食、通論異說」等八目，……所言文義既與「緯書輯本」收錄佚文不同，亦未見陳立《疏證》引讖緯作為旁證。

就讖緯而言：《易緯》中，象數《易》之四正、爻辰消息、六日七分、九戹說等，《春秋緯》所言之《春秋》書名釋義、絕筆於獲麟、三科九旨、五始、五石、六鷁等，《詩緯》之四始、五際、六情，《尚書緯》之日月九道、帝王感生，《孝經緯》之獲麟吐圖等習見之議題，皆不見於《白虎通》。

讖緯著墨最多之「風霜雨露虹霓」等天象陰陽災異之變，日、月、五星、二十八宿以及雜星之食侵淩越色澤等占驗預兆，二十四節氣與政令關係，風習、樂理、地域與天象分野之配屬關係，《山海經》等神話地理傳說、諸神姓名，《河》《洛》七九摘亡等方士讖言，亦未見錄於《白虎通》之中。

㈢《白虎通》與讖緯解義不同

《白虎通‧五行》云：「臣有功，歸功於君。」以君為重，然而《尚書中候‧運期》「歸功於舜，將以天下禪之」，《河圖祿運法》「堯將歸功於舜，乃齋戒於河洛」，皆明言堯歸功於舜，是以臣為重也，二說顯然不同。

《白虎通‧五行》謂：「朋友何法？法水合流相承也。」以「水」為法，而《樂稽耀嘉》則云：「朋友之信生於土。」以「土」為意，二說並不相同。

五帝說不同。白虎觀與會之學者賈逵，認為《左傳》優於五經之處，在於以「少昊」接續「黃帝」，可令堯及劉漢皆屬「火德王天下」，孔穎達《禮記‧祭法正義》引《春秋命厤序》，亦以「大庭氏—黃帝—少昊—頊顓—帝嚳」為順序。然而《白虎通‧禮樂》言五帝之樂、〈號〉兩度言及五帝稱號，凡三次皆取「黃帝、顓頊、帝嚳、帝堯、帝舜，五帝也」為序，而〈聖人〉引《傳》言諸帝異貌，依次為「伏羲、黃帝、顓頊、帝嚳」，亦未取用賈逵「少昊為五帝」之說辭。可知「五帝」之認定，《白虎通》與讖說相異。

㈣緯書輯本誤收《白虎通》文句為讖文

《白虎通》引「《傳》曰」三十條、「《禮說》」二條，屬西漢經義，並非讖文。本書〈《白虎通》引讖說原舛論略〉已作考論。

〈日月〉引「《刑德放》曰：『日月東行。』日行遲，月行疾，何？君舒臣勞也。日日行一度，月日行十三度十九分度之七。」《刑德放》論「日月東行」，「日行遲」以下乃解釋「日月運行遲速」，二句並非一事。迄至明代中葉，尚無文獻視「日行遲」云云為讖文者，而孫瑴《古微書》、殷元正《七緯》乃分別將之輯入《尚書考靈曜》與《刑德放》，趙在翰《七緯》、喬松年《緯攟》皆言已論其所輯失實。

㈤綜論

由各種角度討論之結果，此一議題之關鍵點，當在於光武圖讖之定位及纂成時間。吾嘗撰〈讖緯異名同實考〉，依據史料，定在光武即位平定天下以後，迄至封禪泰山之年，前後三十年間。此前之方士符讖甚多，如哀帝、王莽之世，符命造生七百次以上，文書十萬字以上，卻未見與經義結合者，更未出現解說經義之符讖；而當時盛行之政治符讖，於《白虎通》中亦全不見蹤影。是以光武圖讖與西漢經義相同者，是編纂儒臣取用西漢經義，而非西漢經義藉用讖緯成說。

讖緯所以受帝王重視，並將之融入經義中，肇因殆與經學之世俗化有密切關係。國君除規範天命預兆之讖言外，又可將常人難理解之經義，偷天換日假藉「讖」為包裝，使全國學子皆得受習，或如今日習見之古文白話註解、現代新詮；是以當時頗為求速成之學子接受。亦因其世俗化，始有樊儵、沛獻王劉輔、東平王蒼、曹褒等雜取五經、讖記以訂定禮制、作《通論》等事，此亦欲用便宜行事，以達世俗致用之目的也。錢穆〈兩漢經學今古文平議〉謂：「白虎會議後，章句俗學積習如故，亦未見有以摧陷而廓清之」，經學所以如故，帝王之經學世俗化用心，當有以致之也。

然而圖讖八十一卷實乃雜采眾書而成，頗為時賢碩儒所不取，由此或可推知：白虎觀議論所集結之成果《白虎通》，何以與八十一卷相合之處不多，也甚少言及八十一卷所著重之占驗等相關議題。蓋此類異於西漢經解正義之雜錄，以政治考量為主，宜為碩儒所不取也，是以當時之桓譚、賈逵，稍後之王充、張衡，或斥讖書為違經之曲說，或謂其缺乏統一之思想系統。吾人亦可藉劉向雜采眾文成之《說苑》為喻，若謂《說苑》有完整之思想體系，固難令人信服。惟年代既久，百年之後，此類纂輯粗疏之讖書，又成為古籍經典，其中方術、象數、風角占驗說辭，甚且得鄭玄等大儒之尊崇，其學術地位乃益形穩固矣。

今日若執信東漢之圖讖八十一卷寓涵漢代經學之一種統整及體現，則其中之經義通說，早已見於西漢經學，屬於今文系統。是以吾人若謂：東漢之經學，受讖緯影響頗深——實質上或即：東漢之經學承襲西漢今文經說頗深。然而由上述之討論，已知《白虎通》所述及之今文經學，與圖讖八十一卷之比重，無論在數量或質量上，皆有明顯差異；圖讖於東漢所影響深刻處，應屬政治考量下之學術、民俗範疇，並非正統儒家經學，更未形諸於《白虎通》之中。是則俗謂《白虎通》深受讖緯影響之說，並非東漢實情也。雖則今傳《白虎通》已有殘缺，並非全豹，然而就所存者觀之，其與八十一卷圖讖之關聯多在解經方面——即「經讖」部分，此外之其餘圖讖主題，二者關係不夠密切，乃無庸置疑者。

就上文所論，可知學者不明讖緯學之歷史流變，因曲解「讖、緯」定義，故於佚文之取捨，輒生兩難之歎；重以諸家輯本又有誤收佚文，學者據以論述，更生歧路。是以東漢讖緯學之礎石，可謂搖盪未定；所推論之結果，亦或不免扣盤捫燭之憾。由此觀之，讖緯佚文及其學流衍，尚需更作深入而具體之考探，方足以考論東漢讖緯學述也。此即吾近年來茲茲於斯之主因也。

又，本書撰作所依據之緯書輯本十數種，其中以黃奭《黃氏逸書考·通緯》較佳，民國二十四年經由江都朱長圻補刊（以下簡稱「黃奭本」），徵實性較高；近年則以日本學者安居香山、中村璋八二位先生編纂之《重修緯書集成》鉛排本（以下簡稱「安居本」），收錄最屬完備。

黃奭本考證頗為精詳，避免似異實同佚文之重複收錄，而於每條之中，夾注異文出處及校勘異字，條末則注明該條佚文出典，條後並附鄭玄、宋均注文及清代學者按語，故最利於後學覆查稽覈。安居本收錄雖多，惟詳考其實，乃羅列歷代輯本為其主體，不棄涓滴而以龐雜為務，各類古籍所引之同一佚文，皆各立一條，未作覈校，故或流於浮泛，甚或有誤收之例；又於句讀之際，偶有不明文法，以致誤讀之例[17]。惟安居本頗收中土亡佚而僅見於日本之佚文，是又優於中國輯本之處。

---

[17] 拙著〈漢代《尚書》讖緯學述〉（輔仁大學中文博士論文，民國八十五年）第二章，頁一六二，已引張師以仁、鍾肇鵬先生所論明之。

是以本書所引述之讖緯佚文，若未特別注明出處，概出自「黃奭本」及「安居本」。又以使用頻繁，若一一註明卷頁，將太過繁瑣，故以編碼逐條標示號次，以利查覈；引自安居本者，更於號次前加英文字母「a」作為「安」字之代稱。若《易緯》、《春秋緯》因佚文條數逾千，故依各篇自行編號。引文比較之際，為利於檢覈，偶或捨傳統行文之敘述，改採框表分欄、列行排比方式，由上下欄對應關係，以查見佚文字句之異同。

貳、東漢圖讖《赤伏符》本事考

王莽攝政、篡漢，符命浸滋，迄至東漢之初，光武帝劉秀藉《赤伏符》即真，二十年間，流傳於當時之政治性圖讖，實不勝枚舉，《赤伏符》為其中最享盛名者。詳考緯書輯本，如清殷元正《集緯》、黃奭《黃氏逸書考・通緯》、日安居香山《重修緯書集成》等，所收《赤伏符》佚文，除「劉秀發兵捕不道」讖文之外，尚有「王良主衛作玄武」一句，僅祇兩條。其中，「劉秀」讖之預言功能，影響最廣遠，如應劭即謂：「《河圖赤伏符》云：『劉秀發兵捕不道，四夷雲集龍鬥野，四七之際火為主。』故（劉歆）改名，幾以趣也。」❶今人鍾肇鵬《讖緯論略》循之亦云：「《赤伏符》之讖可能出于漢成帝末年，成、哀之際，此讖流傳已廣，所以才有劉歆改名應讖。」❷丁鼎《神秘的預言》乃謂：「這條讖言可能產生于劉秀出生之前，劉秀當初的命名可能與『劉秀發兵捕不道』這條讖言的流傳有關。」❸張廣保更明言：

❶ 班固《漢書》（北京：中華書局，一九八七年）卷三六，〈楚元王傳〉頁一九七二，顏師古注引。
❷ 鍾肇鵬《讖緯論略》（遼寧：遼寧教育出版社，一九九一年），頁二七。
❸ 丁鼎《神秘的預言》（山西：山西人民出版社，一九九三年），頁六三。

「劉秀將成為漢代復興之主的讖語，至少在光武出生前就已秘密流傳。……（劉歆）他的改名肯定與應讖有關。」❹

諸人所言，皆謂：《赤伏符》見於成帝末年、光武帝劉秀出生之前，劉歆見之因改名曰「秀」，冀以得應驗也。惟考諸文獻，劉歆改名、以迄光武起義於南陽，凡二十八載，其間不見「劉秀發兵」之讖語流傳。直至光武二十九歲、更始元年之七月，劉歆反莽敗亡後，此讖始見箸錄，且讖文僅兩句，內容亦與上文應劭所引「劉秀……為主」之三句者不同；更始三年六月，光武乃藉此兩句之讖語以即帝位。詳覈史實，劉歆改名之時，「劉秀」讖文尚未造生；光武之即位，亦非《赤伏符》讖文先作預言，而純屬王莽末年政治性圖讖之附會而已。此一本事，尚未見學者專力探論，是以不腆駑鈍，蒐檢相關史料，依年月為次，更比對圖讖佚文所述，以見《赤伏符》讖文之本意。

撰述所據史料，略依年代先後列次如下：

1. 班固《漢書》（西元八二年成書）
2. 劉珍《東觀漢記》（約西元一二〇年撰成）
3. 荀悅《漢紀》（西元二〇〇年成書）
4. 華嶠《後漢書》（嶠卒於二九三年）

---

❹ 張廣保〈緯書與漢代政治〉，見《原道》（貴州：貴州人民出版社）第五輯（一九九九年四月），頁二六五。

5. 司馬彪《續漢書》（彪生卒年二四六～三〇六）
6. 袁宏《後漢紀》（宏生卒年三二八～三七六）
7. 范曄《後漢書》（西元四三二年成書）
8. 劉昭注司馬彪《續漢書》（約西元五〇三年）
9. 李賢注范曄《後漢書》（約西元六八〇年）

九書之中，班《漢》成書最早，可信度當最高。明帝嘗詔命班固、尹敏等人「共撰〈世祖本紀〉」，班固又撰光武帝「功臣、平林、新市、公孫述事，作列傳、載記二十八篇，奏之」❺，此即劉珍《東觀漢記》之基礎，是以《東觀》光武君臣部分，或亦有班固撰作，徵實性亦屬可靠。至若荀悅《漢紀》「抄撰《漢書》，略舉其要」，至獻帝建安「五年（西元二〇〇）書成，乃奏記」❻。荀《紀》王莽部分，與班《漢》、袁宏《後漢紀》或同或異，可互為參斟。至於范曄《後漢書》，則為曄左遷宣城太守（宋文帝元嘉元年、西元四二四）時始撰，迄元嘉二十二年（西元四四五）以謀反罪受誅，其「十志」尚未完成，梁劉昭為曄書作注時，乃取司馬彪《續漢書》之「八志」併入。是以今本《後漢書》實為曄《書》與彪《志》合成，其「本紀、列傳」所言圖讖事實，與〈祭祀志〉詳略不同，皆將一一為之考述。

❺ 范曄《後漢書》（北京：中華書局，一九六二年），卷四〇上，〈班固傳〉頁一三三四。
❻ 荀悅《漢紀・序》（臺北：華正書局，民國六三年），頁五。

一、劉歆改名與《赤伏符》無關

言及劉歆改名者，最早見於班固《漢書・楚元王傳》：「初，歆以建平元年改名秀，字穎叔云。及王莽篡位，歆為國師，後事皆在〈莽傳〉。」❼並未說及與圖讖有關。直言劉歆改名與圖讖有關者，首見於建武五年（西元二九），隴右義軍首領竇融與羣臣商議決策，其中智者皆曰：「自前世博物道術之士谷子雲、夏賀良等，建明漢有再受命之符，言之久矣，故劉子駿改易名字，冀應其占。」❽以劉歆改名，與夏賀良等人「漢有再受命之符」有關。其後應劭亦言劉歆改名以應符命。此外，唐李賢注《後漢書・竇融傳》亦謂：「劉歆以哀帝建平元年改名秀，字穎叔，冀應符命。」❾

若應劭所言之《赤伏符》，劉歆改名之前已見傳流，何以迄至光武起義之二十八年中，竟未再見任何蹤影？更考此二十八年間，輒有假藉高祖、文帝、武帝、成帝之名，以行謀反或亂政者❿，卻全未言及「劉秀」；況且王莽好為符命，篡漢之初，即已造作七百餘件，何乃

❼ 班固《漢書》卷三六，〈楚元王傳〉頁一九七二。

❽ 范曄《後漢書》卷二三，〈竇融傳〉頁七九八。

❾ 范曄《後漢書》卷二二，〈竇融傳〉頁七九九。

❿ (1)假藉高祖：如莽新始建國元年（西元九）九月，長安狂女子碧呼道中曰：「高皇帝大怒，趣歸我國。不者，九月必殺汝！」莽收捕殺之。（《漢書》卷九九中，〈王莽傳〉頁四一一八）

此條讖文竟能始終隱藏，毫無影蹤？

再者，竇融之智者所言夏賀良「赤精子讖」，在哀帝二年（西元前五）六月，乃劉歆改名兩年之後，焉可據後出之讖附會先前行事？細覈夏賀氏情事，載錄於《漢書．李尋傳》中，其讖書淵源自成帝元年（西元前一二）齊人甘忠可所詐造之《天官曆包元太平經》十二卷，讖書言及「漢家逢天地之大終，當更受命於天，天帝使真人赤精子，下教我此道」。當時中壘校尉劉向嘗受詔考論其書，向奏甘忠可「假鬼神，罔上惑眾」，忠可因下獄治服，未斷而病死。甘忠可生前嘗以此書教夏賀良，迄哀帝初立，司隸校尉解光以明經通災異得幸，夏賀良等人乃藉解光以白哀帝；事下奉車都尉劉歆，歆以為不合五經，不可施行。解光因曰：「前歆父向奏忠可下獄，歆安肯通此道？」⓫可知「赤精子讖」中必無「劉秀」名號，劉歆與父向亦皆不以其讖為是，何乃三十載後，竇融臣屬竟謂劉歆循夏良賀讖說「改易名字，冀應其占」，顯為臆說也。是以清何焯曰：「載其改名於哀帝之時，以見歆樂禍非望，素不能乃心

---

(2)假借成帝：始建國二年九月癸酉，長安男子武仲自稱「漢氏劉子輿，成帝下妻子也。劉氏當復，趣空宮。」（同上，頁四一一九）

(3)假借武帝：莽新地皇二年（西元二一）秋，卜者王況為李焉作讖書，言：「文帝發忿，居地下趣軍，北告匈奴，南告越人。」又言莽大臣吉凶，各有日期。（同上，卷九九下，頁四一六六）

(4)王莽末，天下咸思漢，安定人劉芳，由是詐自稱武帝後，變姓名為劉文伯。（袁宏《後漢紀》頁一四）

⓫班固《漢書》卷七五，〈李尋傳〉頁三一九二。

王室。」⑫並未以應讖說為是。陳槃先生亦謂改名之說非是，論曰：「彼時天下，亂象未成，歆何敢遽萌非分之想，不虞殺身滅門之禍耶？」⑬

劉歆之改名，實與哀帝有關。蓋「綏和二年三月，成帝崩。四月丙午，太子即皇帝位」，是為哀帝⑭。哀帝名欣，荀悅曰：「諱欣之字曰喜。」⑮可知哀帝既立，時人皆以「喜」字替代「欣」字。而劉歆時由王莽薦舉典校祕書，亦避諱改「歆」曰「秀」，是以其〈上山海經表〉，一則曰「臣秀領校祕書」，再則曰「時臣秀父向為諫議大夫」⑯。而錢穆《劉向歆年譜》更明謂：「歆之改名，殆以諱嫌名耳。……後世之說，殆不足信。」⑰是以《赤伏符》之「劉秀」讖，與劉歆於哀帝建平元年改名，絕無關係；此讖亦絕非哀帝時已傳流當世！

---

⑫ 王先謙《漢書補注》（臺北：新文豐出版社，民國六四年），卷三六，〈楚元王傳〉頁三五引。

⑬ 陳槃《古讖緯研討及其書錄解題》（臺北：國立編譯館，民國八二年），頁四五三。

⑭ 班固《漢書》卷一一，〈哀帝紀〉頁三三四。

⑮ 班固《漢書》卷一一，〈哀帝紀〉頁三三四，顏師古注引。

⑯ 嚴可均《全漢文》（京都：中文出版社，一九七八年），卷四〇，頁三。

⑰ 錢穆《劉向歆年譜》頁七一。收入《兩漢經學今古文平議》（臺北：三民書局，民國六七年）中。

二、劉氏興漢之讖語來源

劉歆改名時，既無《赤伏符》之「劉秀」讖語，則「劉秀」讖出自何時？曰：實源自莽新地皇二年之王況讖也。

(一)王況讖「漢家當復興，李為漢輔」

王莽篡漢後，豪傑蠭起謀反。天鳳六年（西元一九），臨淮瓜田儀，琅玡女子呂母，莒人樊崇、逄安，先後起兵反莽；明年，鉅鹿男子馬適求等謀舉燕、趙之兵以誅莽；地皇二年（西元二一）正月，莽長子統義陽王臨謀反；南郡秦豐、平原女子遲昭平皆聚眾為亂。是年秋，卜者王況更為魏成大尹李焉造讖十餘萬言，欲藉以謀反，《漢書・王莽傳》詳敘其事：

> 魏成大尹李焉與卜者王況謀，況謂焉曰：「新室即位以來，……軍旅騷動，四夷並侵，百姓怨恨，盜賊並起，漢家當復興。君姓李，李音徵，徵火也，當為漢輔。」因為焉作讖書，言：「文帝發忿，居地下趣軍，北告匈奴，南告越人。江中劉信，執敵報怨，復續古先，四年當發軍。江湖有盜，自稱樊王，姓為劉氏，萬人成行，不受赦令，欲動秦、雒陽。十一年當相攻，太白揚光，歲星入東井，其號當行。」又言莽大臣吉凶，各有日期。會合十餘萬言。（卷九九下，頁四一六六）

王況藉口「漢家當復興，……李……為漢輔」，乃造讖書十餘萬字，以「文帝」為神主，欲動秦地、雒陽之眾，起而反莽。其讖書並未道及「劉秀」。王莽好符命，遂改易讖言以厭之。《漢書》載其事曰：

> 莽以王況讖言「荊楚當興，李氏為輔」，欲厭之，乃拜侍中掌牧大夫李棽為大將軍、揚州牧，賜名聖，使將兵奮擊。（卷九九下，〈王莽傳〉頁四一六八）

王況讖言「漢家」，王莽則作「荊楚」；況之「李……為漢輔」，莽則簡作四字「李氏為輔」。此二文皆出自班固《漢書・王莽傳》，則王況讖語及王莽說辭皆當有據，是此讖之初，並無「劉氏」、「劉秀」等字句，確然可信。

(二)李守讖「劉氏當復起，李氏為輔」

王況讖「漢家當復興，……李……為漢輔」，既傳流京師長安，則王莽親信皆當知之。其中有李守者，為王莽宗卿師，知曉此讖，並為其子弟道及。劉珍、袁宏、范曄皆書其事，而內容稍異。以下俱為迻錄，再析言其詳。

袁宏《後漢紀》言：

宛人李通，字次元。父守為王莽宗卿師，……少事劉歆，好星曆讖記之言，云：「漢當復興，李氏為輔。」私竊議之，非一朝也。通嘗為吏，有能名。見王莽政令凌遲，挾父守所言，又居家富佚，為閭里豪，自免歸。從弟軼，亦好事者，謂通曰：「今四方兵起，王氏且亡，劉氏當興。南陽宗室，獨有劉伯昇兄弟汎愛眾，可以謀大事。」（頁二）

范曄《後漢書・李通傳》則謂：

李通字次元，南陽宛人也。世以貨殖著姓。父守……初事劉歆，好星歷讖記，為王莽宗卿師。通亦為五威將軍從事，出補巫丞，有能名。莽末，百姓愁怨，通素聞守說讖云「劉氏復興，李氏為輔」，私常懷之。且居家富逸，為閭里雄，以此不樂為吏，乃自免歸。（卷一五，頁五七三）

范曄《後漢書・光武帝紀》亦謂：

宛人李通等以圖讖說光武云：「劉氏復起，李氏為輔。」（卷一，頁二）

劉珍《東觀漢記》云：

> （李通兄弟為光武）言：「天下擾亂饑餓，下江兵盛，南陽豪右雲擾。」因具言讖文事：「劉氏當復起，李氏為輔。」（《太平御覽》卷九〇，頁七一二引）[18]

李守「初事劉歆，好星歷讖記」，又為「王莽宗卿師」，對「王況讖」當有耳聞，是以或轉述於其子通，則李守讖源自王況無疑。惟袁宏、劉珍、范曄三氏於讖語略有改作，袁《紀》作「漢當復興，李氏為輔」，蓋因主持「漢室興復」大業之李焉，本非「劉氏」也，尚符原意；而《東觀》改作「劉氏當復起」、范《書》作「劉氏復興」，皆以「劉氏」為詞，殆直指劉縯、秀兄弟等宗室而言，乃失「王況讖」之本意。

而袁宏謂李通之從弟軼亦熟知「劉氏當興」之讖，此則「漢室、荊楚」衍為「劉氏」之第一層也。惟可注意者，三書所言，皆僅作「讖」字而無篇名，可證此時尚無「《赤伏符》」之專名產生。

---

[18] 宋李昉《太平御覽》（河北：河北教育出版社點校本，一九九四年）。又，唐歐陽詢《藝文類聚・帝王部》（京都：中文出版社，一九八〇年）、宋王欽若《冊府元龜》（北京：中華書局，一九八九年）〈帝王部〉、〈將帥部〉，多引錄《東觀漢記》光武初年載事，行文偶與《御覽》者不同。本論文以《御覽》為準，若有異文，則別作校證。

王況造讖於地皇二年（西元二一）秋，李通兄弟以讖說光武，則在地皇三年十月，相去僅一歲。細覈李通說辭與光武反應，亦可知光武當時實未深信也。劉珍《東觀漢記》載：

> 先是時伯玉同母兄公孫臣為醫，伯升請呼難，伯升殺之。上恐其怨，故避之。使來者言：「李氏欲相見，款誠無他意。」上乃見之，懷刀自備，入見。固始侯（李通）兄弟為上言：「天下擾亂饑餓，下江兵盛，南陽豪右雲擾。」因具言讖文事：「劉氏當復起，李氏為輔。」上殊不意，獨內念李氏富厚，父為宗卿師，語言譎詭，殊非次第，嘗疾毒諸家子數犯法令，李氏家富厚，何為如是，不然諾其言。諸李遂與南陽府掾史張順等連謀。（《太平御覽》卷九〇，頁七一二引）

班彪《續漢書》曰：

> 先是李通同母弟申徒臣能為醫，難使，伯升殺之。上恐其怨，不欲與軼相見。軼數請，上乃強見之。軼深達通意，上乃許往，意不安，買半臿佩刀懷之。至通舍，通甚悅，握上手，得半臿刀，謂上曰：「一何武也！」上曰：「蒼卒時以備不虞耳。」⑲

---

⑲ 范曄《後漢書》卷一五，〈李通傳〉頁五七四注引。

《東觀》、《續漢》皆云光武「懷刀自備」，是不信李通兄弟之誠意；范曄《後漢書》又謂李通以圖讖遊說時，「光武初不敢當」⑳，而《東觀》更稱：光武「不然諾其言，諸李遂與南陽府掾史張順等連謀」。足見光武初不以李通所言為是，李通亦別尋他人逕自起義，並不以光武拒絕而畏失圖讖之徵驗。是則讖語之「劉氏」斯時並未直指劉秀，劉秀亦未獨受重視也！今人述及此事，泛謂：「李通後以此讖說劉秀，劉秀初不敢當，李通便細為謀畫，劉秀大喜，二人結盟造反」㉑。皆屬不察之臆說也。

再觀前引李通從弟軼之言：

> 今四方兵起，王氏且亡，劉氏當興。南陽宗室，獨有劉伯昇兄弟汎愛眾，可以謀大事。
> （袁宏《後漢紀》頁三）

李軼謂讖語乃并指「劉伯昇兄弟」而言，未專指為「劉秀」。詳考史實，起義之初，南陽宗室實以劉縯為首領，劉秀聲名未見卓爾，是年歲暮，李通兄弟與劉縯終於結盟起義，劉秀僅

⑳ 范曄《後漢書》卷一上，〈光武帝紀上〉頁二。

㉑ 田兆元等〈論儒家神學與皇權的離合關係〉，見《上海大學學報・社會科學版》，第五卷第二期（一九九八年四月），頁一八。

祇附於驥尾，在義軍中更無舉足輕重之地位。起事之初，義軍失利，劉縯乃求援於南陽宜秋之下江兵首領王常，王常亦謂：

> 王莽篡弒，殘虐天下，百姓思漢，故豪傑並起。今劉氏復興，即真主也。誠思出身為用，輔成大功。（《後漢書》卷一五，〈王常傳〉頁五七八）

王常泛指「劉氏復興即真主也」，未指稱「劉秀」。實則王常與李軼二人所見聞，殆以劉縯為主人公，皆未見光武有重要之地位也，而魏文帝〈冊孫權太子登為東中郎封侯文〉乃曰：「漢光武受命，李氏為輔。」㉒可見後世史書曲意讚辭，謂直稱「劉秀」而來，並非當時實情也。

三、「劉氏興漢」之讖未指特定對象

㈠更始立為天子與「劉秀」讖無關

㉒ 歐陽詢《藝文類聚》卷五一，頁九二四。

地皇四年（西元二三，二月一日改元「更始元年」）「正月，漢兵得下江王常等以為助兵，擊前隊大夫甄阜、屬正梁丘賜，皆斬之」㉓。范曄《後漢書》謂：

> 自阜、賜死後，百姓日有降者，眾至十餘萬。諸將會議立劉氏以從人望，豪傑咸歸於伯升。而新市、平林將帥樂放縱，憚伯升威明而貪聖公懦弱，先共定策立之，然後使騎召伯升，示其議。伯升曰：「諸將軍幸欲尊立宗室，其德甚厚，然愚鄙之見，竊有未同。今赤眉起青、徐，眾數十萬，聞南陽立宗室，恐赤眉復有所立，如此，必將內爭。今王莽未滅，而宗室相攻，是疑天下而自損權，非所以破莽也。且首兵唱號，鮮有能遂，陳勝、項籍，即其事也。舂陵去宛三百里耳，未足為功。遽自尊立，為天下準的，使後人得承吾敝，非計之善者也。今且稱王以號令。若赤眉所立者賢，相率而往從之；若無所立，破莽降赤眉，然後舉尊號，亦未晚也。願各詳思之。」諸將多曰：「善。」將軍張卬拔劍擊地曰：「疑事無功。今日之議，不得有二。」眾皆從之。（卷一四，〈劉縯傳〉頁五五一）

豪傑咸欲推尊劉縯（字伯升，或作伯昇）以從人望，而新市、平林之將帥，則欲立劉玄以縱

㉓ 班固《漢書》卷九九下，〈王莽傳下〉頁四一七九。

其私慾。劉縯乃持平曰：「首兵唱號，鮮有能遂。」更謂赤眉亦以漢為名，若渠別立劉氏之賢者為帝，則義軍不免內爭，不利於敵莽；因而欲待赤眉所立是否賢能而後動，或破莽降赤眉後，再論尊號。由此可知：平林、劉縯、赤眉等義軍，皆未以「劉秀」為意，若非當時尚無「劉秀發兵」讖語，即是此讖全然未得時人重視，否則有切身關係之光武劉秀，何以從未言及一詞？

再觀更始立為天子後，各地義軍之擁戴說辭，皆證當時並無「劉秀」讖之流傳。

(二)義軍皆奉更始為帝，未見「劉秀為天子」讖流傳

地皇四年二月，更始即位於南陽宛縣，號稱天子。

五月，王莽大臣王尋、王匡、嚴尤、陳茂將兵四十萬攻昆陽，嚴尤說王邑曰：「昆陽城小而堅，今稱尊號者在宛，然進大兵向宛，彼必奔走；宛下兵敗，昆陽自服。」㉔謂更始為「稱尊號者」，可見更始既立三月，王莽朝已正視其為「興復漢室」之首領矣。

七月，王莽衛將軍王涉說劉歆反莽，嘗欲與歆等「同心合謀，共劫持帝，東降南陽天子」㉕。起事既以「東降南陽天子」為目的，又僅以「興漢」為辭，而非自立為天子，可見

㉔ 袁宏《後漢紀》頁一〇。

㉕ 班固《漢書》卷九九下，〈王莽傳下〉頁四一八四。

已視「南陽天子」更始為正統，未有「劉秀為天子」之意也。

同年七月，平陵人方望說隗囂起義，言及「承天順民，輔漢而起，今立者乃在南陽」[26]。隗囂本即響應更始而起義，方望所言，實得隗之本意，其中「今立者乃在南陽」與王涉欲「東降南陽天子」，二言指稱實無差別也。皆為屬意更始，而未見「劉秀」之跡象。

明年正月，鄧曄起兵南鄉，說邑宰曰：「劉帝已立，君何不知命也！」宰乃請降，曄盡得其眾[27]。可知亦視更始為正統天子無疑。上述四例，皆足以反證：此時並無「劉秀為天子」讖言產生之客觀環境。

更始雖得當時豪傑尊崇為正統，然而後世史書既奉光武為正朔，故於更始之載事，多所譏貶，如范曄云：「新市、平林將帥樂放縱，憚伯升威明而貪聖公儒弱。」[28]又謂：「更始即帝位，南面立，朝群臣。素懦弱，羞愧流汗，舉手不能言。」[29]袁宏《後漢紀》亦謂：「聖公素懦弱，流汗不敢言。」[30]欲以此類說辭，突顯光武應讖為真命天子之說服力。然而更始本自有領導能力，並非庸懦無識者，東漢張衡已知史傳多所曲筆，嘗欲修正史書以得其真，惜當

[26] 范曄《後漢書》卷一三，〈隗囂傳〉頁五一三。又見袁宏《後漢紀》頁一三。
[27] 班固《漢書》卷九九下，〈王莽傳下〉頁四一七八。
[28] 范曄《後漢書》卷一四，〈劉縯傳〉頁五五一。
[29] 范曄《後漢書》卷一一，〈劉玄傳〉頁四六九。
[30] 袁宏《後漢紀》頁八。

政不聽。《後漢書・張衡傳》謂：

> 永初中，謁者僕射劉珍、校書郎劉騊駼等著作東觀，撰集《漢記》，因定漢家禮儀，上言請衡參論其事，會並卒，而衡常歎息，欲終成之。……（謂）更始居位，人無異望，光武初為其將，然後即真，宜以更始之號建於光武之初。書數上，竟不聽。及後之著述，多不詳典，時人追恨之。（卷五九，頁一九四〇）

張衡謂「更始居位，人無異望」，衡以上述義軍擁戴四例，可見更始實得人望，當世亦別無「劉秀為天子」之期盼。惜張衡之上書未得見用，致使《漢記》載此類事件多有不詳，「時人追恨之」。今人周天游亦嘗考論此事，曰：

> 觀劉玄結客報怨，復以詐死拔父於獄；誅莽後，納鄭興之諫，斷然西都長安，絕非一般怯懦無能之輩。袁《紀》此文因襲《東觀記》，實東漢史臣美諛光武、貶惡劉玄之曲筆也。[31]

---

[31] 周天游《後漢紀校釋》，〈更始元年・二月〉載事（註七）。原書撰成於一九八三年，刊本未見，電腦資料網站「中華文化網」錄有全書。本文所引周氏說辭，即取自該網站。

由上述文獻可知，更始即位時，原有劉縯與之俱得人望，而劉秀實不預焉。更始既立，當時豪傑起義之際，皆擁戴其號，深信不疑，並未見「劉秀為天子」之絲毫蹤影。光武既建東漢，史官所言，乃曲從光武而譏貶更始，是以「劉秀為天子」讖文之傳世年月，遂於史傳載錄中，寖次提前至光武起義之初。

四、「劉秀為天子」讖文之產生

(一)西門君惠指稱「劉秀興漢」

以「劉秀」為興復漢室之特定人士者，實出自長安道士西門君惠造作，初始乃藉以指稱新莽國師劉歆也。王莽地皇四年正月，更始立為天子，六月一日光武大破王尋四十二萬大軍於昆陽，全國震動。七月，王涉、劉歆謀反，欲以自保。其事《漢書・王莽傳》詳載之，而後世所言略有差舛，故先列《漢書》所言，再論其餘。《漢書》云：

> 先是，衛將軍王涉素養道士西門君惠。君惠好天文讖記，為涉言：「星孛掃宮室，劉氏當復興，國師公姓名是也。」涉信其言，以語大司馬董忠，數俱至國師殿中廬道語星宿，國師不應。後涉特往，對歆涕泣言：「誠欲與公共安宗族，奈何不信涉也！」

歆因為言：「天文人事，東方必成。」涉曰：「新都哀侯小被病，功顯君素耆酒，疑帝本非我家子也。董公主中軍精兵，涉領宮衛，伊休侯主殿中，如同心合謀，共劫持帝，東降南陽天子，可以全宗族；不者，俱夷滅矣！」伊休侯者，歆長子也，為侍中五官中郎將，莽素愛之。歆怨莽殺其三子，又畏大禍至，遂與涉、忠謀，欲發。歆曰：「當待太白星出，乃可。」忠以司中大贅起武侯孫伋亦主兵，復與伋謀。伋歸家，顏色變，不能食。妻怪問之，語其狀。妻以告弟雲陽陳邯，邯欲告之。七月，伋與邯俱告，莽遣使者分召忠等。時忠方講兵都肄，護軍王咸謂忠謀久不發，恐漏泄，不如遂斬使者，勒兵入。忠不聽，遂與歆、涉會省戶下。……收忠宗族，以醇醯毒藥、尺白刃叢棘并一坎而埋之。劉歆、王涉皆自殺。莽以二人骨肉舊臣，惡其內潰，故隱其誅。

（卷九九下，〈王莽傳下〉頁四一八四）

西門君惠言「劉氏當復興，國師公姓名是也」，衍生自李通「劉氏當復興」讖語無疑，惟增添「國師公姓名是也」一語，意謂讖語已直稱「劉秀」姓名矣，此為李守、李通讖語尚未見及者，亦為後說轉詳之例。然而主事之王涉又言：欲劫持王莽以「東降南陽天子」。可知謀反僅欲藉「國師劉秀（歆）」名諱為號召，以全身保妻子而已，並非另立「劉秀為天子」也。

姜忠奎即謂：「至云『劉秀為天子』，初亦或指劉歆而言。以其尊為國師，莽如不終，秀當繼立，而因緣妙合，又孰料其為南頓令之子哉！」㉜謂讖語初為劉歆而作，其後光武乃因緣際會而藉以即位。陳槃《河圖赤伏符解題》考論此事，亦云：「余以為此符殆偽託于地皇四年，光武大捷昆陽之後。蓋此時新莽大局已無可收拾，伯升更為更始所害，光武繼起，軍民皆歸心，劉氏復興之望，集于一身。」㉝以讖言出於昆陽一役王莽大敗後，頗得其情，惟云讖與光武有關，則不符史實也。由下文所論，更始四年五月光武初見「劉秀發兵」之讖，尚不願置信，乃謂今年此讖已專為光武而造，則其間三年何以全未再見蹤影？顯然非實也。然而荀悅《漢紀》載此事則謂：

> 二公敗於昆陽，關東震恐。道士西門君惠謂莽從兄王涉曰：「讖云：『漢復興，劉秀為天子。』天子，國師劉歆是也。」先是歆依讖改名秀，涉以語大司馬董忠，共語歆。歆謂：「天文人事，東方必成。」歆亦怨殺其二子，又畏大禍將至，遂謀與忠劫莽東降。忠等誅死，歆、涉以親近，莽惡其人聞，遂隱誅。歆、涉自殺。（頁四二八）

荀《紀》載「讖云：『漢復興，劉秀為天子。』天子，國師劉歆是也」，已直言「天子」一

㉜ 姜忠奎《緯史論微》（民國二四年手稿景印本），卷六，頁一五。

㉝ 陳槃《古讖緯研討及其書錄解題》頁四五三。

詞，並直指其人為「國師劉歆」，又謂「先是歆依讖改名秀」。由下文「二句型式之《赤伏符》」所考論，可知類此荀悅云云者，皆屬後世史官撰述之時，據流傳之熟語附會先朝史實所致也。

至若范曄《後漢書》載錄此事，所摹畫之情景則更形真切。范曄謂：建武五年（西元二九）隴右竇融與羣臣商議決策，其中「智者」皆曰：

> 漢承堯運，歷數延長。今皇帝姓號見於圖書，自前世博物道術之士谷子雲、夏賀良等，建明漢有再受命之符，言之久矣，故劉子駿改易名字，冀應其占。及莽末，道士西門君惠言：「劉秀當為天子。」遂謀立子駿。事覺被殺，出謂百姓觀者曰：「劉秀真汝主也。」皆近事暴著，智者所共見也。（《後漢書》卷二三，〈竇融傳〉頁七九八）

竇融之智者所言，上距劉歆謀反被誅（西元二三）僅六載、光武即真（西元二五）四年，已將讖語中之「劉秀」，由「國師公」傳為「光武帝」矣，更將此讖與三十載前劉歆避諱改名之事結合，謂劉歆「改易名字，冀應其占」。今日吾人雖知其偽，而當時則翕然一聲，認定其乃「近世暴著，智者所共見」，絕無疑議之史實也。雖此段「智者之言」，除《後漢書》外，未見其餘史書可供參校，然而考查袁宏《後漢紀》與范曄《後漢書》，皆有自撰傳主言語處[34]，可知此處「智者言」之徵實性，殆可質疑也。然而可知者，讖言直指「劉秀興復漢室」，以西門君惠之讖為首。其後乃據此衍生《赤伏符》讖文矣。

(二)「劉秀發兵捕不道」讖與義軍立帝無關

《赤伏符》出現之前，豪傑亂賊多假藉劉氏宗室為名號，如邯鄲卜者王郎，善星曆，以為河北有天子氣，乃詐稱為成帝遺腹子劉子輿，說動趙繆王子林，於更始元年（西元二三）十一月十七日壬辰，入邯鄲城，止於王宮，立為天子，並移檄州郡曰：

> 朕，孝成皇帝子子輿者也。昔遭趙氏之禍，因以王莽篡殺，賴知命者將護朕躬，解形河濱，削跡趙、魏。王莽竊位，獲罪於天，天命佑漢，故使東郡太守翟義、嚴鄉侯劉信，擁兵征討，出入胡、漢。普天率土，知朕隱在人間。南嶽諸劉，為其先驅。朕仰觀天文，乃興于斯，以今月壬辰即位趙宮。休氣熏蒸，應時獲雨。蓋聞為國，子之襲父，古今不易。劉聖公未知朕，故且持帝號。諸興義兵，咸以助朕，皆當裂土享祚子

---

[34] 如引述方望以書辭別隗囂一文，袁宏《後漢紀》頁二五，與范曄《後漢書·隗囂傳》（卷一三，頁五二〇）即頗有差異。耿弇說光武自立之說辭，袁宏《後漢紀》頁二九，亦與范曄《後漢書·耿弇傳》（卷一九，頁七〇六）多異。

孫。（《後漢書》卷一二，〈王郎傳〉頁四九二）

王郎既立為天子，於是趙國以北，遼東以西，皆從風而靡。光武斯時受更始之命，征討於河北，王郎遂於二年正月，購光武以十萬戶。光武勢孤，乃「令王霸至市中募人，將以擊郎。市人皆大笑，舉手揶揄之。霸慙而去」[35]，致使光武倉皇於河北、幽州之地，甚為狼狽。可知「劉秀興漢室」之讖，當僅傳流於長安，而未知曉於各地，是以世人皆不以光武名諱為意也。

更始三年（西元二五）正月，方望說安陵人弓林曰：「更始必敗，劉氏真人當受命。劉嬰本當嗣孝平帝，王莽以嬰為孺子，依託周公，以奪其位，以為安定公，今在民間，此當是也。」林等信之，於長安求得嬰，將至臨涇，聚黨數千人，立嬰為天子[36]。方望既於長安求得劉嬰，又言「劉氏真人當受命」，而不稱「劉秀」，則長安所傳讖言，解讀之際亦各有所取也。

同年六月，赤眉亦立宗室劉盆子，《後漢書》詳載其事云：

軍中常有齊巫鼓舞祠城陽景王，以求福助。巫狂言：「景王大怒曰：『當為縣官，何

[35] 吳樹平《東觀漢記校注》（河南：中州古籍出版，一九八七年），卷一〇，〈王霸傳〉頁三六四。

[36] 袁宏《後漢紀》頁二五。

故為賊？』」有笑巫者輒病，軍中驚動。時方望弟陽怨更始殺其兄，乃逆說崇等曰：「更始荒亂，政令不行，故使將軍得至於此。今將軍擁百萬之眾，西向帝城，而無稱號，名為群賊，不可以久。不如立宗室，挾義誅伐。以此號令，誰敢不服？」崇等以為然，而巫言益甚。前及鄭，乃相與議曰：「今迫近長安，而鬼神如此，當求劉氏共尊立之。」六月，遂立盆子為帝，自號「建世元年」。（卷一一，〈劉盆子傳〉頁四七九）

城陽景王即漢初朱虛侯劉章，以其廢諸呂，興漢室，故齊國多為之立祠祭祀。軍中齊巫藉口「當為縣官，何故為賊」，可知初起時僅欲求一正式官銜，並無立天子之意，而方陽一語，乃使赤眉求景王之後立為帝，建立之時，亦祇曰「當求劉氏共尊立之」。可知「劉秀」讖語，於此事並無任何影響。惟劉秀光武即帝位，亦在此年六月中。

五、《赤伏符》「劉秀」讖流傳考略

《赤伏符》之出，與光武即位有關。先是更始二年（西元二四）五月，光武平王郎亂事，收復河北，暫居邯鄲；更始見光武威聲日盛，君臣疑慮，乃遣侍御史持節立光武為蕭王，令罷兵與諸將有功者還長安；惟其時赤眉立劉盆子為帝，其餘賊黨銅馬、青犢、尤來、大槍、五幡等四處為亂，耿弇因說光武曰：「今更始失政，君臣淫亂，諸將擅命於畿內，貴戚縱橫於都內，天子之命，不出城門。天下至重，公可自取，毋令他姓得之。」光武始貳於更始，明年六月，乃正式即位[37]。

至若即位與《赤伏符》之關係，袁宏《後漢紀》載錄始末較詳，曰：

> （更始三年）五月，蕭王自漁陽過范陽，命收葬士卒死者。至中山，羣臣上尊號，……王不聽。（至南平棘）諸將固請，……王感其言，使馮異問以羣臣之議。異至曰：「三王背叛，更始敗亡，天下無主，宗廟之憂，在於大王。宜從眾議，上以安社稷，下以濟百姓。」王曰：「我昨夢乘赤龍上天，覺悟，心中悸動，此何祥也？」異再拜賀曰：「此天帝命發於精神。心中悸動，大王重慎之至也。」會諸生彊華自長安奉《赤伏符》詣鄗，群臣復請曰：「受命之符，人應為大，今萬里合信，周之白魚，焉足比乎？符瑞昭晢，宜答天神，以光上帝。」六月己未，即皇帝位于鄗。改年為建武元年。（頁三八）

可知除耿弇勸說外，諸將亦於更始三年五月，二度懇勸光武即帝位，惟皆未得首肯。其後光

[37] 范曄《後漢書》卷一九，〈耿弇傳〉頁七〇六。又見於袁宏《後漢紀》頁二九、范曄《後漢書》卷一，〈光武帝紀〉頁一五。

武「夢乘赤龍上天」，又得彊華奉《赤伏符》至，始藉口「受命之符，人應為大」，於六月二十二日即位鄗縣。

夢乘赤龍之事，又見於《東觀漢紀》，載事相同，可信為真。至若彊華奉符至，則《東觀》敘述較為曲折，曰：

> 時傳聞不見《赤伏符》文軍中所，上未信。到鄗，上所與在長安同舍諸生彊華自長安奉《赤伏符》詣鄗，與上會。群臣復固請，上奏世祖曰：「符瑞之應，昭然著聞矣。」乃命有司設壇於鄗南千秋亭五成陌。六月己未，即皇帝位。（頁七）

首句「傳聞不見……」文意拗折難明，《藝文類聚》引《東觀漢記》此條，作「時傳聞《赤伏符》，不見文章軍中所」[38]，較為明確。然而《宋書・符瑞志》又謂彊華之前，尚有將軍萬脩先得《赤伏符》，而光武不信：

> 光武平定河北，還至中山，將軍萬脩得《赤伏符》，言「光武當受命」，羣臣上尊號，光武辭。前至鄗縣，諸生彊華又自長安詣鄗，上《赤伏符》，文與脩合。羣下又請曰：

---

38 歐陽詢《藝文類聚》卷一二，頁二三五。

「受命之符，人應為大。」光武又夢乘赤龍登天，乃即位，都洛陽，營宮闕。（《宋書》卷二七，〈符瑞志上〉頁七七〇）

萬脩為信都令。更始二年二月，光武初征河北，受困於王郎，顛沛奔亡之際，幸得信都太守任光及萬脩襄助，纔得勦滅王郎。建武二年，萬脩奉命擊南陽宛城亂軍，未剋而卒。萬脩隨光武轉戰河北，未見與長安有所關聯，何以竟在河北中山之地，獲得傳流於長安之《赤伏符》，並無漢史述及。《宋書》所載乃僅見者，亦可見古史文獻之增衍難定其真也。

細繹史書中此事載錄，實多見淆亂，如《赤伏符》篇名，此時並未定訂，而漢末、三國以後之史書，則多直言篇名，似謂光武起義時已有《赤伏符》專書出現。下文將羅列諸文獻，詳為考覈，以明其真。

㈠二句型式之《赤伏符》

《赤伏符》最早實僅二句而非三句，見於更始三年六月，光武即位祭天之祝文中。《後漢書・光武帝紀》載錄其事曰：

六月己未，即皇帝位。燔燎告天，禋于六宗，望於羣神。其祝文曰：「皇天上帝，后土神祇，眷顧降命，屬秀黎元，為人父母，秀不敢當。羣下百辟，不謀同辭，咸曰：

> 『王莽簒位，秀發憤興兵，破王尋、王邑於昆陽，誅王郎、銅馬於河北，平定天下，海內蒙恩。上當天地之心，下為元元所歸。讖記曰：「劉秀發兵捕不道，卯金修德為天子。」』秀猶固辭，至于再，至于三。羣下僉曰：『皇天大命，不可稽留。』敢不敬承。」於是建元為建武，大赦天下，改鄗為高邑。（卷一上，頁二一）

司馬彪《續漢書》亦載此文，「讖記」文句相同㊴。此「讖記」既見於光武即位告天之祝文中，又得二史書轉載，其為實錄無疑！由此可證更始三年六月傳世之「劉秀」讖文，實僅二句，只作「讖記」，別無篇名。內容則改易前年七月西門君惠所言之「劉氏當復興」讖語。當時並無「立天子」之意，至此則改易作「劉秀……為天子」。是以後世史家言及此讖，皆取祝文「讖記」文意，代作西門氏之語言，如荀悅《漢紀》云：「道士西門君惠謂莽從兄王涉曰：『讖云：漢復興，劉秀為天子。』」㊵華嶠《後漢書》亦曰：「道術之士西門君惠、李守等多稱讖云：『劉秀為天子。』」㊶皆與史實不符。再者，細繹史料文獻，光武建國之初，此讖並無篇名，只作「讖記」，偶有史書於行文敘述之中稱其篇名《赤伏符》，乃撰者用後世熟語

㊴ 見《後漢書・志》卷七，〈祭祀志上〉頁三一五七。
㊵ 荀悅《漢紀》頁四二八。
㊶ 袁宏《後漢紀》頁二八九。

泛稱前世故事，並非實情。迄至建武三十二年光武封禪泰山，始於封禪銘文中見此讖篇名，曰「《河圖赤伏符》」。

㈡四字型式之《赤伏符》

除二句型式外，此讖又有四字型式之例。時當建武十九年，杜篤以關中表裏山河，先帝舊京，不宜改營洛邑，乃上奏〈論都賦〉[42]，賦曰：

> 天畀更始，不能引維，慢藏招寇，復致赤眉。海內雲擾，諸夏滅微；羣龍並戰，未知是非。于時聖帝，赫然申威。荷天人之符，兼不世之姿。受命於皇上，獲助於靈祇。立號高邑，搴旗四麾。（《後漢書》卷八〇，〈文苑傳〉頁二六〇六）

賦文蓋言更始敗亡，光武興漢之過程，文中「海內雲擾……羣龍並戰」云云，與《赤伏符》相似，唐李賢注曰：「《赤伏符》曰：『四夷雲擾，龍鬬于野。』……謂更始敗後，劉永、

---

[42] 賦中言及：「皇帝以建武十八年二月甲辰，升輿洛邑，巡于西岳。……其歲四月，反于洛都。明年，有詔復函谷關，作大駕宮、六王邸、高車廄於長安。」是以推斷作賦於建武十九年。

張步等重起，未知受命者為誰也。」㊸是以賦文此句與《赤伏符》指稱相同。然則杜篤「海內雲擾……羣龍並戰」一語，不見於光武即位祝文之「讖記」中，而與建武三十二年封禪銘文、亦即習見之三句型式《赤伏符》「劉秀發兵捕不道，四夷雲集龍鬥野，四七之際火為主」之第二句相似。

何以杜篤建武十九年此句賦文，與建武三十二年宣布之《河圖赤伏符》文字相近，而不見於光武建武元年即位之祝文中？考其實，乃光武即位後，詔令博通經記、善說圖讖之朝官、學者，令校圖讖所致也。圖讖之校定，長達三十載之久，此事言者已多㊹。杜篤善賦，建武十五年，「大司馬吳漢卒，光武詔諸儒誄之，篤於獄中為誄，辭最高，帝美之」㊺。杜篤既以文學高辭得光武偏愛，又長居京師，其受詔參與校定圖讖，於理固然，是以得親見官方校改之圖讖，並用之於四年後所撰之〈論都賦〉中，乃不足怪也。

至若「龍鬭」之本意，范曄《後漢書・王郎傳贊》謂：「天地閉革，野戰群龍。昌、芳僭詐，梁、齊連鋒。寵負強地，憲縈深江。實惟非律，代委神邦。」㊻或可作為詮解。蓋王郎一名昌，詐稱成帝遺腹劉子輿，更始元年稱帝於邯鄲；梁王劉永於建武元年自稱天子於睢陽，

㊸ 范曄《後漢書》卷八〇，〈文苑傳〉頁二六〇六。

㊹ 拙著〈歷代《尚書》讖緯學述〉（輔仁大學中文研究所博士論文，一九九六年），第一章，頁四三，已有考論。

㊺ 范曄《後漢書》卷八〇，〈文苑傳〉頁二五九五。

㊻ 范曄《後漢書》卷一二，〈王郎傳〉頁五〇九。

更封琅邪張步為齊王，二人並亂於山東；三水盧芳則詐稱武帝曾孫劉文伯，建武元年更與匈奴結合，自稱漢帝；潁川李憲自稱淮南王，並於建武三年自立為天子；南陽彭寵則於建武四年攻拔薊城，自立為燕王。六人之外，又有公孫述稱帝於西蜀、隗囂自立於隴右，勢力皆自尊大。除王郎敗於光武稱帝前，其餘七人皆與光武野戰漢疆，迄至建武十一年吳漢斬公孫述後，始得完全敉平。是以《赤伏符》之「四夷雲擾，龍鬬于野」，當指此事也。

羣龍爭鬬之亂象，在光武即位之前，尚屬更始朝廷所須憂慮之形勢，故當時傳流之讖記先曰「發兵捕不道」，再為「修德」之「卯金」劉氏「為天子」一事取得依準。光武既立號建國稱天子，則不必再說「卯金為天子」矣；其時豪傑、流賊於各地割據自雄，則與劉秀產生切身利害關係，故讖語乃改易為更貼切之「四夷雲擾，龍鬬于野」。此一推論，雖未得文獻佐證，惟以情境言之，亦頗有可能也。

(三)三句型式之《赤伏符》

1.《赤伏符》讖文

《赤伏符》篇名，最早見於光武三十二年二月封禪泰山之刻石銘文中。司馬彪《續漢書》載其事曰：

> 二月，上至奉高，遣侍御史與蘭臺令史，將工先上山刻石。文曰：「維建武三十有二

年二月，皇帝東巡狩，至于岱宗，柴，望秩於山川，班于羣神，遂覲東后。從臣太尉熹、行司徒事特進高密侯禹等。漢賓二王之後在位。孔子之後褒成侯，序在東后，蕃王十二，咸來助祭。《河圖赤伏符》曰：『劉秀發兵捕不道，四夷雲集龍鬬野，四七之際火為主。』」（《後漢書・志》卷七，〈祭祀志上〉頁三一六五）

銘文所引圖讖，除《河圖赤伏符》外，尚有《河圖會昌符》、《河圖合古篇》、《河圖提劉予》、《雒書甄曜度》、《孝經鉤命決》等五篇。今傳緯書輯本中，《赤伏符》、《提劉予》佚文各得兩條，《會昌符》、《合古篇》各僅祇一條，可見此銘所引之讖文，後世並不常用。此條三句型式之讖文，既為《赤伏符》之定準，文意當可一一詮解，以明其真。

2. 「雲擾」、「雲集」詞意

「雲擾」、「雲集」、「雲亂」、「雲合」、「擾攘」等辭，皆為兩漢習見之用詞，多用以說明莽新、更始時之政治局勢，如「王莽之際，天下雲亂，英雄並發」、「南陽豪右雲擾」、「不待雲擾而新室立矣」、「經營河北，英俊雲集，百姓歸往」、「旌旗耀天，四面雲合」、「更始立，東方擾攘」㊼。

㊼ 用詞五種，凡一五例，列述如下：

一、雲亂

杜篤賦與四字型式《赤伏符》皆用「雲擾」一詞，顯見「擾亂、不安」之意，而三句式

(1)薛瑩《漢紀》：「王莽之際，天下雲亂，英雄並發。」（《藝文類聚》卷一二，頁二三六）

二、雲擾

(2)《東觀漢記・光武紀》：「（李通）為帝言……下江兵盛，南陽豪右雲擾。」（卷一，頁二）

(3)范曄《後漢書》：辯士說陳康曰：「四方雲擾，公所聞也。」（卷一八，頁六七七）

(4)班固《漢書》：「天下雲擾，大者連州郡，小者據縣邑。」（卷一〇〇上，頁四二〇七）

(5)杜篤〈論都賦〉：「海內雲擾，諸夏滅微；群龍並戰，未知是非。」（《後漢書》卷八〇，頁二六〇六）

(6)漢黃憲《天祿閣外史・妖孽》：「災異虐而德音乖，雲擾之禍，釀于朝夕。」（卷一，頁六。收入《漢魏六朝筆記小說》〔河北教育出版社，一九九四年〕。）

(7)漢黃憲《天祿閣外史・尊王》：「王莽之亂，不待雲擾而新室立矣。」（卷七，頁七）

(8)洪邁《容齋隨筆》：「漢自中平黃巾之亂，天下雲擾。」（卷一二，頁一四）

三、雲合

(9)漢末何攀：「旌旗耀天，四面雲合，乘勝席捲。」（《華陽國志》〔四川巴蜀書社，一九八四年〕，卷一一，頁八六八。）

四、雲集

(10)方望謂囂：「基業已定，英傑雲集，思為羽翮比肩是也。」（袁宏《後漢紀》頁二五）

(11)馮異謂朱鮪：「經營河北，英俊雲集，百姓歸往。」（同上書，頁三四）

(12)袁宏《後漢書》：「論曰：一假名號，百姓為之雲集，而況劉氏。」（頁三九）

(13)岑彭說朱鮪：「百姓歸心，賢俊雲集，誅討群賊，所向破滅。」（同(10)，頁四八）

五、擾攘

(14)袁宏《後漢書》：「（耿）弇與公相失，道路擾攘，皆欲擊公。」（頁二〇）

(15)袁宏《後漢書》：「（竇）融見更始立，東方擾攘。」（頁四五）

則作「四夷雲集」，僅作平面敘述，不見動盪杌隉之象。是「雲擾」較貼切建武初年亂象，而「雲集」則顯示建武末年之昇平景象。再查讖文《易是類謀》「四野擾擾，鬱怏芒芒」、《春秋運斗樞》「四方煩擾，小民失恩」等辭，可見讖文本欲以「擾亂」為意，非僅指稱羣雄「雲集」而已。考杜篤此賦作於光武宣布圖讖之前十三年，讖語字句仍在刪修之中，篤賦「雲擾」一辭，乃漢世熟語，可證此條讖文本作「四夷雲擾」，其後改作「雲集」，反失本義。

3.「四七」指稱

「四七之際」一詞，李賢注曰：「四七，二十八也。自高祖至光武初起，合二百二十八年，即四七之際也。」[48]以為高祖建國二百二十八年後，光武又再興漢。惟此解增「二百」一數，近似冗贅附會。考光武封禪銘文嘗言「年二十八載興兵」[49]，自謂起兵時年正二十八歲，以此詮解「四七」，或更合於讖文之意。

然而《春秋佐助期》云：「諸侯上象四七，三公寅亮參兩。四七，二十八宿也；參兩，天地也。」[50]以「四七」指稱「諸侯」。應劭《漢官儀》謂：「天子建侯，上法四七。」[51]亦

---

[48] 范曄《後漢書》卷一，〈光武帝紀〉頁二一。

[49] 見《後漢書・志》卷七，〈祭祀志上〉頁三一六五。

[50] 孫瑴《古微書》（臺北：新文豐出版社影印《守山閣叢書》本，民國六七年），卷一二，頁一八七。

取「四七」與「侯」對應，與《佐助期》「天子法斗，諸侯應宿」[52]之意相同。桓帝延熹八年（西元一六五），劉瑜上書陳事，述及：「諸侯之位，上法四七，垂文炳燿，關盛衰者也。」桓帝感其言，特詔瑜問災咎之徵，瑜乃「指事案經讖以對」[53]。劉瑜既陳「諸侯之位，上法四七」，文意與《春秋緯》相同，又「案經讖」答詔對，可見其陳事，確與讖緯內容有關。是則《赤伏符》之「四七」，或藉「諸侯」以指稱「羣龍、豪傑」也。蓋上既言「四夷雲集」，下乃云「羣豪之際」，並且推論「羣豪」之中，屬火德之劉氏當為真主。

以「四七之際」解喻羣雄，或亦為西蜀公孫述而發者。蓋建武六年（西元三〇），公孫述既自立為天子，乃屢移書中國，自陳符命，略謂「廢昌帝，立公孫」、「西太守，乙卯金」，謂西方太守公孫氏，將軋絕卯金劉氏[54]。光武覆書駁斥之餘，當亦制作讖語厭解其說，是以拈出「羣豪之中火德為主人」一詞，以為頡頏。

由諸所推測中，可知「四七之際」詞意含混，作為「二百二十八年」、「二十八歲」、「羣雄之中」諸解，皆似可通。或乃讖文刊定之際，主事諸臣用心所致也。

---

51 應劭《漢官儀》卷上，頁二四。收入《漢官六種》（臺灣：臺灣中華書局，民國七四年）中。

52 李昉《太平御覽》卷七六，〈皇王部一〉頁五九二。

53 范曄《後漢書》卷五七，〈劉瑜傳〉頁一八五七。

54 范曄《後漢書》卷一三，〈隗囂傳〉頁五三七。

4.《赤伏符》定名緣由

由上文史料考覈，李焉為王況造讖、光武微時蔡少公言讖、李守李通父子言讖、西門君惠言讖等文獻觀之，史家述說之際，祇云「觀讖」、「稱讖」、「說讖」、「圖讖」、「讖文」等語，全未指稱任何特定篇目，可信其說原本即屬無篇名之讖語。光武即位後，詔命儒臣校定圖讖，始逐漸刊定當世傳流之諸多讖文，並各自賦以篇目，是以唐李賢注《後漢書・樊英傳》，乃得標舉緯書七種、篇名三十五之數[55]。此條「劉秀發兵」讖，亦於建武三十二年之封禪銘文中，稱其全名曰《河圖赤伏符》。推論其定名緣由，或因哀、平以後，「漢為火德」已成定論，故造此符者乃將文字書寫於赤色錦帛上，光武既以火德興漢，讖文又有「火為主」之語，故編定篇目時以「赤」字稱之。惟若以圖讖內文考論，疑又與符命形制有關，蓋讖緯佚文多言「赤圖」、「赤字」，如：

《尚書帝命驗》：「河龍圖出，洛龜書威，赤文象字，以授軒轅。」

《春秋元命苞》：「唐帝遊河渚，赤龍負圖以出，圖赤色如錦狀。」

《尚書中候立象》：「黃龍負圖，長三十二尺，置於壇畔，赤文綠錯。」

《雒書靈準聽》：「（湯時）有黑龜，並赤文成字，言夏桀無道，湯當代之。」

---

[55] 范曄《後漢書》卷八二上，〈方術列傳・樊英〉頁二七二一，李賢注引。

《雒書靈準聽》：「武王伐紂，……白魚躍入王舟，……目下有赤文成字。」[56]

由圖讖所言「赤色錦狀」、「赤文成字」推測，華彊由長安持來之符命，若非以「赤錦」為底，則或以「赤字」書於帛上，故光武日後訂定篇目時，乃以「赤」名之。

至於篇名之「伏」字，或指「厭伏」之意，此乃漢代方術家之常言也。《漢書・王莽傳》謂：「莽以王況讖言『荊楚當興，李氏為輔』，欲厭之，乃拜侍中掌牧大夫李棽為大將軍。」[57]藉拜官之事以「厭」讖語。《後漢書・光武帝紀》亦云：「王邑圍昆陽，……夜有流星墜營中，晝有雲如壞山，當營而隕，不及地尺而散，吏士皆厭伏。」[58]司馬彪《續漢志》引此事，則以星占論斷曰：「雲如壞山，謂營頭之星也。占曰：『營頭之所墜，其下覆軍殺將，血流千里。』」[59]可知吏士見隕星墜營，思及星占，乃「皆欲厭伏」，以期消彌凶象也。據此而論，則「伏」字殆如王莽、王邑等事，暗指此符預言「亂賊終將厭伏」；以此意加諸「赤色命符」中，則成《赤伏符》專名矣。

---

[56] 有關圖讖之形制，本書〈東漢《河圖》、《雒書》與「經讖」關係之探討〉略有探論。

[57] 班固《漢書》卷九九下，〈王莽傳〉頁四一六八。

[58] 范曄《後漢書》卷一上，〈光武帝紀〉頁七。

[59] 范曄《後漢書》卷一上，〈光武帝紀〉頁八，李賢注引。

㈣蔡少公言《赤伏符》

史書或謂：王莽末年，光武往新野訪姊婿鄧晨，亦言及「劉秀為天子」之讖，然而未賦圖讖篇名。惟其事實多可疑處，請依史書所載，迻錄於下：

袁宏《後漢紀》：

新野人鄧晨，字偉卿，家富於財。晨少受《易》，好節義。世祖與之善，以姊妻之，是為新野公主。世祖與晨遊宛，穰人蔡少公，道術之士也，言「劉秀當為天子」。或曰：「是國師公劉子駿也。」世祖笑曰：「何知非僕耶？」坐者皆笑。當是時，莽行一切之法，犯罪輒斬之，名曰「不順時令」。晨謂世祖曰：「王莽暴虐，盛夏斬人，此天亡之時，宛下言儻能應也。」世祖笑而不應。(頁二)

范曄《後漢書・鄧晨傳》：

鄧晨字偉卿，南陽新野人也。世吏二千石。父宏，豫章都尉。晨初娶光武姊元。王莽末，光武嘗與兄伯升及晨俱之宛，與穰人蔡少公等讌語。少公頗學圖讖，言：「劉秀當為天子。」或曰：「是國師公劉秀乎？」光武戲曰：「何用知非僕邪？」坐者皆大笑，晨心獨喜。及光武與家屬避吏新野，舍晨廬，甚相親愛。晨因謂光武曰：「王莽悖暴，盛夏斬人，此天亡之時也。往時會宛，獨當應邪？」光武笑不荅。（卷一五，頁五八二）

二書皆置此事於「王莽末」，然而載記多有差慝。以史實言，「盛夏斬人」在地皇元年（西元二〇），王莽下詔書言：「方出軍行師，有趍讙犯法者，斬無須時。」於是春夏斬人於都市，百姓震懼也[60]。至於「避吏新野」，據司馬彪《續漢書・光武帝紀》：「伯昇賓客劫人，上避吏於新野鄧晨家。」[61]范曄《後漢書》則謂：「地皇三年，南陽荒饑，諸家賓客多為小盜。光武避吏新野，因賣穀於宛。」[62]是謂光武「舍晨廬」在地皇三年。可知若據袁書，則少公言讖與避吏新野，皆同在一年；據范書，則少公言讖在先、避吏新野在後。二書不同。

再考燕語者，袁書謂「世祖與晨及蔡少公」，范書則多兄長「伯升」。光武素厚謹，又敬事兄。若兄長在座，何自大若是，敢僭越兄長，自命曰天子？而「坐者皆大笑」，更知無人視以為真；且鄧晨何能有此慧眼？又如何襄助光武成此占驗？皆不見史書文獻說及。再者，

[60] 范曄《後漢書》卷一五，〈鄧晨傳〉頁五八二，李賢注引。

[61] 司馬彪《續漢書》，收入周天游《八家後漢書輯注》（上海：上海古籍出版，一九八六年），頁二九五。

[62] 范曄《後漢書》卷一，〈光武帝紀〉頁二。

西門君惠說讖雖指名「劉秀」，惟尚未起事即已見誅，王莽隱晦其事，其讖亦未傳流廣遠。南陽宛縣去長安甚遠，何乃於劉歆起事之前，竟先得其讖？考《東觀漢記》載錄，或可知其舛譌。《東觀》謂：

> 更始遣使者即立公為蕭王。諸將議上尊號，上不許。上發薊，至中山，諸將復請上尊號。初，王莽時，上與伯升及姊婿鄧晨、穰人蔡少公燕語。少公道讖言「劉秀當為天子」。或曰：「是國師劉子駿也。」上戲言曰：「何知非僕耶？」坐者皆大笑。時傳聞不見《赤伏符》文軍中所，上未信。到鄗，上所與在長安同舍諸生彊華，自長安奉《赤伏符》詣鄗，與上會。（《太平御覽》卷九〇，頁七一四引）

行文以「立蕭王」（西元二四年五月）、「諸將議尊號」（二五年五月）、「王莽時」（二二年？）、「彊華詣鄗」（二五年六月）四事為次，可知鄧晨事乃是倒敘回憶，並非實況。其所附「劉秀當為天子」讖語，若置於王莽地皇三年（西元二二），光武起義之年，則無其實；若置即真之年，與《赤伏符》合參，則較不易令人察覺其非也。是則「王莽時」蔡少公言讖，實屬史家偏愛之行文，並非實情也。

《宋書・符瑞志》更將前後混為一事，謂：

初光武微時，穰人蔡少公曰：「讖言：『劉秀發兵捕不道，卯金修德為天子。』」國師公劉子駿名秀，少公曰：「國師公是也。」光武笑曰：「何用知非僕？」道士西門君惠等並云：「劉秀當為天子。」（卷二七，頁七七〇）

將「劉秀當為天子」改易為二句型式之《赤伏符》，更續以西門君惠之言，意指此「劉秀」乃光武而非劉歆也，與當時實況全然不符。

《赤伏符》之出典，後世尚有一說，蔡邕《琴操》謂：春秋末季，薪者獲麟，麒麟「吐三卷圖：一為《赤伏》，劉季興為王；二為周滅，夫子將終；三為漢制造，作《孝經》。」[63]將《赤伏符》視作麒麟所吐，且為劉邦創立漢業之徵祥，更與原意差懸遠甚矣！此類說辭，皆屬後說轉精之衍增也。

六、《赤伏符》「王良主衛」讖文解義

除「劉秀發兵」讖之外，《赤伏符》又有「王良主衛」一讖，建武元年七月，光武依讖言，不次拔擢野王令「王梁」為大司空。袁宏《後漢紀》載此事云：

---

63 歐陽詢《藝文類聚》卷一〇，〈符命部〉頁一八六。

> 秋七月辛未……野王令王梁為大司空，封武彊侯。初，《赤伏符》曰：「王良主衛作玄武。」上以野王，衛徙也；玄武，水神也；大司空，水土之官也。乃以梁為大司空。（頁四〇）[64]

范曄《後漢書》亦謂：

> 王梁字君嚴，……從平河北，拜野王令。……及即位，議選大司空，而《赤伏符》曰「王梁主衛作玄武」，帝以野王，衛之所徙；玄武，水神之名；司空，水土之官也。於是拜梁為大司空，封武強侯。（卷二二，〈王梁傳〉頁七七四）

袁《紀》作「王良」，范《書》作「王梁」，疑後世轉訛所致。「王良」與「衛」所以產生關聯，實乃附會戰國衛元君故事，《史記·衛康叔世家》載：「元君十四年，秦拔魏東地，秦初置東郡，更徙衛野王縣，而并濮陽為東郡。」[65]蓋言秦既滅魏，乃徙衛元君於野王縣。王

---

[64] 華嶠《後漢書》亦有此語，見徐堅《初學記》（北京：中華書局，一九八五年），卷一一，〈職官部上〉頁二五七。

[65] 司馬遷《史記》卷三七，〈衛康叔世家〉頁一六〇四。

梁既為野王令，正屬衛元君所徙之地，乃應「王良主衛」一語。至於「作玄武」者，五行配屬中，「左青龍、右白虎、前朱鳥、後玄武」乃將龍、虎、鳳、龜蛇等五物，分屬東、西、南、北四方；龜蛇又稱玄武，乃北方之物，而時序屬冬，於《周禮》六官中則屬冬官、為司空。是以光武解此讖作「玄武水神、司空水土」，因立王梁為大司空。然而光武此解實屬附會，原讖蓋以星象占驗為意也。

考「王良」為春秋末期趙國之善馭者，先秦子書多見載錄：

《孟子．滕文公》：「趙簡子使王良與嬖奚乘。」

《荀子．王霸》：「王良、造父者，善服馭者也。」

《韓非子．外儲說右上》：「用六馬之足，使王良佐轡，則身不勞而易及輕獸。」

《呂覽．審分》：「王良之所以使馬者，約審之以控其轡，而四馬莫敢不盡力。」

「王良」或作「王梁」：

《荀子．正論》：「王梁、造父者，天下之善馭者也。」

《論衡．命義》：「天有王梁、造父，人亦有之，稟受其氣，故巧於御。」

「王良」既為善御者，古代天文官遂藉以稱星宿，《史記·天官書》取戰國星官而成，即曰：

> 營室為清廟，曰離宮、閣道。漢中四星，曰天駟；旁一星，曰王良。王良策馬，車騎滿野。（卷二七，頁一三〇九）[66]

由《史記》所載，王良與營室之關係不甚明確，覈以《荊州占》云：「閣道，王良旗也，有六星。」[67]「閣道」即營室宿，可證王良星的在二十八宿之「營室」中無疑。讖緯所言「王良」，亦出自古星官，《春秋元命苞》曰：「漢中四星，天騎，一曰天駟也；旁一星王良，主天馬。」與《史記》所言，實出一源也。可知讖文中之「王良」，當解作星名而非人名也。

至若營室、王良等星宿與衛地之關係，《漢書·地理志》亦有說解，曰：

> 衛地，營室、東壁之分壄也。今之東郡及魏郡黎陽，河內之野王、朝歌，皆衛分也。（卷二八下，頁一六六四）

---

[66] 班固《漢書》卷二六，〈天文志〉頁一二七九，引文相同，惟二「王良」作「王梁」。

[67] 《史記》卷二七，〈天官書〉頁一三〇九，司馬貞《索隱》引。

《漢書·地理志》乃輯劉向、朱贛所言中國分野、風俗而成者[68]，宋王應麟《玉海》引《地理志》亦曰：「成帝時，劉向略言其地分，今著于篇：……衛地，營室、東壁之分壄也。」[69]可知王良星屬營室宿中，其分野對應衛地，野王縣正屬其分也。此則「王良主衛」之本意也。至於「作玄武」一語，實與方位配屬有關。

《周禮·考工記·輈人》言輪輻形制，謂：「龜蛇四斿，以象營室也。」鄭玄注：「營室，玄武宿，與東壁連體而四星。」[70]唐杜祐《通典·禮·旌旗》亦云：「漢制：……龜蛇旐四斿、四刃，以象營室。」[72]可知王良星所屬之營室宿，配以龜蛇之旂，而龜蛇又稱玄武，是可謂「王良……作玄武」之正解也。全句讖文乃說解天文星象，蓋謂：

> 王良星屬衛地之分野，又屬北方玄武之象徵。

此類星象說辭，習見於圖讖中，如「鄘，天漢之宿」（《詩推度災》）、「中台上星主梁、

---

[68] 班固《漢書》卷二八下，〈地理志〉頁一六四〇。

[69] 王應麟《玉海》（臺灣：臺灣商務印書館，民國七五年，《四庫全書》本），卷二，頁四三。

[70] 《周禮》（臺北：藝文印書館，民國六七年，《十三經注疏》本），卷四〇，〈考工記·輈人〉頁八。

[72] 唐杜祐《通典》（北京：中華書局，一九八八年），卷六六，頁一八四一。

雍，下星主冀州」（《論語讖》）、「璣星為青、兗州，權星為徐、揚州」（《春秋合誠圖》）。每一星宿皆有相對應之州域彊屬，是以《春秋元命包》即謂：「王者封國，上應列宿之位。」《春秋感精符》亦云：「上為星辰，各應其州分野，為國作精神符驗也。」據此可證「王良主衛」當亦指星象分野中，王良星應對衛地而已，並未預兆某特定人士之官職也。再者，詳考緯書輯本，見「王良星」讖文十餘條，多與戰爭有關，而未與冬官司空產生關連，如：

《論語讖》：「王良策馬野骨曝。」

《河圖》：「王良策馬，此皆兵侯，聖雄並起，期不出九年，天下之兵擾。」

《河圖表記》：「歲星守留王梁，國中歸兵革行，五穀不成。」

《洛書甄耀度》：「客星出王良，天下有急，關津不通，兵起，若馬多死。」

是則光武以「王梁」讖附會大司空官職，實非讖緯之「王良（梁）星」原意。又，王梁拜官大司空時，另有儒者王良，亦顯聞於同時。《後漢書》載：

王良字仲子，東海蘭陵人也。少好學，習《小夏侯尚書》。王莽時，寢病不仕，教授諸生千餘人。建武二年，大司馬吳漢辟，不應。三年，徵拜諫議大夫，數有忠言，以禮進止，朝廷敬之。（《後漢書》卷二七，〈王良傳〉頁九三二）

儒者王良學《尚書》，於王莽時已有美名，又「教授諸生千餘人」，可知為當世名儒；光武建國之次年，又得吳漢薦舉，進為諫議大夫，顯然非無名小輩。其本名「良」，較之「王梁」更與《赤伏符》相應，而光武未舉用為官，則讖語之解義，實隨光武師心臆測而已。

七、結語

由史書考述，可知劉歆改名為「劉秀」，純屬避哀帝名諱而已。當時既無「劉秀讖」傳世，劉歆亦未有僥倖改名應讖之心。「劉秀讖」之初始型式，實乃王況為李焉所造生之「漢家當復興，李氏為輔」一語，蓋王況與劉姓宗室無關，故作「漢家」為泛稱。

王莽宗卿師李守本好星曆，因常誦王況讖，並為子弟道及，是以其子李通乃取以游說劉縯、劉秀兄弟，共同起義反莽。惟李通所誦讖文，已改易「漢家」為「劉氏」，作「劉氏當復起，李氏為輔」，以符合劉縯宗室身分。此時「劉氏興漢」並未指稱特定對象，是以劉姓起義自立為天子者不在少數，劉玄乃得平林等義軍擁戴而即位為「更始帝」，斯時各地義軍多望風響應，長安衛將軍王涉、國師劉歆亦在其中。

王涉門客西門君惠知王莽逐漸勢微，乃以「劉秀興漢」讖語，鼓動王涉、劉歆劫持王莽以降南陽更始帝，蓋以劉歆時已取名「劉秀」，以此可見起事之正當性。惟其初絕無「劉秀稱天子」之意。然而涉、歆之謀未動，已見誅戮，其事亦寢。兩年後，長安乃流傳「劉秀發兵捕不道，卯金修德為天子」讖語，並由諸生彊華自長安奉以授之光武，光武藉以即位，且書之即位告天祝文中，惟名之曰「讖記」，而無《赤伏符》篇名。

二句型式之「劉秀讖」初出，實無篇名，僅作「讖記」；其後杜篤〈論都賦〉嘗引類讖語詞，李賢注文以四字型式之「劉秀讖」解之，其涵意不見於二句型式，可證當初之「讖記」已有改作。訖至建武三十二年封禪銘文中，始拈出《河圖赤伏符》篇名，內容亦成今日習見之三句型式。是則「劉秀為天子」之讖文，始見於光武即位鄗地之時，定名曰《赤伏符》則在三十二年之後。

至若「王梁主衛」讖文，本指星象占驗之分野說而已，乃二十八宿中之營室宿，包有王良星，其分野屬衛國，而方位則為北方玄武龜蛇之象，並無指稱人事、職官之意。

今存《赤伏符》佚文僅兩條，所以歸諸《河圖》類中，殆以起義之初，並無附會儒家經籍之圖讖存世，是以編修之際，乃命此「讖記」曰《河圖》。篇名至光武晚年始得訂定，後世史家列述光武起義初期之諸多行事，偶或有引用《赤伏符》為證者，當屬史家撰作時之行文熟語，並非光武當時已有此讖之篇名也。

《赤伏符》讖文，於光武晚年封禪時，迻錄入刻石銘文之中，其後未見六朝、唐、宋之類書、星象占驗，如《北堂書鈔》、《開元占經》、《太平御覽》等專集單獨引用，可見罕為傳流。然而此讖得享後世盛名，影響當時政治形勢之評斷，實有澄清之必要，故羅列相關文獻，具為探論如上。

參、東漢《河圖》、《雒書》與「經讖」關係之探討

東漢初，桓譚云：「讖出《河圖》、《洛書》。」又稱：「今諸巧慧小才伎數之人，增益《圖》、《書》，矯稱讖記。」❶其後，王充循其意，斷曰：「神怪之言，皆在讖記，所表皆效《圖》、《書》，『亡秦者胡』，《河圖》之文也。」❷蕭梁劉勰於《文心雕龍・正緯》中則曰：「原夫圖籙之見，迺昊天休命，事以瑞聖，義非配經。」「圖籙」即「《河圖》、《雒書》」之泛稱。三家所言《河圖》雖有「神怪」、「瑞聖」之異，其指稱「《河圖》、《雒書》」為「讖記」所出之源則一，且此類「圖籙」「義非配經」。然而三家所稱述之「讖記」，是光武官定之「經讖」？抑民間傳流之謠讖？「讖出《河》、《雒》」，是漢代方士、流俗所耆言之圖讖，皆摘錄《河圖》、《雒書》而成？抑方士效法《河》、《雒》而自造讖

❶ 分別見於〔漢〕桓譚：《新論・啟寤第七》（引自馬總《意林》卷三，頁九）；〔劉宋〕范曄：《後漢書》卷二八上，〈桓譚列傳〉頁九五九。

❷ 黃暉：《論衡校釋》卷二六，〈實知篇〉頁一〇七〇。

語？更或乃光武之「經讖」皆源自《河》、《雒》？所指稱之「《河》、《雒》」有無定本？是皆影響讖緯論斷之礎石，則未見三家之具實舉證。故後世讖緯學之論述，如《隋書・經籍志》等，多循此意，排除光武官定圖讖之《河圖》、《雒書》於「七經讖」外，遂使原編無明顯區別之「官定圖讖」，憑生「解經」、「預言」兩種。蓋光武官定之時，本即雜取方士圖讖、星占及諸經傳注而成；官方編定之前，諸多圖讖（包括《河》、《雒》）實無特定之篇名，亦非專為解經而作也❸。

此項議題，尚未見學者論述，故詳蒐《河》、《雒》與「經讖」佚文，試為爬梳董理，以探討其本原，並論證「讖出《河》、《雒》」究竟何指？其實質意義又如何？

一、前言

史載：光武帝以圖讖起家，建武元年（西元二五）初即位，乃擇「博通經記」之大司空掾尹敏，「令校圖讖」❹。建武三十二年（西元五六）正月，光武帝夜讀《河圖會昌符》：「赤劉之九，會命岱宗。不慎克用，何益於承。誠善用之，姦偽不萌。」感其所言封禪大用，乃

❸ 詳拙著：〈漢代《尚書》讖緯學述〉第一章〈漢代讖緯學流衍〉之考論。

❹ 〔劉宋〕范曄：《後漢書》卷七九上，〈儒林列傳・尹敏〉頁二五五八。

詔虎賁郎中梁松等，案索《河》、《雒》讖文言「九世封禪」事者，以為準據。二月封禪，光武先至奉高，遣侍御史與蘭臺令史，將工先上山刻封禪銘文。銘文引述《河圖赤伏符》、《河圖會昌符》、《河圖合古篇》、《河圖提劉予》、《雒書甄曜度》、《孝經鉤命決》等讖文，凡六種，銘文又謂「《河》、《雒》命后，經讖所傳」，「皇帝唯慎《河圖》、《雒書》正文」，而「建武元年已前，文書散亡，舊典不具，不能明經文，以章句細微，相況八十一卷，明者為驗」❺。可知光武已將《河圖》、《雒書》、《孝經鉤命訣》等圖讖文，與儒家經書相並論矣。封禪之歲，更「宣布圖讖於天下」❻。此即東漢官方圖讖八十一卷之定本，後世緯書輯本，亦多屬此一定本之殘文也。

官定圖讖既出，帝王、朝臣乃欲藉之以解經致用，如博士曹充以為「五帝不相沿樂，三王不相襲禮」，乃於永平三年（西元五八）奏請明帝改制禮樂，並引圖讖之言云：「《河圖括地象》曰：『有漢世禮樂文雅出。』《尚書琁機鈐》曰：『有帝漢出，德洽作樂，名予。』」明帝遂依讖文，「改太樂官曰太予樂」❼。

章帝亦於建初四年（西元七九），詔「令諸儒共正經義」，並命班固撰為《白虎通德

❺ 詳見〔劉宋〕范曄：《後漢書·志》卷七，〈祭祀志上〉頁三一六三～三一六六。

❻ 〔劉宋〕范曄：《後漢書》卷一下，〈光武帝紀〉頁八四。

❼ 〔劉宋〕范曄：《後漢書·曹褒傳》卷三五，頁一二〇一。又見吳樹平：《東觀漢記校注·孝明皇帝》卷二，頁五七。

論》❽。《白虎通德論》調和經義之際，亦嘗藉助於《河圖》、《雒書》讖文❾。至元和二年（西元八五），以舊行《太初曆》，失天益遠，不能驗星象、正節氣，乃命治曆者編訢、李梵二人，綜校其狀，並於二月甲寅下詔改行《四分曆》。詔書改曆之依據，未見天文、曆法等專書，而引用《河圖》、《尚書琁璣鈐》、《帝命驗》、《春秋保乾圖》等圖讖五條，正經僅《尚書·堯典》一條而已❿。

由曹充奏疏、白虎觀論議及章帝詔文中，可知《河》、《雒》與「經讖」已成帝王更革大事之重要憑依矣。其於政治上之重要地位，實不可輕忽！

八十一卷之官定圖讖，其大致內容，略見於七十年後張衡上順帝奏疏（約西元一三〇）：「《河》、《洛》、六藝，篇錄已定，後人皮傅，無所容篡。」張衡《文集》所載「上事疏」

---

❽ 〔劉宋〕范曄：《後漢書》卷三，〈章帝紀〉頁一三〇。仝書，卷四〇下，〈班固列傳〉頁一三七三。

❾ 如〔宋〕羅泌：《路史·高辛》羅苹《注》云：「《河圖矩起》及《白虎通》云：『帝嚳駢齒，上法日參，秉度成紀，以理陰陽。』」（〈後紀〉第九卷上，頁一）是《白虎通》說帝王特徵，與《河圖矩起》同。再如：《路史·前紀·初人皇》羅苹《注》云：「世遂以伏羲、神農、黃帝為之三皇。……《甄曜度》與〈梁武帝祠象碑〉則又易（黃帝）以遂人。」（〈前紀〉第一卷，頁二）此說見於《白虎通·號》之正文：「三皇者，何謂也？謂伏羲、神農、燧人也。」（卷二，頁四九）可知《白虎通》說三皇，與《洛書甄曜度》同。

❿ 〔劉宋〕范曄：《後漢書·志》第二，〈律曆中〉頁三〇二六。又見仝書，卷三，〈章帝紀〉頁一四九；卷三五，〈張純列傳〉頁一二〇二；〔梁〕沈約：《宋書》卷一二，〈律曆志中〉頁二二九。

更明言：「《河》、《洛》五九，六藝四九，謂八十一篇也。」⓫由此可知：光武帝於建武三十二年時，宣布官定圖讖八十一卷於天下，《河圖》、《雒書》皆在其中，七十餘載之後，張衡嘗據以論述。此「八十一卷」即今世讖緯學者論述所依據「緯書輯本」之原書也，與先秦、前漢所泛舉《河圖》、《雒書》為祥瑞名詞者，實不相同。

至於「《河》、《洛》」四十五篇與「六藝」三十六篇之關係，漢末之鄭玄嘗有具體之論述。鄭玄《六藝論》曰：「六藝者，《圖》所生也。」⓬今由鄭氏所注之《易是類謀》，更明證「經讖出於《河》、《雒》」之說辭，實源自光武時官定圖讖之中：

(1)《易是類謀》：「秘之隱在文，未消於亂，藏設世表，待人味思。」鄭玄注：「秘謂《洛》之書及五經。世表，帝王之圖錄也，待聖賢之人，味而思之。」（黃奭輯《易是類謀》卷七，頁一一）

(2)《易是類謀》：「錄圖世讖，易嘗喪責，帝逢臣。」鄭玄注：「錄圖讖之言，何嘗可法，致誠也。味思孔子，能思孔子所作讖書之修，以責己。帝王逢依此道，則可以自正也。」（黃奭輯《易是類謀》卷七，頁一二三）

⓫ 奏疏文見〔劉宋〕范曄：《後漢書》卷五九，〈張衡列傳〉頁一九一二。《文集》載事，見同頁李賢注引。

⓬ 〔唐〕徐彥《春秋公羊傳注疏》卷一，頁一引。

鄭玄闡述《易是類謀》云：世讖、錄圖隱藏深義，若得聖賢之人味而思之，則能體會文中致誠之理。而孔子亦作「讖書」，帝王若味思孔子撰作之意，自可正治天下也。

孔子本《河》、《雒》而作經讖之意，又見於鄭注《易乾鑿度》：

(3)《易乾鑿度》云：「孔子曰：『《洛書摘六辟》曰：建紀者歲也。成姬倉有命在河，聖孔表雄德，庶人受命，握麟徵。』」（黃奭輯《易乾鑿度》卷二，頁五〇）

《易乾鑿度》所引《洛書摘六辟》，當作「《洛書摘亡辟》」，乃光武宣布於天下之圖讖八十一卷中者。此條佚文下附鄭玄注云：「言孔子將此應之，而作讖三十六卷。」是謂孔子本《摘亡辟》所言之天命，而「作讖三十六卷」⓭。

細繹鄭玄論述，可以推知：光武帝所編校、宣布之圖讖八十一卷中，《河圖》、《雒書》部分較早纂成，是以其餘「經讖」乃或襲取其文句而成篇者。惟鄭玄以為《河》、《雒》出

⓭ 依（唐）魏徵：《隋史·經籍志》載：「說者又云：孔子既敘六經，以明天人之道，知後世不能稽同其意，故別立緯及讖，以遺來世。其書出於前漢，有《河圖》九篇，《洛書》六篇，云自黃帝至周文王所受本文。又別有三十篇，云自初起至于孔子，九聖之所增演，以廣其意。又有七經緯三十六篇，並云孔子所作，并前合為八十一篇。」（卷二二，頁九四一）所指之「說者」，即指鄭玄也；而「七經緯三十六篇」當作「（七經讖）三十六篇」。

自孔子之前，則非實情也。

至於「經讖」一詞，《隋志》嘗分別「讖、緯」之異同，李賢注《後漢書・樊英傳》遂於八緯之中，取「七經讖」為說，而摒除《論語讖》。實則細繹光武、明、章諸帝詔書及大臣奏言，並鄭玄、宋均之緯書注文，可知光武初編圖讖八十一卷，原無「緯」名，更未摒除《論語讖》於「七讖」之外，是以下述行文之際，只用「經讖」一詞，指稱《河》、《雒》以外八種「經讖」，不再附從舊說。

既言明《河》、《雒》之本源，下文考述即據今所見之緯書輯本，如黃奭《通緯》（凡輯得《河圖》八六三條、《雒書》一八六條）、安居香山《重修緯書輯成》（得《河圖》一二九九條、《雒書》三一九條，較黃奭本多出五六九條）等，亦即以東漢光武帝編定、建武三十一年（西元五五六）宣布於天下之「八十一卷」佚文為主。與先秦、西漢「治國大法」之《河圖》、宋代黑白點子之《易圖》不同。

二、《河圖》、《雒書》複見例

今人皆知《河圖》、《雒書》不同，惟以緯書輯本中之《河》、《雒》而言，則無獨特之內容差異，又輒見重複之例，是以朱長圻亦謂：「《河》、《雒》二緯，出入互錯久矣。」⑭如黃奭本《雒書》佚文一八六條中，四十餘條前後兩見，當屬重複收錄者；其餘一四〇餘條中，三十餘條文字與《河圖》相同，三十餘條文意相近似。所餘七十餘條，又有與其它「經讖」相同或相類者。詳考二者異同，屬《雒書》獨有者，其實不多。以是可知，《雒書》之獨特性，於光武官定圖讖中，並不明顯。以下即就此議題，析論《河》、《雒》二者內容文字相同之例。

(一)天文度數

《河圖帝覽嬉》六六八	《雒書甄曜度》一二九
推度九道，百七十一歲，進退六十三分。	推廣九道，百七十一歲，進退六十三分，百四十四歲一超次，與天相應。

按：《漢書．律曆志》謂：「陽以九終，故日有九道；陰兼陽而成之，故月有十九道。」二數之乘積，則為一百七十一，是為「推度之歲」，其在天文軌道上之進退度數，則有「六

⑭ 朱長圻補刊《通緯》，於《河圖祿運法》篇名下注云：「《御覽》一百三十五引《雒書錄運法》，……《古微書》亦然，則是《錄運法》亦《雒書》之文。……《河圖說徵示》，《占經十》引一條作《雒書說徵示》，蓋《河》、《雒》二緯，出入互錯久矣，故《後漢．公孫述傳注》亦以《籙運法》為《河圖》。」（黃奭《通緯．河圖》卷一一，頁一）

十三分」。句中「推廣」當為「推度」誤。《河圖》僅存一句，文意不全，可藉《雒書》增補。

㈡五行帝兆象

《河圖說徵》二〇五	《雒書靈準聽》九一～九六
蒼帝起，天雨粟，青雲扶日。	蒼帝起，天雨粟。蒼帝起，青雲扶日。 赤帝起，赤雲扶日。 黃帝起，黃雲扶日。 白帝起，白雲扶日。 黑帝起，黑雲扶日。

按：五行帝之占驗，為圖讖所常言者。此組之《河圖》僅見一句，當據《雒書》補缺。而所言異象，僅蒼帝有「天雨粟」一事，其餘四帝依例亦當見異象，惟今已亡佚。再者，南宋羅泌撰《路史》多用緯書，嘗謂：「《河圖．說徵》云：『蒼帝起，天雨粟，青雲扶日。』語亦見之《洛書．說河》。」⑮可見羅泌已察知《河圖》、《洛書》有雷同之文

⑮〔宋〕羅泌：《路史．發揮一》頁一〇。惟覈以〔唐〕歐陽詢：《藝文類聚》卷八五，〈百穀部．粟〉頁一四五一，「說河」實為「說禾」之誤。

句。惟羅泌其所見之《洛書》，乃「說河」而非「靈準聽」。

㈢甲兵傳說

《龍魚河圖》七三二	《雒書甄曜度》一三二
天之東西南北極，各有銅頭鐵額兵，長三千萬丈，三千億萬人。天之東西南北極，各有金剛敢死力士，長三千萬丈，三千億萬人。天中太平之都，有都甲食鬼鐵面兵，長三千萬丈，三千億萬人。	天之東西南北極，各有銅頭鐵頜兵，長三千萬丈，三千億萬人。

按：《雒書》僅有一句，當可據《河圖》補足。除此二條外，《河圖玉版》第七〇六條、安居本《河圖帝覽嬉》第五三〇條亦皆有金剛力士之載言。疑其由蚩尤神話衍變而來。《龍魚河圖》第七四〇條又云：「蚩尤兄弟七十二人，銅頭鐵額，食沙石，制五兵之氣。」所言與此相類。

㈣命算限度

《河圖握矩記》六八八

黃帝曰：「凡人生一日，天帝賜算三萬六千，又賜紀二千。聖人得三萬六千七百二十，凡人得三萬六千。一紀主一歲，聖人加七百二十。」

《雒書甄曜度》一五六

黃帝曰：「凡人生一日，天賜算三萬六千，又賜紀二千。聖人得三萬六千七百二十，凡人得三萬六千。一紀主一歲，聖人加七百二十。」

按：《河圖》與《雒書》文字完全相同，蓋假黃帝之口，言聖人壽命與凡人不同。考命算度數為道家方士所常言者，圖讖既多取資於方士所造讖文，有此類說辭，自不足為奇。

(五)洛水地理

《河圖祿運法》七六六

洛水地理，陰精之官，帝王明聖，龜以出文，天以與命，地以受瑞，按河合際，居中護群，王道和洽，吐圖佐神，逆名亂教，弔亡摘存，故聖王觀河洛也。

《雒書靈准聽》九八

洛水地理，陰精之官，帝王明聖，龜書出文，天以與命，地以授瑞，接河合際，居中護群，王道和洽，吐圖佐神，逆名亂教，摘亡弔存，故聖人觀河洛也。

按：「聖王觀河洛」為秦漢方士所好言者，「弔亡摘存」一詞，或作「摘亡」，更屬《雒書》篇名之一。圖讖中言及五帝、三王立壇祭於黃河、洛水，以求神諭等事，實為俯拾即是之載錄。

(六)後世預言

《河圖挺佐輔》三七九	《河圖稽命徵》四〇七	《洛書甄曜度》a一一六
百世之後，地高天下， 不風不雨，不寒不暑， 民復食土，皆知其母，不知其父。 如此千歲之後，而天可倚杵， 洶洶隆隆，曾莫知其終始。	百世之後，地高天下， 不風不雨，不寒不暑， 民復食土，皆知其母，不知其父， 如此千年之後，而天可倚杵， 洶洶隆隆，曾莫知其始終。	千年之後，天可倚杵。

按：此文意近退化論史觀，謂百世、千世之後，天地較今日更難居留。《河圖》兩條皆屬完整，《雒書》僅得一句，可據以補足。

(七)太微星占驗

《河圖》a一二六二	《洛書》a二八三
西蕃將執，威誅不順， 東蕃相執，美拒王侯。月犯，出其門為使。	太微，西蕃將執威，誅不順， 東蕃相執美，拒侯王。

按：二條佚文皆出自安居本，而斷句不同，蓋因輯佚者乃不同二人所致。其說意實指：「太微座中有東、西二藩星，西藩為將星，執威、誅不順；東藩為相星，執美、拒佞王。」乃取傳統觀念而成者，一九七七年於安徽阜陽出土之西漢「太乙行九宮式盤」（西元前一六五入土），即取三相在左（東）、七將在右（西）之形式。

除上引七組二十條佚文外，尚有數十條文意相同、相類之佚文；再將《河》、《雒》佚文之內容作一分類，可見所述同屬帝王之感生與功業、天地形質、日月星辰及自然等占驗，並無「圖」、「書」之差異。由此益可證知：光武所編定之《河》、《雒》讖文，實未明確訂定二者內容之異同。故下文之論述，將二者合編不別。此外，八種「經讖」佚文中，又常見引述「龍圖」、「龜書」、「丹符」所載之圖籙、受命文句，亦未在內容與旨意上，與《河》、《雒》所言有所差別。是以本論文乃循此一觀念，考覈《河》、《雒》與八種「經讖」之關係。

三、「經讖」稱引《河》、《雒》事例

光武官定之圖讖八十一卷，頗取哀、平以後之傳世方士讖文，方士圖讖多假名《河圖》、《雒書》以自重，故讖文輒以《河》、《雒》為辭。由緯書佚文中，可以考知八種「經讖」，皆與《河》、《雒》關係深切。以下即依此論述。

(一)稱引《河圖》、《雒書》名詞

1. 泛稱共名

(1)《春秋說題辭》四七：河以通乾出天苞，雒以流坤吐地符。河龍圖發，洛龜書威，《河圖》有九篇，《洛書》有六篇。

(2)《易是類謀》一四：歲填所居，日之營，月之昴，橫耀溢，提舍珠，河龍圖、雒龜書，聖人受道真圖者也。

(3)《孝經援神契》二二七：悳至深泉，則黃龍見，醴泉湧，河出龍圖，洛出龜書。

(4)《孝經援神契》六八：天子孝，天龍負圖，地龜出書，妖孽消，景雲出游。

(5)《易乾鑿度》一四二：初世者戲也，姬通紀，《河圖》龍出，《洛書》龜予，演亦八者，七九也。

(6)《禮含文嘉》五四：伏羲悳洽上下，天應以鳥獸文章，地應以《河圖》、《洛書》，伏羲則而像出，八作八卦。

(7)《尚書中候握河紀》二一二：神龍負圖出河，虙犧受之，以其文畫八卦。

(8)《孝經援神契》一〇六：奎主文昌，倉頡效象，洛龜曜書丹青，垂萌畫字。

(9)《尚書帝命驗》一三六：河龍圖出，洛龜書威，赤文象字，以授軒轅。

(10)《論語撰考讖》四八：堯修壇河洛，擇良議沈，率舜等升首山，道河渚，五老游焉，相謂「《河圖》將來，告以帝期」。

以上十條泛言《河》、《雒》之佚文，(1)言及篇數，(2)至(4)論說祥瑞，(5)至(8)將其與伏羲八卦結合，(9)(10)則說黃帝、唐堯之圖書。而圖讖所出，則有《易乾鑿度》、《尚書帝命驗》、《尚書中候》、《禮含文嘉》、《春秋說題辭》、《論語撰考讖》、《孝經援神契》等七種。可知論及《河圖》、《雒書》之專名者，為諸讖緯所常言也。

至若《河》、《雒》亦頗引此類名義，如安居本《龍魚河圖》a五三九條云：「伏羲氏王天下，有神農（龍），負圖出於黃河，法而効之，始畫八卦，推陰陽之道，知吉凶所在，謂之《河圖》。」黃奭本《河圖》第一二七條亦曰：「黃帝云：余夢見兩龍挺白圖，即帝以授余於河之都。……魚汛白圖，蘭菜、朱文，以授黃帝，舒視之，名曰《錄圖》。」《雒書靈準聽》第八十二條則謂：「氣五、機七、八合提、九爻結，八九七十二，《錄圖》起。」是則論述《河》、《雒》名義者，實亦多見光武編定之《河圖》、《雒書》中也。由此益可證明：光武編校之《河》、《雒》，絕非古《河》、《雒》之原物也。

2. **述說形制**

(1)《尚書璇璣鈐》一五〇：《河圖》命紀也，圖天地、帝王、終始、存亡之期，錄代之矩。

(2)《春秋命歷序》二九：《河圖》，帝王之階，圖載江河、山川、州界之分野，後堯壇於河，受龍圖，作《握河紀》，逮虞舜、夏、商，咸亦受之。

(3)《尚書中候》a三〇九：堯時，龍馬銜甲，赤文綠色，臨壇上，甲似龜背，廣袤九尺，圓理平上，五色文，有列星之分，斗正之度，帝王錄紀，興亡之數。

(4)《春秋運斗樞》九六～一〇一：圖以黃玉為匣，長三尺，廣八寸，厚一寸，四合而連，有戶，白玉檢，黃金繩，紫芝為泥，封兩端，章曰「天黃帝符璽五帝」。廣袤各三寸，深四寸，鳥文。舜與大司空禹、臨侯望博三十人，集發圖，元色而綈，長三十三尺，廣九寸，中有七十二帝地形之制，天文官位度之差。

(5)《尚書中候摘雒戒》三二五～二六：成王觀於洛，沈璧禮畢，王退，有玄龜青純蒼光，背甲刻書，止躋于壇，赤文成字，周公視，三公視。其文言周世之事，五百之戒，與秦、漢事。周公援筆，以時文寫之。

(6)《論語比考讖》七九：仲尼曰：「吾聞堯率舜等升首山，觀河渚，乃有五老遊渚，五老曰：『《河圖》將浮，龍銜玉苞，刻版題命，可卷，金泥玉檢，封書成，知我者，重瞳黃姚視。』」

(7)《孝經右契》四三：魯哀十四年，孔子夜夢三槐之間，豐沛之邦，有赤氣起，……孔子趨而往，麟蒙其耳，吐三卷圖，各廣三寸，長八尺，每卷二十四字。

七條佚文出自《尚書緯》、《尚書中候》、《春秋緯》、《論語讖》、《孝經緯》等六種。所言圖書之材質，有以龜背為說（廣袤九尺、五色），有以匣中可舒卷之玄綈為說（長三十三尺、廣九尺），有以麟圖為說（廣三寸，長八尺）。圖書之內文，則因受命帝王不同，而各有差異：堯所受者「有列星之分，斗正之度，帝王錄紀，興亡之數」；周成王所受者「言周世之事，五百之戒，與秦、漢事」；孔子所受者，凡三卷、七十二字。概而言之，圖書之內容，不外「圖天地、帝王、終始、存亡之期，錄代之矩」，「載江河、山川、州界之分野」也。

比覈諸「經讖」所言之圖書形制，實與《河》、《雒》佚文無差。諸如：黃奭本《雒書靈準聽》第一二三條：「〈顧命〉：『天球、河圖在東序。』天球，寶器也；河圖，本紀，圖帝王終始存亡之期。」與⑴之《尚書璇璣鈐》文意相近。《河圖》第一三三～一三四條謂：「黃帝坐於玄扈之閣，黃龍負（圖），鱗甲成字，以授黃帝。帝令侍臣寫之，以示天下。」侍臣所寫者，當即帝王受命、山川形勢之類也。至若舜、禹、武王，亦嘗有此類河、雒受命圖之事，如《河圖挺佐輔》第三八一條：「河出龍圖，雒出龜書，紀帝錄，列聖人所紀姓號，興謀治平，然後鳳皇處之。」《河圖》第一四三條：「天與禹，洛出書，謂神龜負文，列背而出。」《雒書靈準聽》第一一七條：「武王伐紂，度孟津，中流，白魚躍入王舟，王俯取魚，長三尺，目下有赤文成字，言紂可伐。寫以世字，魚文消，燔魚以告天。」此類言及圖書形制及其中載字之讖文，實不勝枚舉。可知光武宣定之《河圖》、《雒書》，亦多引古《河圖》、《雒書》之傳聞也，而其所言圖書形制，又與經讖不異，可知二者亦實同也。

(二)稱引《河圖》、《雒書》內文

由《尚書中候立象》第二六一條所言：「（禹）受舜禪，即天子之位，天乃悉（錫）禹〈洪範〉九疇，洛出龜書五十六字。此謂洛出書者也。」可知「龜書」本有誥辭，以戒受命帝王。至若其內文之實情，則可由諸讖緯中，略窺斑豹。至若引文之方式，則有「不書篇名」與「直書篇名」二種。

1. 無篇名之內文

(1)《尚書中候握河紀》二一一：黃帝巡洛，河出龍圖，洛出龜書，曰：「赤文象字，以授軒轅。」

(2)《尚書中候握河紀》一九七：粵若堯母曰慶都，遊於三河，龍負圖而至，其文要曰：「（亦）〔赤〕受天佑，眉八采，鬢髮長七尺二寸，（圓）〔面〕兌上豐下，足履翼宿。」既而陰風四合，赤龍感之，孕十四月而生於丹陵，其狀如圖，身長十尺。

(3)《春秋元命苞》三三八：唐帝遊河渚，赤龍負圖以出，圖赤色如錦狀，赤玉為柙，白玉為檢，黃珠為泥，元玉為鑑，章曰：「天皇大帝，合神置署，天上帝孫，伊堯龍潤滑，圖在唐典。」右尉舜等百二十臣發視出，臧之大麓。

(4)《尚書帝命驗》一二一：季秋之月甲子，赤雀銜丹書，入於酆，止於昌戶，其書云：「敬勝怠者吉，怠勝敬者滅；義勝欲者從，欲勝義者凶。凡事強則不枉，不敬則不正；枉者廢滅，敬者萬世。以仁得之，以仁守之，其量十世；以不仁得之，以不仁守之，不及其世。」

(5)《尚書中候覬期》三三七：維天降紀，秦伯出狩，至于咸陽，天震大雷，有火流下，化為白雀，銜籙丹書，集于公車。公俯取書，曰：「秦伯霸也。訖胡亥，秦家世事。」

(6)《孝經援神契》三二七：孔子趨而往，麟蒙其耳，吐三卷圖，廣三寸，長八寸，每卷二十四字，其言：「赤劉當起，曰周亡，赤氣起，火燿興，元邱制命，帝卯金。」

圖書載錄之文句，黃帝、慶都、唐堯、虞舜、文王、秦穆公、孔子等，皆親眼得見。堯母慶都所見龍圖，繪有堯之圖像，並以文字敘述其形貌；文王所見丹書，戒其施政以德；黃帝、唐堯、秦穆、孔子所見，則純為受命之徵無他。

此類載記，亦見於《河》、《雒》佚文中，如《河圖挺佐輔》第三八八條云：「《錄圖》曰：『潬潬嗚嗚，棼棼雉雉，萬物盡化。』」《雒書靈準聽》第一一一～一一二條云：「黃魚雙踴，黑烏隨魚，止于壇，化為黑玉，又有黑龜，並赤文成字，言：『夏桀無道，湯當代之。檮杌之神，見于邳山，有人牽白狼，銜鉤而入，商朝金德將盛，銀自山溢。』」《雒書靈準聽》第一一四條亦謂：「有鳳皇銜書，游文王之都，書文曰：『殷帝無道，虐亂天下，皇命已移，不得復久。靈祇遠離，百神吹去，五星聚房，昭理四海。』」《河圖玉版》第六九九條則曰：「倉頡為帝，南巡守，登陽虛之山，臨于玄扈洛汭之水，靈龜負書，丹甲青文，以授之帝。文梶二十八字，景刻于陽虛之石。」是皆以靈龜、鳳皇之書文為受命之符驗。

然而此類「龜書、龍圖、丹書、麟圖」所載文句，實與讖緯論者所引、光武官定圖讖八十一卷中，有特定篇名之《河》、《雒》四十五篇，截然不同，證以《墨子・非攻》篇文：

湯將伐桀，有神來告曰：「夏德大亂，往攻之，予必使汝大堪之。」武王伐紂，亦夢見三神曰：「予既沈漬殷紂于酒德矣，往攻之，予必使汝大堪之。」則緯書中所引之圖籙短文，實與先秦以來所傳流之天神告語，頗為類似。安居本《龍魚河圖》a五三九條云：「伏羲氏王天下，有神農（龍），負圖出於黃河，……謂之《河圖》。」上引《河圖挺佐輔》第三八八條，更明言其文引自「《錄圖》」，可見光武所編定之「《河圖》」晚於「古《河圖》」。是以陳槃先生亦謂：「古《河圖》與讖緯之《河圖》名同實異。」⑯

2. 有篇名之內文

(1)《易是類謀》一：《洛書靈准聽》曰：「類萌樞，提紀時，黃牙出子，十運檢期也。」

(2)《易乾鑿度》一四一：《洛書靈準聽》曰：「氣五、機七、八合、提九，爻結，八九七十二，錄圖起。」

(3)《易辨終備》一：孔子表《河圖皇參持》曰：「天以斗視，日發明皇，以戲招始，掛八卦談。」

(4)《易通卦驗》二六：孔子表《洛書摘亡辟》曰：「亡秦者胡也。丘以推：秦，白精也，其先星感，河出圖，挺白，以胡誰亡。胡之名，行之萌，秦為赤軀（驅），非命王，故帝表有七五命。七以永慶王，以火代黑，黑畏黃精之起，因威萌。虙羲

---

⑯〈秦漢間之所謂「符應」論略〉，見陳槃先生：《古讖緯研討及其書錄解題》頁一七。

作易仲，仲命德，維紀衡。」

(5)《易乾鑿度》一一七～一二〇：孔子曰：「《洛書摘六辟》曰：『建紀者歲也。成姬倉有命在河，聖孔表雄德，庶人受命，握麟徵。』《易歷》曰：『陽紀天心，別序聖人，題錄興亡，州土名號，姓輔叐符。亡殷者紂，黑期火代，倉精受命，女正昌，効紀承餘，以著當。』」

(6)《詩汎曆樞》a一六六：《摘雒謠》曰：「剡者配姬以放賢，山崩水潰納小人，家伯罔主異哉震。」

(7)《春秋命歷敘》一〇：《洛書》曰：「人皇出於堤地之口，九男九兄弟，別長九國。」

(8)《春秋命歷序》曰：「《洛書摘亡辟》曰：『次是民沒，六皇出，天地命易，以第絕。』」⓱

(9)《尚書運期授》引《河圖》曰：「倉帝之治，八百二十歲，立戊午蔀。」⓲

九條佚文，分見於《易》、《詩》、《春秋》、《尚書》四緯，而所引之《河》、《雒》，則有《河圖皇參持》、《雒書靈準聽》、《雒書摘亡辟》、《摘雒謠》等。此類篇名，概未見於光武編定圖讖之前，可知絕非西漢已有之書。至若內文所述，皆不出帝王受命之類。《運

⓱〔唐〕徐堅：《初學記・獸部・麟第三》卷二九，頁七〇〇。

⓲〔唐〕孔穎達：《詩經正義》卷一六之一，〈大雅・文王之什序〉頁二。

期授》所引之《河圖》，證以《易乾鑿度》第一一〇條：「入戊午部，二十九年伐崇侯，作靈臺，改正朔，布王號於天下，受錄應《河圖》。」可知《書》、《易》二緯，皆有取自《河圖》此一觀念者。

由此類「經讖」引《河》、《雒》篇名，而《河》、《雒》絕無引錄「經讖」篇名之例，可證光武編定圖讖凡三十餘載，《河》、《雒》部分必先竣稿，其餘「經讖」始可迻錄已成之篇文。

3.《變書》之稱

除今輯緯書中所見《河》、《雒》篇名外，緯書佚文中又有《變書》一名，與上文《易乾鑿度》所引《易歷》性質相類。如《易是類謀》第四十一條云：「運之以斗，稅之以昴，五七布舒，河出《錄圖》，雒授《變書》。」佚文下附鄭玄注：「『運之以斗』，則上類萌樞，及機衡准時也。『稅之以昴』，則上所謂『視在棟星』，『七五』三十五，有名以第錄，王受命之時，亦河出圖，洛出書，受之以王錄。」是以雒水所出者為「《變書》」。

再則，《開元占經・客星占》亦錄《春秋緯》引《變書》一條：「《春秋緯》曰：『《周圖變書》云：「赤雀所銜，蜀（燭）下授文王于豐殿之（原闕），天子精耀，招神任理，有嚮心，順務德，則景星見，鸞鳳下。」』」⑲《變書》「順務德，景星見」之意，又見於《春秋

⑲ 〔唐〕釋悉達：《開元占經》卷七七，〈客星占一・瑞星〉頁二。原闕二處，依黃奭本《春秋緯》第一七四條校補，當作「前」、「用賢」三字。

合誠圖》：「天子精耀心，墳務德，則景星窺。」讖下附宋均注文：「墳，盛也；窺猶見也。」⑳可證《春秋緯》所引之《周圖變書》，亦嘗編入《春秋合誠圖》中，而所謂《變書》者，亦當為光武官定圖讖所取資之書也。

其三，《開元占經・彗星占》嘗引變書，曰：「《堯圖變書》曰：『大辰有孛，主謀見煞，必有立王，相射伐。』」㉑所述「大辰星」之占驗，與《春秋演孔圖》第七十八條：「彗星賊起入大辰，天帝謀易王。」以及《春秋潛潭巴》第七十四條：「有昴茀于大辰，受命出君大振，兵旅爭于野。」大抵相同。是則《堯圖變書》內容亦與光武官定之圖讖有關也。證以黃奭本《尚書中候苗興》第二六七條所載：「堯受圖書已，有稷名在錄，言其苗裔當王。」則堯所受之「圖書」，確有文字載錄其中無疑也。

其四，《開元占經・龍龜魚蟲瑞》亦引「《堯錄書》曰：『玄帝之將終也，水不流下，則龜無文。』」㉒「龜無文」者，蓋五行觀念中，龜屬四靈之一，又名玄武，配屬北方玄帝。是以玄帝將亡，其所配屬之靈龜亦逸而不獻讖文矣。此意又見於《春秋合誠圖》第一二一條：「玄帝將亡則靈龜執。」「執」即「係縶」之意，玄帝亡而靈龜執，當如孔子見麒麟被係縶，

⑳（唐）釋悉達：《開元占經》卷七七，〈客星占一・瑞星〉頁二。
㉑（唐）釋悉達：《開元占經》卷八九，〈彗星占中・彗孛犯心〉頁六。
㉒（唐）釋悉達：《開元占經》卷一二〇，〈龍魚蟲蛇占〉頁一二。

乃黯然喟歎周之將亡。是可知《堯錄書》或指堯時之籙圖之書，與上引《堯圖變書》相類，文意亦與「經讖」不殊。

以上四例考論，證知光武編定圖讖之時，嘗取資於《變書》。此類《變書》，疑即《河圖》、《雒書》之流亞，而「經讖」頗或摘引。

由上述經讖稱引《河》、《雒》內文及《變書》之例，可知《河》、《雒》與其餘經讖，實有具體之關聯，且經讖明引《河》、《雒》篇名者，斑斑可見，而《河》、《雒》則絕無引用經讖之篇名者。是以光武編定圖讖，《河》、《雒》撰定在先，經讖成書在後，昭然可見矣。然而前賢所未論及者，讖文中泛引「河圖、雒書」受命祥瑞之內文，亦與光武編定有篇名之「《河圖》、《雒書》」並不相同。

四、《河圖》、《雒書》與「經讖」相同

緯書中，《河》、《雒》成編先於其它「經讖」，是以《河》、《雒》多有與經讖雷同之處，如宋羅苹註《路史・太昊》，謂：「《詩含神霧》云：『巨迹出雷澤，華胥履之。』《河圖》亦云。」㉓又註同書〈泰皇氏〉曰：「《洛書摘亡辟》云：『人皇別長九州，離艮地

㉓〔宋〕羅泌：《路史・後紀》第一卷，頁一。

精，生女為后，夫婦之道始此。』又見《春秋命歷序》。」㉔可知南宋時，學者尚見《詩含神霧》與《河圖》、《春秋命歷序》與《雒書摘亡辟》（原誤作摘三）有雷同之文句。

再者，唐李善注〈長楊賦〉「高祖奉命順斗」，引：「《雒書》曰：『聖人受命，必順斗極。』宋均《尚書中候》注曰：『順斗機為政也。』」㉕所引《雒書》讖文，與宋初《太平御覽》引《詩緯》者相同：「《詩含神霧》曰：『聖人受命必順斗，張握命圖授漢寶。』宋均曰：『聖人謂高祖也，受天命而王，必順旋衡法，故張良受兵鈐之圖命，以授漢為珍寶也。』」㉖二條讖文皆附宋均注，可知漢代宋均為官定圖讖作注時，確嘗見知此二條讖文。

三者，王隱《晉書》曰：「《雒書零准聽》曰：『〈顧命〉云：「天球、《河圖》在東序。」天球，寶器也；《河圖》，本紀，圖帝王、終始、存亡之期。』」㉗所引《雒書》讖文，與《尚書璇璣鈐》雷同，《文選》李善注：「《尚書旋璣鈐》曰：『《河圖》，命紀也，圖天地、帝王、終始、存亡之期，錄代之矩。』」㉘

四者，唐虞世南《北堂書鈔》引《河圖錄運法》云：「堯坐舟中，與太尉舜，臨河觀鳳

㉔（宋）羅泌：《路史・前紀》第二卷，頁三。
㉕（唐）李善注：《昭明文選》卷九，頁三。
㉖（宋）李昉：《太平御覽》卷八〇六，〈珍寶部一〉頁一。
㉗（唐）李善注：《昭明文選》卷五八，王仲寶〈褚淵碑文〉頁二三，〈注〉引。
㉘（唐）李善注：《昭明文選》卷三六，王元長〈永明十一年策秀才文〉頁一四。

凰啣圖以授堯。」㉙與孔穎達《詩經注疏》所引《元命苞》，文句亦頗雷同，《春秋元命苞》云：「堯坐中舟，與太尉舜臨觀，鳳皇負圖授。」㉚

由以上所述，可知唐、宋皆有《河》、《雒》與他緯文句重複雷同之例無疑。以下更舉實例，詳明其事，並作析論。對照之佚文，分為「文句雷同」與「互有詳略」兩大類，每類之中，各以「感生神話」、「帝王傳說」、「天文地理」、「各類占驗」次列先後。

(一)《河》、《雒》與「經讖」雷同之例

1. 帝王感生說

【第一組】帝王感生（伏羲氏），《詩緯》、《孝經緯》與《河圖》雷同：

《河圖》一二〇	《河圖握矩記》六七〇	《詩含神霧》五五	《河圖稽命徵》七八三	《孝經鉤命訣》四〇二
燧人之世，大跡出雷澤，華胥履之，生伏羲。	燧人之世，大跡出雷澤，華胥履之，生伏羲。	大跡出雷澤，華胥履之，生庖犧。	華胥於雷澤履大人蹟，而生伏羲於成紀。	華胥履跡，怪生皇犧。

㉙（隋）虞世南：《北堂書鈔》卷五一，〈設官部三・太宰四〉頁四。

㉚（唐）孔穎達：《詩經正義》卷一六之一，〈大雅・文王之什序〉頁四。

按：《河圖》與《河圖握矩記》文字相同，當為黃奭本輯錄時，原出處一作《河圖》，一有篇名，是以重複收錄，第一二〇條可刪。《詩緯》缺首句，或為前賢未作全引之故。《孝經緯》文義簡要，末句不同，似為方士為求怪異而造作者。有前四條以供較覈，其怪豁然可解。

【第二組】帝王感生（神農氏），《春秋元命苞》與《河圖》雷同：

《春秋元命苞》二〇八	《春秋元命苞》二〇七	《河圖稽命徵》七八四
女登 生神農， 人面龍顏，始為天子。	少典妃安登，遊於華陽， 有神龍首， 感之於常羊， 生神子， 人面而龍顏，好耕，是為神農。	女登遊於華陽， 有神龍首， 感女登於常陽山， 而生神農。

按：《元命苞》言事較《河圖》為詳，又多末句，皆可補後者不足；惟「常羊」義較晦澀，得《河圖》「常陽山」比對，乃知為地名而已。

【第三組】帝王感生（黃帝），《詩緯》、《孝經緯》與《河圖》文意相同：

《河圖稽命徵》七八五	《河圖》一二三	《詩含神霧》五六	《孝經鉤命訣》四〇四
附寶見大電光繞北斗權星，炤郊野，感而孕，二十五月而生黃帝軒轅於壽丘。	黃帝母曰地祇之子，名附寶，之郊野，大霓繞北斗樞星，感附寶，生軒轅。	大電光繞北斗樞星，照郊野，感附寶而生黃帝。	附寶出，降大靈，生帝軒。

按：《孝經緯》之「降大靈」，實即《河圖》及《詩緯》之「大霓」、「大電光」；《稽命徵》之「權星」，《河圖》、《詩緯》作「樞星」，考《春秋運斗樞》第二十一條「樞星散為虹蜺」，此條既云「大霓」，則以作「樞星」者為是。

【第四組】帝王感生（帝朱宣），《元命苞》與《河圖》三條文句雷同：

《河圖握矩記》六七六	《河圖稽命徵》七八九	《春秋元命苞》二一一	《河圖》一三七
大星如虹，下流華渚，女節意感，生白帝朱宣。	大星如虹，下流華渚，女節氣感，生白帝朱宣。	黃帝時，大星如虹，下流華渚，女節夢接，意感，生白帝朱宣。	帝摯少昊氏母，曰女節，見大星如虹，下流華渚，既而夢接意感，生白帝朱宣。

按：《河圖》三條，互有詳略，惟《元命苞》與《河圖》一三七言「夢接意感」，較餘二條言「氣感」或僅言「意感」者，說辭較為合理。

【第五組】帝王感生（顓頊帝），《詩緯》、《春秋緯》與《河圖》雷同：

《河圖握矩記》六七	瑤光之星，如虹貫月，正白，感女樞於幽房之宮，生黑帝顓頊，首戴干戈，有德文。
《河圖稽命徵》七九〇	瑤光之星，如虹貫月，感處女於幽房之宮，生帝顓頊於若水，首戴干戈，有德文也。
《河圖》一三八	瑤光如蜺貫月，正白，感女樞幽房之宮，生顓頊，首戴干戈，有文德也。
《河圖著命》一九七	瑤光之星，如虹貫月，正白，感女樞於幽房之宮，生黑帝顓頊。
《詩含神霧》五七	瑤光如蜺貫月，正白，感女樞，生顓頊。
《春秋元命苞》三三六	有瑤光貫月，感女樞，生顓頊。女樞見此而意感也

按：《河圖》佚文有四條，除第一三八條重複可刪外，其餘三條皆可證明《河圖》篇目雖多，而內容輒有重複雷同之處。至若《詩》、《春秋》二緯佚文，可藉由《河圖》更知文意所指。

【第六組】帝王感生（帝堯），《詩緯》、《春秋緯》、《尚書中候》與《河圖》雷同：

《河圖稽命徵》七九一	《河圖》一三九	《詩含神霧》五八	《春秋元命苞》三一七	《尚書中候》a二〇八
慶都與赤龍合，生帝堯於伊祁。	慶都與赤龍合，生帝堯於伊祁。	慶都與赤龍合昏，生赤帝伊祁堯。	堯火精，故慶都感赤龍而生。	堯火德，故赤龍應焉。

按：《詩含神霧》與《河圖》相同，而《元命苞》由赤龍合婚事，指明「堯火精」，遂使漢「火德繼堯」之說法，得有所據。

【第七組】帝王感生（帝舜），《詩緯》、《孝經緯》、《尚書中候》與《河圖》雷同：

《河圖著命》一九八	《河圖稽命徵》七九二	《詩含神霧》五九	《尚書中候立象》二四二	《孝經援神契》一九〇
握登見大虹，意感生舜于姚墟。	握登見大虹，意感生舜於姚墟。	握登見大虹，意感而生舜于姚墟。	握登生舜於姚墟，	舜生姚墟。

按：《詩緯》與《河圖著命》、《河圖稽命徵》文字相同，《中候立象》較簡略，而《孝經緯》則僅存一句。惟所言感生之事，皆無差異。

【第八組】帝王感生（夏禹），《尚書緯》、《孝經緯》與《河圖》雷同：

《河圖著命》一九九	《河圖稽命徵》七九三	《尚書帝命驗》一一四	《孝經鈎命決》四〇五
		禹，白帝精，以星感。	
修己	修己	脩紀山行，	命星貫昴，
見流星，意感	見流星，意感	見流星貫昴，意感栗然，	脩紀夢接，
生帝戎，文禹，一名文命。	生帝戎，文禹，一名文命。	生姒戎，文命，禹。	生禹。

按：《帝命驗》所言最詳，而《孝經緯》「命星貫昴」，則為前二者所缺之說明。惟《禮緯》第十四條以為「禹母修己，吞薏苡而生禹，因姓姒氏」，又出自不同之傳聞。

【第九組】帝王感生（商湯），《河圖》四條佚文及《詩緯》相同，《尚書中候》較詳，《春秋緯》較簡：

《河圖》一四五	《河圖握矩記》六七九	《河圖著命》二〇〇	《河圖稽耀鉤》七九五	《尚書中候》a三六七	《春秋元命包》二一四	《詩含神霧》六二
				桀後十三世，		
				生主癸，		
湯母扶都	扶都	扶都	扶都	主癸之妃曰扶都，	扶都	湯母扶都
見肉氣貫月，	見白氣貫星，	見白氣貫月，	見白氣貫日，	見白氣貫月，	感白帝	見白氣貫月，
意感，	意感，	意感，	意感，	意感，		意感，
而生湯。	生黑帝湯。	生黑帝子湯。	生黑帝子湯。	以乙日生湯，	而生湯。	而生湯。
				號天乙。		

按：《河圖》「肉氣」，以其餘諸條覈之，顯為「白氣」之誤；所貫者有「月、星、日」三者之異，以五行觀念解之，白帝（金）生黑帝（水），則以五星代言五行帝，乃圖讖所常言，應以「貫星」之說為宜。

【第一〇組】帝王感生（后稷、文王），《河圖握矩記》言后稷感生，與《春秋緯》、《禮緯》相同；又《河圖》三條言文王感生，與《詩緯》相同：

《河圖握矩記》六八〇 姜原履大人之迹，生后稷。 太姒夢大人死而生文王。	《春秋元命苞》二一五 周先姜嫄履大人跡，生后稷扶桑。	《春秋元命苞》二一六 姜嫄遊閟宮，其地扶桑，履大人跡而生稷。	《禮緯》一六 祖以履大人跡而生。
	《河圖著命》二〇一 太任夢長人感己，生文王。	《河圖稽命徵》七九六 太任夢長人感己，生文王。	《詩含神霧》六三 太任夢長人感己，生文王。

按：后稷感生之說，四條佚文相類，而《春秋元命苞》加「閟宮、扶桑」地名以徵信。文王感生說，《握矩記》之「死」字，疑為「感」字傳寫訛誤所致。綜合七條佚文，原編或如《握矩記》以二人感生合言者。

以上十組，皆敘述自古以來之「帝王感生說」，此類偉人誕生神話，實見諸於世界各地多數原始部落中。緯書佚文中，尚有其它感生載錄，如：契（卵生）、皐陶（虎生）、孔子（黑龍生）、孟子（乘雲神人生）、高祖（赤龍生），惟以不見於《河》、《雒》佚文中，故不作論列。以下更條述緯書中古代帝王事蹟，以見《河》、《雒》與經讖之關係。

2. 帝王概述

【第一組】帝王概述（三皇分述）：《河圖》與《春秋緯》文字相同：

《河圖》一一八	《春秋命歷序》六
天皇氏十二頭，澹泊無所施，而俗自化。木德王，歲起攝提，兄弟十二人，各立一萬八千歲。地皇十一頭，火德王，姓十一人，興於熊耳、龍門等山，亦各萬八千歲。人皇九頭，乘雲車，駕六羽，出谷口，兄弟九人，分長九州，各立城邑，凡一百五十世，合四萬五千六百年	天地初立，有天皇氏十二頭，澹泊無所施為，而俗自化。木德王，歲起攝提，兄弟十二人，立名一萬八千歲。地皇十一頭，火德王，姓十一人，興於熊耳、龍門等山，亦各萬八千歲。人皇九頭，乘雲車，駕六羽，出谷口，分長九州，各立城邑，凡一百五十世，合四萬五千六百年。

《春秋命歷序》三七～四三：日月五緯俱起牽牛，四萬五千年，日月五緯一輪轉，

天皇出焉，號曰防五。兄弟十三人繼相治。乘風雨，夾日月以行。定天之象，法地之儀，作干支，以定日月度，共治一萬八千歲。天皇被蹟，在柱州崑崙山下。	次後地皇出，黑色面碧，號曰文悅，兄弟十一人，興於龍門、熊耳山。共治一萬九千歲。	次後人皇出焉，駕六羽，乘雲谷口。兄弟九人，相象以別，分治九州，人皇治中輔，號曰握元，共治四萬一千六百歲。

按：《河圖》所云「天皇十二頭」、「地皇十一頭」、「人皇九頭」，為圖讖常言而經傳未見者，「頭」字作「兄弟」解。天皇為伏羲蒼帝，五行屬木德；地皇為燧人赤帝，故屬火德。《春秋命歷序》第六條之天皇「立名」當為「各立」之訛。惟《春秋命歷序》第三七～四三條言及「三皇」，卻異於上引第六條，可見緯文編定之初，實為雜取諸傳聞而成，是以輒有異同詳略之處。

【第一二組】帝王概述（人皇職掌）：《雒書》兩條，與《春秋緯》兩條可相互參校：

《雒書靈準聽》九九
天皇頎羸三舌，驤首鱗身，碧盧禿揭。
地皇十一君，皆女面龍顙，馬踶蛇身。
人皇龍身，九頭達腋。
地皇氏逸于，有人皇，
九男相像，其身九章，
相厥山川，形成勢集，
才為九州，謂之九囿。

《春秋命歷序》九
人皇氏
依山川土地之勢，
財度為九州，謂之九囿，
囿各居其一，而為之長，
人皇居中州，以制八輔。

《雒書靈準聽》一〇〇
人皇始出於地提之國，
九男兄弟相像，
以別長九州，
己居中州，以制八輔。

《春秋命歷序》四二
兄弟九人，相象
以別，分治九州，
人皇治中輔，號曰握元。

按：《雒書靈準聽》第九十九條前三句言「天皇、地皇、人皇」形貌者，可補他緯未見之闕文；惟所述人皇「九頭達腋」者，應屬傳聞訛舛所致，與下句「人皇九男」顯然不同。《春秋命歷序》第九條之末二句，依《雒書靈準聽》一〇〇為旁證，可知亦為諸緯所闕漏或前賢引用未全者，亦可藉以補足。又：《易坤靈圖》第二十八條云：「地皇出于雄耳、龍門之嶽，人皇出于刑馬山，提地之國。」適可將第一一組「地皇……興於熊耳、龍門山」、一二組「人皇始出於地提之國」，作一聯結。是則《春秋命歷序》所載錄，或即取自《河圖》、《雒書》之初編者。惟《河》、《雒》所言紛雜，後世取用頗有參差，故不如《春秋緯》完整。

【第一三組】帝王概述（人皇駕乘）：《尚書緯》、《春秋緯》與《河圖》、《雒書》文句相同：

《河圖》一一八	《雒書靈準聽》一〇一	《尚書璇璣鈐》一七三	《春秋命歷序》六	《春秋命歷序》七
人皇九頭，乘雲車，駕六羽，出谷口，兄弟九人，分長九州。	人皇駕六提羽，乘雲祇車。	人皇氏九頭，駕六羽，乘雲車，出谷口，分九州。	人皇九頭，乘雲車，駕六羽，出谷口，分長九州。	人皇九頭，提羽蓋，乘雲車，出暘谷，分九河。

按：將第一一組取其「人皇氏」部分，作一比較，則又有《雒書靈準聽》、《尚書璇璣鈐》等讖文與之相同。「六羽」或作「六提羽」，皆指駕人皇雲車之鳳皇（或飛龍、飛麟、飛羊）而言，作「提羽蓋」者，宋均注曰「鳥之羽」，文意不通，當為傳寫訛誤處。「谷口」或作「暘谷」，見於《尚書・堯典》中，其後亦為神話傳說取資為日出之處。

【第一四組】帝王概述（人皇職掌）：《春秋緯》佚文三條，與《雒書》二條文意雷同：

《雒書靈準聽》一〇	《雒書摘亡辟》一七	《春秋命歷序》一一	《春秋運斗樞》a六	《春秋保乾圖》三五
二 人皇 別長九州， 離艮，地精， 生女為后， 夫婦之道自此始。	二 人皇 兄弟九人，別長九州 離艮，地精， 女出之為后。	人皇 兄弟九人，別長九州， 離艮，地精， 女出為之后。	人皇九頭， 兄弟九人，別長九州。	天皇、地皇、人皇， 九人兄弟，分為九州， 長天下。

按：將第一一、一二組人皇長九州部分，作一比較，則除已引之諸緯外，又有五條佚文言及其事，可知此類載錄乃圖讖文中常見者。《運斗樞》、《保乾圖》只載人皇職掌，而《雒書》二條及《命歷序》，更言及帝女為后之事，則文意較為完整。

【第一五組】帝王概述（辰放氏）：《春秋緯》二條，與《雒書》文句詳略不一：

《雒書摘亡辟》一七五	《春秋命歷序》四七~四八	《春秋命歷序》二〇
辰放大頭四乳，號曰皇次屈。 出地郣，駕六飛麟， 從日月，治二百五十歲。	辰放六頭四乳，號曰皇次屈， 地勃。駕六飛麟， 從日月飛。	辰放氏是為皇次屈， 渠頭四乳，駕六蜚摞， 出地郣而從日月，上下天地，與神合謀。

按：此組文意與第一三組言「人皇駕乘」者相似。緯書中以有巢氏屬之「辰放」，如《春秋命歷序》第二十一條：「辰放氏作，時多陰雨，乃教民搴木茹皮，以禦風雨。」《河圖》第一一九條：「有巢氏之王天下也，駕六飛麟，從日月。」可證圖讖之言三皇，多以新造之別名，以神祕其說，實則不足為奇也。

【第一六組】帝王概述（天皇職掌）：《河圖始開圖》與《春秋內事》文字相同：

《河圖始開圖》三七一	《春秋內事》四
伏羲以木德王，天下之人未有宅室，未有水火之和， 於是乃仰觀天文，俯察地理，始畫八卦，足天地之位， 分陰陽之數，推列三光，建八節，以文應瑞，凡二十四， 消息禍福，以制吉凶。	伏犧氏以木德王天下，天下之人未有室宅，未有水火之和， 於是乃仰觀天文，俯察地理，始畫八卦，定天地之位， 分陰陽之數，推列三光，建分八節，以爻應氣，凡二十四氣， 消息禍福，以制吉凶。

按：《河圖》與《春秋緯》言伏羲王天下，畫八卦，以應福禍吉凶。說事相同無異，可知二緯編撰之初，必取自同一讖文。其中《河圖》「以文應瑞」，當從《春秋緯》作「以爻應氣」為確。

【第一七組】帝王概述（黃帝得《河圖》）：《春秋緯》與《河圖》雷同：

《河圖祿運法》七六九	《春秋緯》a八
天大霧三日，黃帝遊洛水之上，見大魚，殺五牲以醮之，天乃大雨七日七夜，魚流而得《河圖》。	黃帝出游洛水之上，見大魚，殺五牲以醮之，天乃大雨。

按：《祿運法》所言較詳。惟以《河圖稽命徵》與《宋書・符瑞志》覈之，首句「三日……黃帝」之間，實可補入大段文字，則文意更為明晰。《宋志》云：「五十年秋七月庚申，天霧三日三夜，晝昏。黃帝問天老、力牧、容成曰：『於公何如？』天老曰：『臣聞之，國安，其主好文，則鳳皇居之；國亂，其主好武，則鳳皇去之。今鳳皇翔於東郊而樂之，其鳴音中夷則，與天相副。以是觀之，天有嚴教以賜帝，帝勿犯也。』乃召史卜之，龜燋。史曰：『臣不能占也。其問之聖人。』帝曰：『已問天老、力牧、容成矣。』史北面再拜曰：『龜不違聖智，故燋。』霧除，遊于洛水之上，見大魚，殺五牲以醮之，天乃甚雨，七日七夜，魚流於海，得圖書焉。」㉛文中「五十年秋……聖智故醮」，又見於《稽命徵》七八四～七八五兩條。可證光武圖讖之編撰，常有割裂東漢初葉傳流之方士讖文而成者。

㉛〔梁〕沈約：《宋書》卷二七，〈符瑞志上〉頁七六〇。

【第一八組】帝王概述（黃帝受錄圖）：《春秋緯》三種，與《河圖》雷同：

《河圖錄運法》曰：	《春秋合誠圖》曰：	《春秋運斗樞》八五	《春秋元命苞》二三九
「黃帝坐玄扈閣上， 與大司馬容光、 左右輔將周昌等 百二十人， 觀， 鳳皇銜書。」32	「黃帝坐玄扈洛水上， 與大司馬容光等， 臨觀， 鳳皇銜圖置帝前， 帝再拜受圖。」33	黃帝 與大司馬容光 觀， 鳳皇銜圖，置黃帝前。	鳳皇銜圖寘帝前， 黃帝再拜受。

按：《錄運法》引自《太平御覽》，文意最全；《合誠圖》引自《初學記》，一二〇卷本《說郛・春秋合誠圖》亦引此條佚文，「容光等」三字作「容光、左右輔周昌等百二十人」十二字，缺「帝再拜受圖」五字34，與《錄運法》相同。其他佚文皆缺「周昌」等事。

32 〔宋〕李昉：《太平御覽》卷二〇九，〈職官部七・大司馬〉頁一。

33 〔唐〕徐堅：《初學記・鳥部》卷三〇，頁七二四。又：〔唐〕歐陽詢：《藝文類聚》卷九九，頁一七〇七，《太平御覽》卷九一五，頁二，引文皆同。

34 一百二十卷本《說郛》卷五，《春秋合誠圖》頁二二四。

惟黃帝受錄圖之載錄，緯書多見，說辭各異，顧與《河》、《雒》所言無關，是以略而不言。

【第一九組】帝王概述（帝嚳形貌）：《春秋緯》與《河圖》文句相同：

> 《河圖握矩記》六八二帝嚳駢齒，上法日參，秉度成紀，以理陰陽。
>
> 《春秋演孔圖》九〇　帝嚳駢齒，上法月參，康度成紀，取理陰陽。

按：兩條佚文，雖有「日、月」、「秉、康」、「以、取」等三處異字，於文理並無違戾，皆言帝嚳施政之理念。

【第二〇組】帝王概述（帝堯形貌）：《春秋緯》與《雒書》文字相同：

> 《雒書靈准聽》一〇四
> 赤帝之為人，視之豐長，八尺七寸，豐下兌上，龍顏日角，八采三眸，鳥庭荷勝，琦表射出，握嘉履翌，竅息洞通。
>
> 《春秋合誠圖》四九
> 赤帝之為人，視之豐長，八尺七寸，豐下兌上，龍顏日角，八采三眸，鳥庭荷勝，琦表射出，握嘉履翌，竅息洞通。

按：「赤帝」即漢世帝王尊崇之先世唐堯氏。此組兩條佚文，文字完全相同，必為光武編定圖讖時，取用相同來源，分置二緯者。以此可信：東漢之官定圖讖，並非前世已有之特定篇目讖緯專書。

【第二一組】帝王概述（帝舜形貌）：《春秋緯》與《雒書》文句雷同：

《雒書靈准聽》一〇五	《春秋合誠圖》a一五七
舜長九尺，太上員首，龍顏日衡，方庭甚口，面頙亡髦，懷珠握褎，形卷婁色，黳露，目曈重瞳，故曰舜，而原曰重華。	舜長九尺，員首，龍顏日衡，方庭大口，面頤亡髮，懷珠握褎，形擲婁色，黳露，目童重明，衡眉骨圓起，頤含。

按：以二文校之，《雒書》多「太上」、「故曰……重華」九字；而「面頙亡髦」指「頦下頸上無鬚髭」，較《春秋緯》以「面頤（頰）無髮」為宜；「形卷」易解，而「形擲」或為訛鈔所致。惟《春秋緯》之「衡眉」句，自可補《雒書》之不足。此外，《孝經援神契》第一八四條云「舜龍顏、重瞳、大口、握褎」，亦與此組相同。

【第二二組】帝王概述（夏禹形貌）：《尚書緯》、《春秋緯》、《論語緯》、《孝經緯》與《雒書》所言相同或相類：

出處	佚文
《雒書靈準聽》一〇六	禹身長九尺有六，虎鼻、河目，駢齒、鳥喙耳三漏，戴成鈐，襄玉斗玉骭履已。
《尚書帝命驗》一三二	禹身長九尺，有只虎鼻、河目，駢齒、鳥喙耳三漏，戴成鈐，褭玉斗玉骭履已。
《春秋合誠圖》a一五八	禹九尺有咫，虎鼻、河目，駢齒、鳥喙，耳三漏，戴鈐，懷玉斗，玉肝，履己。
《論語摘輔象》四〇	禹虎鼻、山準。
《春秋元命苞》一九九	禹耳三漏，是謂大通。
《孝經援神契》一八五	禹虎鼻。

按：六條佚文中，《雒書靈準聽》最為完備，稱禹高「九尺又六」，《尚書緯》誤「六」作「只」，《春秋緯》依「只」作「咫」，訛誤之迹，班班可考。可見歷代迻錄讖文之際，輒有謄抄筆誤之處，傳鈔既久，終致讖文殘敓，因而窒澀難解。

【第二三組】帝王概述（夏禹形貌）：《尚書緯》、《尚書中候》與《雒書》文句相類：

出處	佚文
《雒書靈準聽》一〇八	有人大口，耳參漏，履已，戴鉤鈐，懷玉斗。
《雒書靈準聽》一〇九	有人出石夷掘地代，戴成鈐，懷玉斗。
《雒書》七二	有人出石夷掘地代，戴成鈐，懷玉斗。
《尚書中候立象》二五八	脩己剖背，而生禹於石紐。虎鼻彪口，兩耳參鏤，首戴鉤鈐，匈懷玉斗，足文履己，故名文命。
《尚書帝命驗》一二五	有人大口，兩耳參漏，足文履己，首戴鉤鈐，胸懷玉斗。

按：此組與第二二組所言相類，皆指稱夏禹，而多增「有人出石夷掘地代」一句，亦為秦、漢諸子傳說中「禹出石紐」之事也。全文以《中候立象》最為完整，可藉以參校前組之內容。

【第二四組】帝王概述（商湯受命）：《尚書緯》、《尚書中候》與《雒書》文句相類：

《雒書靈準聽》一一一～一一二	《尚書中候雒予命》二七七～二八三	
湯臂四肘，在亳，	天乙在亳，（夏桀迷惑，）	
能修其德，東至于洛，	諸鄰國襁負歸德，湯東觀於雒，	
觀帝堯之壇，	云：「寡人慎機。」	《尚書中候雒予命》二八四
沈璧，退立，	湯降三分璧，沈于雒水。退立，榮光不	湯沈璧于河，
黃魚雙踴，黑烏隨魚，止于壇。	起。	
化為黑玉，又有黑龜，並赤文成字，	黃魚雙躍，出躋于壇。黑烏以雄，隨魚	
言：「夏桀無道，	亦止。	
湯當代之。	化為黑玉，赤勒曰：	黑龜出，赤文題。
檮杌之神，見于邳山，	「玄精天乙，受神福命之，	
有人牽白狼，銜鉤而入商朝。金德將	予伐桀命克，予商滅夏，天下服。」	
盛，銀自山溢。」	三年，天下悉合。	《尚書璇璣鈐》一六四
湯將奉天命放桀。夢及天而䑛之，遂	湯牽白狼，握禹籙。	湯受金符帝籙，
有天下。		白狼銜鉤入殷朝。

按：《雒書靈準聽》與《中候雒予命》俱言商湯沈璧、見赤勤事，而文句頗見歧異，《雒書》所言較詳。覈以《宋書·符瑞志》此段載事，蓋即抄錄《雒書》而成者。至若其文字異同，略舉五句以為比對：《雒書》「湯……在亳」，《中候》作「天乙在亳」；《雒書》「能修其德」，《中候》作「諸鄰國繈負歸德」；《雒書》「東至于洛」，《中候》作「湯東觀於雒云……」；《雒書》「沈璧退立」，《中候》增為四句「湯降三分璧……不起」；《雒書》「黑烏隨魚」，《中候》作「黑烏以雄隨魚亦止」。覈此五句，二條佚文所言內容相同，而《尚書中候》較《雒書》詳細。惟據末三行觀之，則《雒書》又較《中候》詳細。可知二者應摘自同一傳聞，而編者不同，以致互有詳略異辭之處。此則「經讖」與《河》、《雒》取資同源之一證也。

【第二五組】帝王概述（文王受丹書）：《尚書中候》與《雒書》文句相同：

《雒書靈準聽》一一四	《尚書中候合符后》三〇九
有鳳皇銜書，游文王之都，書文曰：「殷帝無道，虐亂天下，皇命已移，不得復久。靈祇遠離，百神吹去，五星聚房，昭理四海。」	孟春五緯聚房，鳳皇銜書，曰：「殷帝無道，虐亂天下，世命已移，不得復久。靈祇遠離，百神歙去，五星聚房，昭理四海。」

按：校覈首段，《尚書中候》多「孟春五緯聚房」六字，而缺「游文王之都書文」七字；其餘「皇命」作「世命」、「吹去」作「歙去」，乃謄鈔時所致之小異也。再者，《雒書》

與《中候》所云「五星聚房」，實即謂文王興起之兆也。《春秋攷異郵》第一〇六條謂：「五星聚於一宿，天下兵起。」《春秋元命苞》第二三五條又云：「殷紂之時，五星聚於房。房者，蒼神之精，周據而興。」可知圖讖以周文王為蒼神之精，屬房、心二宿之野。

三者「鳳皇銜書」之說，《呂氏春秋・應同》曰：「文王之時，天先見火，赤烏銜丹書，集於周社。」《帝命驗》第一二一條亦載：「季秋之月甲子，赤雀銜丹書，入於酆。」《春秋元命苞》第二三三條則稱：「鳳皇銜丹書，遊於文王之都。」可知「鳳皇銜丹書」實為秦、漢以來傳聞，方士多據以說帝王受命徵驗，而東漢初葉則取入官定圖讖之中。

【第二六組】帝王概述（武王受魚烏之瑞）：《尚書緯》、《尚書中候》、《春秋緯》佚文凡六條，皆與《雒書》文句相類：

《雒書靈準聽》一一七

武王伐紂，度孟津，
中流，
白魚躍入王舟，
王俯取魚，長三尺，
目下有赤文成字，
言紂可伐。
寫以世字，
魚文消，燔魚以告天，
有火自天，
止於王屋，流為赤烏。
烏銜穀焉。
穀者，紀后稷之德；
火者，燔魚以告天，
天火流下，應以吉也。
遂東伐紂，勝於牧野。
兵不血刃，而天下歸之

《尚書中候合符后》三一三～一五

周大子發渡孟津，
中流，受文命，待天謀，
白魚躍入王舟，
王俯取，魚長三尺，
赤文有字，
題目下名授右，
曰：「姬發遵昌。」
王燔以告天，
王維退寫成以世字，
魚文消。
有火自天，
止于王屋，流為赤烏。
流為烏，其色赤，其聲魄，
五至，以穀俱來。
至於孟津，不期而會者，
八百諸侯，
咸曰：「紂可伐矣。」
尚父禁之，武王乃不從。
及紂殺比干，囚箕子，微子去之，乃伐紂。

《尚書璇璣鈐》一四七～四九

武王得兵鈐，謀東觀，
白魚入，
王俯取魚以燎，
八百諸侯順同不謀。
魚者視用無足翼從，
欲紂如魚，乃誅。
烏以穀俱來。
火者陽也，烏有孝名，
武王卒父業，故烏瑞臻。
赤者，周之正色也；
穀，記后稷之悳。

《尚書中候合符后》三一七～一八

赤烏成文，雀書之福。
穀以記后稷之德。

《春秋璇璣樞》a一

魚無足翼，
紂如魚，乃討之。

《尚書帝命驗》一二三

太子發渡河，
中流，
火流為烏，其色赤。

《春秋元命包》二四二

火流為烏，
烏，孝烏。

按：本組佚文中，以《中候合符后》所言最完備，惟末段「流為烏」以下，與《雒書靈準聽》互有短長，可作參校。文中「白魚、烏、穀」之兆，為先秦迄漢之經傳、神話所常言者，《墨子》、《呂覽》、《尚書大傳》、《春秋繁露》、《史記》等，皆有引述。由此組六條佚文觀之，圖讖中與經義有關之說辭，實無《河》、《雒》、「經讖」之分別也。

【第二七組】帝王概述（秦始皇受命符）：《尚書緯》與《河圖》文字相同：

《河圖考靈曜》二〇九 趙王政以白璧沉河， 有黑公從河出，謂政曰： 「祖龍來授天寶開。」 中有尺二玉櫝。	《河圖天靈》二一五 趙王政以白璧沉河者， 有一黑公從河出，謂政曰： 「祖龍來，天寶開。」 中有（尺）二玉櫝也。	《尚書考靈曜》八一 趙王政以白璧沈河， 有黑公從河出，謂政曰： 「祖龍來授天寶開。」 中有尺二玉牘。

按：《河圖》兩條佚文，與《尚書緯》文字如出一轍，當為光武編撰圖讖時，以《河》、《雒》讖文雜入各篇之證。「趙王政」即秦始皇嬴政，蓋因其父早年嘗質於趙國，生之於趙，故云。「黑公」則為秦水德之徵象也。

【第二八組】帝王概述（秦亡徵驗）：《尚書緯》佚文兩條，與《雒書》相同：

《雒書》八〇：秦失金鏡，魚目入珠。
《尚書考靈曜》〇七九：秦失金鏡，魚目入珠。
《尚書帝命驗》一三四：秦失金鏡，魚目入珠。

按：考三條讖文出處，《考靈曜》有宋均注，餘二條皆有鄭玄注，可信確為出自漢末鄭、宋二人所見之光武官定圖讖。以此而言，光武圖讖八十一卷，雖則篇目不同，內容並無解經與否之分別也。

【第二九組】帝王概述（劉邦受命符）：《尚書緯》與《雒書》相同：

《尚書帝命驗》一二六～七	《雒書靈準聽》一一三
有人雄起，戴玉英，履赤矛， 析旦失籥，亡其金虎。 東南紛紛，注精起，昌光出軫，己圖之。	有人雄起，戴玉英， 祈旦失籥，亡其金虎。 東南紛紛，精起，昌光出軫，己圖之。

按：「赤茅」、「玉英」、「注精」、「軫星」，皆劉邦興起之兆。蓋「赤」為漢之屬色；而《春秋漢含孳》「仁人之雄桀，戴玉英，且日角」、《春秋演孔圖》「戴玉英，光再中」，以及《春秋握誠圖》謂：劉邦之母執嘉，見赤珠上刻字曰「玉英」，執嘉吞之，乃「為王客」。皆說明「雄桀、玉英」指稱劉邦而言。至若「注精」即「軫宿」，為楚地，即漢之分野對應之地。

【第三〇組】帝王概述（劉邦受命符）：《春秋緯》與《河圖》相同：

《河圖祿運法》七八二：有人卯金，握天鏡。
《春秋孔錄法》一：　有人卯金刀，握天鏡。
《春秋演孔圖》六三：　有人卯金刀，握天鏡。

按：「卯金刀」即「劉」字也，「天鏡」即二八組所言之秦國「金鏡」也。三條佚文皆相同，可見光武編選圖讖之初，並未區分各篇圖讖之獨自特色也。

3. 天文地理

【第三一組】地理（地動說）：《尚書緯》與《河圖》兩條佚文相同：

《尚書考靈耀》三四	《河圖》九四
地有四遊。 冬至，地上北而西，三萬里。 夏至，地下南而東，復三萬里。 春、秋分，則其中矣。 地恆動不止，人不知。 譬如人在大舟中，閉牖而坐， 舟行而人不覺也。	地有四遊。 冬至，地上行，北而西，三萬里。 夏至，地下行，南而東，復三萬里。 春、秋二分，則其中矣。 地常動不止，而人不知。 譬如閉舟而行， 不覺舟之運也。

《河圖祿運法》七六二
地恒動不止，
譬如人在大舟上，閉牖而坐
舟行不覺也。

按：「地有四遊」，即前組所言「地與星辰四遊」之意。「三萬里」之數，亦見前述。讖文所言，蓋謂：地隨四季，來回游於四極之地，是終年皆游動不止。而人所以不之覺之故，乃地甚廣闊，如大舟行於大海，浪雖不止，而舟中人不覺搖晃也。

【第三二組】地理（廣袤距離）：《詩緯》與《河圖》兩條佚文相同：

《河圖括地象》二八五	《河圖括地象》二八三	《詩含神霧》三七
地南北三億三萬五千五百里，地祇之位，起形高大者，……	八極之廣，東西二億三萬三千里，南北二億三萬一千五百里。	天地東西二億三萬三千里，南北二億一千五百里。天地相去一億五萬里。

按：地之四方廣袤，為秦、漢以來方士、雜家所常言者，惟所準據者不同，皆各言其是，遂使數字難得一致。東漢圖讖中言及此類度數，皆有紛雜歧異之數字，有待釐清。

【第三三組】天文（日行九道）：《尚書緯》、《易緯》與《河圖》兩條佚文相同：

《河圖帝覽嬉》六六〇

黃道一，
青道二，出黃道東；
赤道二，出黃道南；
白道二，出黃道西；
黑道二，出黃道北；
日春東從青道，
夏南從赤道，
秋西從白道，
冬北從黑道。
立春星辰西遊，日則東遊；
立夏星辰北遊，日則南遊。
春分（星辰西遊）之極，
日東遊之極，日與星辰相去三萬里；
夏至則星辰北遊之極，
日南遊之極，日與星辰相去三萬里。
立秋星辰東遊，日則西遊；
立冬星辰南遊，日則北遊。
秋分星辰東遊之極，日西遊之極；
冬至星辰南遊之極，日北遊之極。
相去各三萬里。㉟

《龍魚河圖》七一五

月有九行，
黑道二，出黃道北；
赤道二，出黃道南；
白道二，出黃道西；
青道二，出黃道東。
立春、春分，月從青道東
立秋、秋分，從西白道；
立夏、夏至，從南赤道；
立冬、冬至，從北黑道。
天有四表，月有三道，
聖人知之，可以延年益壽。

《易稽覽圖》

春日月行青道，曰東陸。
夏日月行赤道，曰南陸。
秋日月行白道，曰西陸。
冬日月行黑道，曰北陸。

《尚書考靈曜》三六

春則星辰西遊，
夏則星辰北遊，
秋則星辰東遊，
冬則星辰南遊。

《尚書考靈曜》云：「
地與星辰四遊，
升降於三萬里之中，夏至之景尺又五寸。」㊱

㉟ 又見〔唐〕孔穎達：《禮記正義》卷一四，〈月令〉頁三，引《河圖帝覽嬉》。

㊱ 〔唐〕孔穎達：《禮記正義》卷一一，〈王制〉頁三〈疏〉引。

按：《河圖帝覽嬉》為含意完整之緯文，《龍魚河圖》有其前段，《易稽覽圖》祇言四至行道，合以《考靈曜》第三十六條，則具原文之大半。日有「黃青赤白黑」九道者，考《漢書・律曆志》云：「九會：陽以九終，故日有九道。陰兼而成之，故月有十九道。陽名成功，故九會而終。」以「日有九道」、「月有十九道」為說，則所云蓋為漢代之天文觀念也。

【第三四組】天文（周天度數）：《春秋緯》、《尚書緯》與《雒書》文意相同：

《尚書考靈曜》三三	《春秋攷異郵》一	《雒書甄曜度》一二八
一度二千九百三十二里、千四百六十一分里之三百四十八，周天百七萬一千里。	周天一百七萬一千里，一度為二千九百三十二里七十一步二尺七寸四分四百八十七分之三百六十二。	周天一百七萬一千里，一度為二千九百三十二里七十二步二尺七寸四分四百八十七分之三百六十二。

按：三條佚文所言之一度里數，其整數皆為「二九三二里」，其下零頭小數，《考靈曜》之「三四八／一四六一里」，約合〇・二三八二里；餘二緯之「七二步」（《春秋緯》之「七十一步」當改正），依唐甄鸞注《周髀算經》曰：「步滿三百成里。」（卷上，頁二六）則七二步合〇・二四里。二種相差僅〇・〇〇一八。可知計法雖異，而計數則大

致相同。

【第三五組】天文（曆法）：《尚書緯》、《尚書中候》與《河圖》文意相同：

《河圖始開圖》三六六	《尚書考靈曜》五七	《中候握河紀》二〇六
天地開闢，元厤名， 月首甲子冬至， 日月俱起牽牛之初。	天地開闢，曜滿舒光，元厤紀名， 日月首甲子冬至， 日月五星，俱起牽牛初， 日月若懸璧，仰觀天形如車蓋。 五星若編珠，青龍甲子，攝提格孳。	天地開闢， 甲子冬至， 日月若懸璧， 五星若編珠。

按：漢初通行曆法中，有《殷曆》以甲寅為元，甲子日為初始，乃延續周、魯而來者，其歲次時日序通常以「甲寅年十一月甲子夜半朔旦冬至，日月五星俱起牛前五度」為詞，此亦屬東漢圖讖習見之曆法。

4. 占驗

【第三六組】占驗（北斗星）：《春秋緯》兩條與《雒書》相同：

《洛書》a二八六	《春秋運斗樞》三	《春秋合誠圖》一三二
北斗魁， 第一曰天樞， 第二旋星， 第三璣星， 第四權星， 第五玉衡， 第六開陽， 第七搖光， 第一至第四為魁， 第五至第七為杓，合為斗， 含陰布陽，故稱北斗。 開陽重寶，故置輔翼。	北斗七星， 弟一天樞， 弟二璿， 弟三機， 弟四權， 弟五玉衡， 弟六開陽， 弟七搖光。 弟一至弟四為魁， 弟五至弟七為杓，合為斗。 居陰布陽，故稱纚斗。	北斗七星， 弟一天樞， 弟二璿， 弟三機， 弟四權， 弟五玉衡， 弟六開陽， 弟七搖光。 弟一至弟四為魁， 弟五至弟七為杓，合為斗。 居陰布陽，故稱纚斗。

按：三條讖文所言之七星稱名，皆自相同，製為下表，可以明示其實：

北斗七星	魁	一 天樞
		二 璿
		三 機
		四 權
	杓	五 玉衡
		六 開陽
		七 搖光

【第三七組】占驗（山崩）：《春秋緯》與《河圖》文句相同：

《龍魚河圖》七二五	《河圖》八二	《春秋感精符》三九
山冬天霧， 十日已上不除者， 山崩之候。山，水脈也。	山冬大霧， 十日以上不散者， 山崩之候也。山，水脈也。	山冬大霧， 十日已上不除者， 山崩之候。

按：《感精符》與《河圖》佚文皆言山崩之兆，前者僅闕「山水脈也」四字。

【第三八組】占驗（月）：《春秋緯》與《河圖》相同：

《河圖》a一〇三七	《春秋考異郵》二六
月生爪牙，諸侯謀反。	諸侯謀叛，則月生爪牙。 后族專政，則日月竝照。

按：《河圖》與《春秋緯》字句相同，惟多「后族專政」等九字。疑二緯原文無異，乃後人引用之際，於《河圖》未錄全文而致。

【第三九組】占驗（月）：《禮緯》與《河圖》相同：

《河圖帝覽嬉》四六七	《禮緯》a三一八
月宿天厩中央， 大軍罷歸，期不過三十日。	月宿天厩中央， 大將軍歸來，期六十日。

按：《河圖》與《禮緯》所言占驗相同，惟期限有三十日之差距。

【第四〇組】占驗（熒惑星）：《樂緯》與《雒書》文字相同：

《洛書甄曜度》a一〇八：聖王正律歷，不正則熒惑出入無常，占為大凶。 《樂協圖徵》一五二： 聖主正律秝，不正則熒惑出入無常，占為大凶。

按：先秦、兩漢之星占，皆謂：熒惑星逆行，出入不常，為國之大凶。是以王者需正律歷，以避災害。

【第四一組】占驗（二十八宿）：《春秋緯》與《河圖》文意相同：

《河圖帝覽嬉》六四七	《春秋文耀鉤》二九三
黑星……若淩須女， 天下女工荒廢。	熒惑留舍須女， 天下女工盡廢，婦女有自賣者。

按：須女為北方星宿，北方於五行為黑色，故曰「黑星」。星占家多以須女覘視女紅績織之

徵驗，此組佚文亦即是意。

【第四二組】占驗（五色占）：《孝經緯》與《雒書》說意相同：

《雒書》一四	《孝經內記圖》四五七
日四直者，從謂四強， 色黃白潤澤，天子有喜，安定譚兵，國多幸臣； 其直色青，天子有憂； 赤，有兵； 白，多喪； 黑，主死國分。	日珥， 赤，兵； 白，喪； 青，憂； 黑，死； 黃，有喜。不出三年。

按：五色之占驗，為陰陽五行家之常事，圖讖中言之者最多，除此二條以外，又如《易通卦驗》第四十七條：「雲青者，饑；赤者，旱；黑者，水；白者，兵；黃者，有土功。」同篇第二四二條：「霧白，兵喪；青，疾疫；黑，暴水；赤，兵；黃，土功。」《春秋緯》第二八一條：「辰星當効而出，色白為旱，黃為福，又為五穀熟，赤為兵，黑為水，青為疫。」《春秋握誠圖》一〇：「火入柱，旱；金，兵；水，水。」實不勝枚舉。惟所言五色占驗，亦有微異之處，非有一定之規律也。

【第四三組】占驗（星）《春秋緯》與《河》、《雒》讖文相同：

《洛書甄曜度》a七九 流星入天棓，兵大起， 光長五丈，有戰，王者憂，期二年。	《河圖聖洽符》a八六六 慧星出天棓，兵大起， 五仗用，國有憂，期二年。	《春秋感精符》一三〇 流星入天棓，兵大起， 光長五丈，有戰，王者憂，期三年。

按：三條讖文載事相同，惟《聖洽符》「五仗用」當校正為「光長五丈，有戰」，疑為前人引用時致誤。

5. 其他

【第四四組】道家理念（少室山祥瑞）：《詩緯》與《河圖》文字相同：

《河圖》一〇七：少室之山，大竹堪為釜甑。 《孝經河圖》a六三四：少室之山，大竹堪為釜甑。 《尚書璇璣鈐》一七二：少室之山，大竹堪為釜甑。		
《河圖玉版》七一〇 少室之山， 其上有白玉膏， 服即仙矣。	《河圖》一〇八 少室之山 有白玉膏， 服即成仙。	《詩含神霧》五三 少室山巔， 亦有白玉膏， 得服之即得仙道。世人不得上也。

按：以上二段，一言「大竹」，一言「白玉膏」，前者為漢代常言之林產[37]，後者為升仙登遐之仙藥。蓋皆漢代方士所好言者。

【第四五組】道家理念（命算）：《孝經緯》與《河圖》文字相同：

《河圖握矩記》六八九	《河圖》一三六	《孝經左契》三五
孝順二親，得算二千天。司祿所表事，賜算中功。	孝順二親，得算二十天。司祿所表事，賜算中功。	孝悌之至，通于神明，致其憂，顧頷消形，求豎翼全，孝順二親，得算二千天，司錄所表事，賜算中功，祉福永來。

按：此為東漢末年道教所常言，晉代葛洪之《抱朴子》，亦好言此類理念。

【第四六組】方術理念（五行）：《春秋緯》與《河圖》三條佚文相同：

---

[37] 如《山海經》：「舜林中大竹，一節可以為船。」（〔宋〕李石：《續博物志》卷一〇，頁一四三引）

《河圖祿運法》七六五	《河圖握矩記》六九〇	《河圖》一五八	《春秋運斗樞》一〇八
黃金千歲生黃龍， 青金千歲生青龍， 赤金千歲生赤龍， 白金千歲生白龍， 玄金千歲生玄龍。 五帝起，則五龍出也。	黃金千歲生黃龍， 青金千歲生青龍， 赤金千歲生赤龍， 白金千歲生白龍， 玄金千歲生玄龍。	黃金千歲生黃龍， 青金千歲生青龍， 赤金千歲生赤龍， 白金千歲生白龍， 玄金千歲生玄龍。	黃金千歲生黃龍， 青金千歲生青龍， 赤金千歲生赤龍， 白金千歲生白龍， 元金千歲生元龍。

按：三條《河圖》佚文皆相同，《祿運法》多增末句，則指明此文乃說「五行帝」之事。《運斗樞》與《河圖》相同，或即東漢編撰時取自《河圖》者。又，《淮南子・墬形篇》載錄此「五色龍」而文句更詳，是以其說當屬秦、漢方士之言也。

以上雷同之例四十五組，可見《河》、《雒》與「經讖」相同者，實非罕見特例。以此更可確信：「讖出《河》、《雒》」當有其事也。

(二)《河》、《雒》與「經讖」可互補漏敓

1. 帝王概述

【第四七組】帝王概述（古帝世號）：《春秋緯》與《雒書》文意相類：

《雒書》七一	《春秋命歷序》五	《春秋緯》一八
(1) 三皇號九頭紀， (2) 次五帝，號五龍紀， (3) 次攝提紀， (5) 四曰合雒紀， (6) 次連逋紀， (8) 次敘命紀， (9) 次因提紀， (4) 次禪通紀， (7) 次為合雒， 循蜚。	自開闢至獲麟， 二百二十七萬六千歲， 分為十紀，每紀為二十六萬七千年。 凡世七萬六百年： 一曰九頭紀， 二曰五龍紀， 三曰攝提紀， 四曰合雒紀， 五曰連通紀， 六曰序命紀， 七曰修飛紀， 八曰回提紀， 九曰禪通紀， 十曰流訖紀。	自開闢至獲麟， 凡二百二十七萬六千歲， 分為十紀， 凡世七萬六百年： 一曰九頭紀， 二曰五龍紀， 三曰攝提紀， 五曰連通紀， 六曰敘命紀， 七曰循飛紀， 八曰因提紀， 九曰禪通紀， 十曰疏仡紀。

按：由《春秋緯》所次十紀先後觀之，《雒書》缺第十紀，而號次亦有差異。首段紀年數字為《雒書》所闕者，可據以補足。其中「循蜚、修飛、循飛」當為音同通借之字，「回提」則為「因提」之訛字。《甄耀度》之「八十萬里」當補為「八十一萬里」。

【第四八組】帝王概述（神農）：《尚書緯》、《春秋緯》與《雒書》相同：

《春秋命歷序》五〇	《春秋命歷序》二五	《尚書璇璣鈐》一七四	《雒書甄耀度》一三二
有人蒼色大眉，名石年，戴玉理，始立地形，甄度四海。	有神人，名石耳，蒼色大眉，戴玉理，駕六龍，出地輔，號皇神農，始立地形，甄度四海，東西九十萬里，南北八十一萬里。	有神人，名石年，蒼色大眉，戴玉理，駕六龍，出池輔，號皇神農，始立地形，甄度四海，東西合九十萬里，南北八十一萬里。	四海，東西九十萬里，南北八十萬里。

按：《尚書緯》與《春秋緯》文字相同，而《雒書》僅有末段十四字，當據二緯補足，解說神農形貌之文意方契。

【第四九組】帝王概述（黃帝伐蚩尤）：《春秋緯》與《河圖》文句相同：

《龍魚河圖》七四一	《春秋緯》a七
帝伐蚩尤，乃睡夢西王母，遣道人，披玄狐之裘，以符授之，曰：「太乙在前，天乙備後，河出符信，戰則剋矣。」黃帝寤思此符，不能悉憶，以告風后、力牧，風后、力牧曰：「此兵應也，戰必自勝。」力牧與黃帝，俱到盛水之側，立壇，祭以太牢，有玄龜銜符出水中，置壇中而去。黃帝再拜稽首，受符，視之，乃夢所得符也。廣三寸，袤一尺。於是黃帝佩之以征，即日禽蚩尤。	帝伐蚩尤，乃睡夢西王母遣道人披玄狐之裘，以符授之。

按：圖讖載錄黃帝伐蚩尤之事例甚夥，此組《龍魚河圖》所言頗詳，《春秋緯》僅有三句，可據以補足。

【第五〇組】帝王概述（帝堯五老）：《尚書中候》、《論語緯》與《河圖》文句相同：

（壹）

《河圖祿運法》七七三 堯將歸功於舜， 乃齋戒於河、洛， 有五老 相謂曰：「河圖將來，告帝以期。 知我者，重瞳黃姚。」	《尚書中候運衡》二三四～六 歸功於舜，將以天下禪之， 乃潔齊修壇于河、雒之間， 擇良日率舜等升首山，遵河渚， 有五老遊焉，蓋五星之精也。 相謂曰：「河圖將來，告帝以期。 知我者，重瞳黃姚。」五老因飛為流星，上入昴。

（貳）

《尚書中候運衡》二三四～六 歸功於舜，將以天下禪之， 乃潔齊修壇于河雒之間，擇良日 率舜等升首山， 遵河渚， 有五老遊焉，蓋五星之精也。	《論語比考讖》八〇 仲尼曰： 吾聞堯率舜等游首山， 觀河渚， 有五老遊河渚，	《論語讖》七二 仲尼曰： 吾聞堯率舜等遊首山， 觀河渚， 有五老遊河渚，	《論語比考讖》七八 仲尼曰： 吾聞堯率舜等升首山， 觀河渚， 乃有五老遊渚，

<table>
<tr><td>相謂曰：「河圖將來，告帝以期。</td><td>一曰：「河圖將來告帝期。」</td><td>一老曰：「河圖將來告帝期。」</td><td>五老曰：「河圖將浮，</td></tr>
<tr><td></td><td>二曰：「河圖將來告帝謀。」</td><td>二老曰：「河圖將來告帝謀。」</td><td></td></tr>
<tr><td></td><td>三曰：「河圖將來告帝書。」</td><td>三老曰：「河圖將來告帝書。」</td><td></td></tr>
<tr><td></td><td>四曰：「河圖將來告帝圖。」</td><td>四老曰：「河圖將來告帝圖。」</td><td></td></tr>
<tr><td></td><td>五曰：「河圖將來告帝符。」</td><td>五老曰：「河圖將來告帝符。」</td><td></td></tr>
<tr><td></td><td>有頃，赤龍銜玉苞，</td><td>龍銜玉苞，</td><td>龍銜玉苞，</td></tr>
<tr><td></td><td>舒禮刻版，題命可卷，</td><td></td><td>刻版題命，可卷，</td></tr>
<tr><td></td><td>金泥玉檢，封盛書威，</td><td>金泥玉檢，封盛書，</td><td>金泥玉檢，封書成，</td></tr>
<tr><td>知我者，重瞳黃姚。」</td><td>曰：「知我者重童也。」</td><td></td><td>知我者，重瞳黃姚視。」</td></tr>
<tr><td>五老因飛為流星，上入昴。</td><td>五老乃為流星，上入昴。</td><td>五老飛為流星，上入昴。</td><td>五老飛為流星，上入昴。</td></tr>
<tr><td></td><td colspan="3">黃姚視之，龍沒圖在，堯等共發，曰：「帝當樞百，則禪于虞。」
堯喟然曰：「咨汝舜，天之厤數在汝躬，允執其中。四海困窮，天祿永終。」乃以禪舜。</td></tr>
</table>

按：（壹）組之《河圖》與《中候運衡》，皆言堯祭河、洛，五老告命符之事。《中候》所言較《河圖》詳細。然而蒐檢《論語緯》所載相同事蹟，則《比考讖》等五條，較諸《中候》又更詳盡，列之為（貳），可由之參校，《河圖》所言，實有大段闕文，可據《論語緯》補足之。

【第五一組】帝王概述（舜受命符）：《春秋緯》、《孝經緯》與《河圖》文意相同：

《河圖挺佐輔》三八二	舜以太尉即位， 與三公臨河觀， 黃龍五采， 負圖出，置舜前， 以黃玉為柙， 白玉為檢，黃金為繩， 黃芝為泥， 章曰「天黃帝符璽」。
《河圖祿運法》曰：「	舜以太尉受號，為天子， 五年二月東巡狩， 至於中州， 與三公、諸侯臨觀。 黃龍五采 負圖出，置舜前。」38
《春秋運斗樞》九〇～一〇一	舜以太尉受號，即位為天子， 五年二月東巡狩。 至於中月。 與三公、諸侯臨觀。 黃龍五采， 負圖出，置舜前。 蹔入水而前去。 圖以黃玉為匣， 長三尺，廣八寸，厚一寸， 四合而連，有戶。 白玉檢，黃金繩， 紫芝為泥，封兩端， 章曰「天黃帝符璽五帝」。 廣袤各三寸， 深四寸，鳥文。 舜與大司空禹。 臨侯望博三十人。 集發圖，元色而綈。 長三十三尺，廣九寸， 中有七十二帝地形之制，
《孝經援神契》一九一	帝舜祇德，欽象有光， 至於稷興，榮光迭至， 黃龍負圖，卷舒 至水畔，寘舜前， 舜與三公、大司空禹等 三十人 集發圖。

38 〔隋〕虞世南：《北堂書鈔》卷五〇，〈設官部二・三公〉頁一。

		天文官位度之差。	
黃龍從雒水出，詣舜前，鱗甲成字，舜令寫之，寫竟去。	《龍魚河圖》七三八 黃龍負圖，鱗甲成字，從河中出，付黃帝，令侍臣圖寫，以示天下。	《春秋運斗樞》八九 黃龍從雒水出詣虞舜，鱗甲成字，舜令寫之，寫竟，去。	

按：《河圖祿運法》所言，出自《北堂書鈔》，與《運斗樞》前段第九〇～九四條相同；《河圖挺佐輔》又與《運斗樞》中段第九六～九七條以及第八九條相同，《龍魚河圖》第七三八條亦有類似說辭；而《援神契》只具《運斗樞》部分文句。可知《河圖》所言，實與經讖頗為相似，可據以補足。

【第五二組】占驗（虹霓）：《春秋緯》與《雒書》說意相同：

（壹）

《洛書摘亡辟》曰：「蒼雲白虹圍軫，亡之戒也。」㊴

（貳）

㊴〔唐〕釋悉達：《開元占經》卷九八，〈虹蜺占〉頁九。

《春秋文耀鈎》曰：「 楚立唐氏，（以為史官。）蒼雲如蜺，圍軫七蟠， 中有荷斧之人，嚮軫而蹲。（蟠猶周也。） 楚驚。唐史曰：『君慢命，又簡宗廟。』 （命，天命也。軫於天文，楚之分也，向之而踞，是慢命踞簡宗廟。） 於是畫遺炎煙， 耀于蒼雲，精消無文。 （軫，火精；雲，水氣。圍軫，水也；畫，日，陽也；炎，火，亦陽也；遺之者，象蟠所也。水難勝火，三陽併氣且火炎上，宜消滅也。文則蜺也。） 唐史之策，上滅蒼雲。 （告神以史功也。）」❹⓪	《春秋文耀鈎》曰：「 楚有蒼雲如霓，圍軫七蟠， 中有荷斧之人，向軫而蹲。 于是楚唐史畫遺灰 而雲滅。 （宋均注曰：「軫，楚分也；雲，水氣；灰，火氣。畫遺灰，故雲滅。」） 故曰：『唐史之策， 上滅蒼雲。』」❹①	《春秋文耀鈎》曰：「 楚有倉雲如霓， 唐史曰：『君慢令，簡宗廟， 以無禮見患， 七國俱謀，背懷屠君。』 於是立禮正推， 禱醮于廟堂之前，曰： 『唐史之策，上滅蒼雲。』 得神之史，不以知道之原。」❹②

按：（壹）之《雒書摘亡辟》引自《開元占經》，文意簡略，乃星占望氣者之常言，並不足

❹⓪ 〔宋〕李昉：《太平御覽》卷二三五，〈官部・太史令〉頁一。

奇。另得《開元占經》「蒼雲圍軫，亡國之戒」[43]一句，僅可作為參校。惟蒐檢唐、宋類書六種，得《春秋文曜鉤》佚文四條，組成表（貳），文中言及楚太史唐氏占雲氣事例，乃適足為《雒書》佚文作詳細之補闕。四條分別出自《北堂書鈔》、《初學記》、《太平御覽》、《事類賦》、《山堂肆考》、《天中記》等，內容詳略不一，文字亦稍有歧異。第一欄所言最詳，或近於此條佚文之原貌，其中括弧內文句，證以第二欄佚文，可信為宋均注文。而《天中記》言晝灰滅雲之過程，又較前諸書詳明，唯其文後出，或已非原貌。然而《洛書摘亡辟》佚文雖僅一句，得《春秋文耀鉤》補足，可知《雒書》之星占常言，原本「經讖」之古史遺錄也，或因後人引用之際，僅取二言，是以難知其原意也。

【第五三組】五行帝（名號）：《詩緯》、《春秋緯》與《河圖》說意相同：

---

41 〔宋〕李昉：《太平御覽》卷八，〈天部・雲〉頁三；亦見於〔宋〕吳淑：《事類賦》卷二，〈天部二・雲〉頁三七；〔明〕彭大翼：《山堂肆考》卷六，頁四；〔明〕陳文耀：《天中記》卷二，頁八八。又，黃奭《逸緯・春秋文耀鉤》頁七之注文中，引「《占經雲氣犯宿占》」一條，即此條佚文，惟徧檢《開元占經》，並未見及。另者，《初學記》卷一，〈天部上・雲第五〉亦載此條，惟缺「于是唐史」以下文句。

42 〔隋〕虞世南：《北堂書鈔》卷五五，〈設官部・太史令〉頁三。

43 〔唐〕釋悉達：《開元占經》卷九五，〈軫宿雲氣干犯占〉頁一四。

《河圖》一一一	《詩含神霧》八八～九一	《春秋文耀鉤》一四	《春秋文耀鉤》○六	《春秋文耀鉤》三六六
			太微宮有五帝坐星，	太微朋座，五帝朋庭，
東方蒼帝，	其東蒼帝座，	東宮蒼帝，		
神名靈威仰，	神名曰靈威仰，		蒼帝曰靈威仰，	蒼則靈威仰，
精為青龍；	其精為青龍之類。	其精為龍；		
南方赤帝，	其南赤帝座，	南宮赤帝，		
神名赤熛怒，	神名曰赤熛怒，		赤帝曰赤熛怒，	白則白招拒，
精為朱鳥；	其精為朱鳥之類。	其精為朱鳥；		
中央黃帝，	其中黃帝座，			
神名含樞紐，	神名含樞紐。		黃帝曰含樞紐，	黃則含樞紐，
其精為麒麟；				
西方白帝，	其西白帝座，	西宮白帝，		
神名白招矩，	（神名）曰白招矩，		白帝曰白招拒，	赤則赤熛怒，
精為白虎；	其精為白虎之類。	其精白虎；		
北方黑帝，	其北黑帝座，	北宮黑帝，		
神名叶光紀，	神名曰協光紀，		黑帝曰汁光紀。	黑則協光紀。
精為玄武。	其精為玄武之類。	其精元武。		

按：五條佚文中，《河圖》較完整，可補《春秋緯》之闕漏，而《文耀鉤》首句「五帝坐」

云云，考以《詩含神霧》第四十條「五精星坐，其東蒼帝坐，神名靈威仰，精為青龍」，則《河圖》實應增補此句，始稱完備。

【第五四組】五行帝（性格）：《春秋緯》與《河圖》文意相同：

《河圖》二四	《春秋運斗樞》一二六～一三〇
歲星帥五緯聚房， 青帝起；	歲星帥五星，聚於東方七宿， 蒼帝以仁良溫讓起，皆以所舍占國。
	熒惑帥五星，聚於南方七宿， 赤帝以寬明多智畧起。
	填星帥五精，聚於中央， 黃帝以重厚賢聖起。
太白帥五緯聚參， 白帝起；	太白帥五精，聚於西方七宿， 白帝以勇武誠信，多節義起。
辰星帥五緯聚於北方七宿， 黑帝以清平潔靜通明起； 辰星帥五緯聚營室，黑帝起。	辰精帥五精，聚於北方七宿， 黑帝以清平靜潔通明起。

按：《運斗樞》五條佚文併為一條，則為旨意完整之讖文，其分述五帝性格甚詳。《河圖》則僅言三帝，文句亦有欠缺，應據以補足。再者，《河圖》第二十四條末句十一字實覺

冗複，而文句並不完整，查其原出處《開元占經》卷一九，「辰星」前有「又曰」二字，可知並非同一條中之讖文，此十一字當予刪除。

2. 占驗

【第五五組】五星占驗（政令）：《春秋緯》與《河圖》文意相同：

春季	《開元占經》：「《河圖》曰：『蒼彗主滅不義，少陽之精，司徒之類，蒼龍七宿之域，有起反，若恣虐為害，主失春政者，以出時衝為期，皆主君之敗也，大人滅。』」（卷八八，頁九）	《春秋緯》一八四 皆少陽朋精，司徒朋類，青龍七宿朋域，有謀反，若恣虐為害，主失春政者，以出時衝為期，皆主君徵也。
夏季	《開元占經》：「《河圖》曰：『赤彗主滅五卿，太陽之精也，朱鳥七宿之域，有謀反，若恣虐為害，主失夏政者，期如上占，皆類名之。』」（卷八八，頁一〇）	《春秋合誠圖》一一三 赤彗滅五卿。
四季	《開元占經》：「《河圖》曰：『黃彗主女亂，皆土精斗七星之域，以張四方八卦之內，司空之類，有謀反，若恣虐為害者，期如上占。』」（卷八八，頁一〇）	

秋季	《開元占經》：「《河圖》曰：『卒起主虐亡，少陰之精，大司馬之類，白虎七宿之域，有謀反，若戾虐為害，主失秋政者，期如上占，禍應之。』」（卷八六，頁五）	《開元占經》：「《河圖》曰：『白彗主斬強，少陰之精，大司馬之類，白如上占，禍應之。』」（卷八八，頁一〇）
冬季	《開元占經》：「《河圖》曰：『黑彗主涿州，太陰之精，玄武七宿之域，有謀反，若恣虐為害，主失冬政者，期如上占，禍應之。入天子之宿，主滅諸侯位，五伯謀。』」（卷八八，頁九）	
總結	《春秋緯》二〇三 五精潛潭，皆以類逆所犯，行失時指，下臣承類者，乘而害朋，皆滅亾朋徵也。入天子宿，主滅諸侯，五伯謀。	

按：緯書中之五彗，實指歲星、熒惑、填星、太白、辰星等五大行星，因處於某種變化下而成之妖星，亦暗喻五行帝之不良行事。此亦圖讖中之常言也。本組《河圖》佚文六條，皆引自《開元占經》，蓋言五彗之精所象徵之官制與占驗，蒼彗為春官司徒，黃彗為司空，白彗為秋官司馬，赤彗、黑彗未言，或因迻用之際，偶有缺漏。考秋季下欄「白彗

主斬強」佚文，實即「卒起主虐亡」條之別文，而末句「自如上占」，明顯缺漏「虎……期」一段。

《春秋緯》佚文雖僅三條，又有漏敓，惟依圖讖編撰體例推論，原編當有言五彗占驗之文句無疑。且《春秋緯》第二〇三條「五精潛潭」云云，末句與《河圖》「黑彗」佚文之末句相同，詳味行文體例，《河圖》上四條皆至「期如上占」等占辭即止，則此條末句當為衍增。疑「黑彗」條自「禍應之」後，原應接五彗占驗之總結語「五精潛潭」云云，不知何故漏敓，既得《春秋緯》該條，適足以彌補缺文。由此益可證知《春秋緯》得與《河圖》相互參校，以補足文意也。

【第五六組】五星占驗（吉凶）：《春秋緯》與《河圖》文意相同：

（壹）赤彗占驗

《河圖》a一二九九 赤彗火精，如火曜，長七尺，賊起，強國恣虐，期三年。	《春秋合誠圖》二六 赤彗火精，如火曜，長七尺。

（貳）五彗占驗

《春秋緯》二〇五	蒼彗，木精，出賊而生芒，主逆陽失天常，則日蝕明消。此星出，期三年，五侯破，天子苦兵。
《春秋合誠圖》二六	赤彗火精，如火曜，長七尺。
《河圖》a一二九九	赤彗火精，如火曜，長七尺。賊起，強國恣虐，期三年。
缺：黃彗土精	
《春秋緯》二〇七	白彗，金精，如鋒刃，長四丈，見則將軍逆，期二年，兵作。
《春秋緯》二〇六	（玄）彗，水精，賊起則水決江河，期二年，其出赤世，以水害亾。水害者，以類發難也，近四遠八，以其敵行。

按：（壹）組《河圖》所言赤彗占驗，與《合誠圖》相同，而後者缺期限年數，可據以補足。然而蒐檢所得，尚有三條《春秋緯》佚文言及「蒼、白、黑」彗者，適可與《合誠圖》結合，組為完整之（貳）「五彗占驗」事例，惟闕「黃彗」一段。是則《河圖》所見者，當有「蒼白黃彗占驗」，未見前人引錄，可據《春秋緯》以補足。以此可知，《河圖》雖僅一條，卻可補足《合誠圖》之闕漏；而《合誠圖》與三條《春秋緯》結合，又可補齊《河圖》所欠缺部分。如此相互錯雜之校補，對於斷殘之讖緯佚文，裨益實多。惟非熟知讖文體例及內容者，亦難證知也。

【第五七組】占驗（月）

《河圖》曰：「月生齒，主見欺。（原註：「闕」）」[44]	《春秋文曜鈎》曰：「趙有君尹吏，日（曰）：『月生齒，在畢宿，主見欺大。《星占》曰：「子殺父，臣刺君，期歲二月，有兵患。」』」[45]

按：兩條佚文皆出自《開元占經》，《文曜鈎》佚文下，附有宋均注曰：「月，太陰之精也，屬水，水生于金，畢，金精也，水齒之臣子殺逆之象也。畢又為邊兵，畢主八月，其沖則二月，兵患於此發也。」可證「《星占》」云云，確為宋均所見《春秋文曜鈎》之原文，《河圖》當據以補足。「經讖」亦頗見引《星占》之例者，如《春秋元命苞》第三五六條：「虛、危二星不常出，其出必主死喪凶荒之咎，《星經》謂其有惡而無善者也。」

【第五八組】地理（岷山）：《易緯》與《河圖》、《雒書》文意相同：

---

[44] 〔唐〕釋悉達：《開元占經》卷一一，〈月占一．月生牙齒〉頁一〇。

[45] 〔唐〕釋悉達：《開元占經》卷一一，〈月占一．月生牙齒〉頁一〇。

《河圖》一〇五 嶓冢山上為狼星（之精）。 武開山為地門，上為天高星，主囹圄。 荊山為地雌，上為軒轅星。 大別為地理，以天合地。以通。 三危山在鳥鼠之西南，上為天苑星。 岐山在崑崙東南，為地乳，上為天麋星。 汶山之地為井絡，帝以會昌，神以建福，上為天井。 桐柏山為地穴，鳥鼠同穴，山之幹也，上為掩畢星。 熊耳出地門也，精上為畢，附耳星。	
《雒書甄曜度》一五一～一五四 嶓冢之山，上為狼星。 武開山為地門，上為天高星，主囹圄。 荊山為地雌，上為軒轅星。 大別為地理，以合天地，以通 三危山在鳥鼠之西南，上為天苑星。 政山在崑崙東南，為地乳，上為天糜星。	《易乾鑿度》一六二岷山上為井絡。

按：《乾鑿度》為今存諸緯書中較副原貌之輯本，然而所存「岷山」一句，與此組《河》、《雒》佚文相較，則漏敓甚多，以致頗有不知所云之憾，當據《河圖》補足方是。「汶山」云云，又見安居本《河圖括地象》第一〇四條：「汶阜之山，江出其腹，帝以會昌，神以建福。」可證「汶山」當屬原編所錄之山名也。

再者，《易緯》與《河圖》雖有「岷山」、「汶山」之異，惟覈以《河圖括地象》第三〇六條：「岷山之地，上為井絡，帝以會昌，神以建福，上為天井。」《易緯》則僅存其首句而已。可知光武編定圖讖之時，此一星宿載錄，已有字句之差異矣。

五、緯書輯本誤收，以致論斷失實之例

今日學者論述讖緯，所取資者，多據明、清以來緯書輯本，安居香山《重修緯書集成》又為諸輯本之集大成者，故使用者亦最多。然而安居本之佚文斷句，輒有不明圖讖體例而誤讀之處，前言已有引述。再則安居本欲求完備，以致蒐羅之際，常沿襲前賢輯本而誤收佚文，諸如前人奏疏文句，誤認作《河圖》；或本屬「經讖」之佚文，歸諸「河、洛」。此類誤解，必致引用者產生析論之誤判，是以不可不作析辨。以下即取安居本之《河圖》、《洛書》部分，略論此事。

㈠誤收《河圖》

> 《河圖》a九八六：授嗣，正在九房。

按：安居本據清喬松年《緯攟》收錄此條。然而原典實出自東漢劉瑜奏疏之行文。《後漢書・劉瑜列傳》謂：「瑜少好經學，尤善圖讖、天文、歷筭之術。州郡禮請，不就。延熹八年，太尉楊秉舉賢良方正，及到京師，上書陳事曰：『古者天子一娶九女，娣姪有序，《河圖》授嗣，正在九房。今女嬖佞色，充積閨幃。』……於是特詔召瑜問災咎之徵，指事案經讖以對。」㊻可知安居本所收錄，原非《河圖》本文也。再者，論天子妃嬪之數，古今經義不同，《公羊傳》成公十年，何休注：「唯天子娶十二女。」唐徐彥疏云：「《保乾圖》文。孔子為後王，非古禮也。」㊼蓋以圖讖所言今文學「娶十二女」為意，故不以古禮「九房」為是。《白虎通·嫁娶篇》亦論及「九女」、「十二女」之禮，可參詳。又，清胡渭《易圖明辨》即引述此一誤收佚文，辨證《河圖》影響漢初之明堂制度㊽，今人冷德熙亦循此而論「《河圖》九房」㊾，錯誤影響可謂深刻。

㈡誤收《河圖揆命篇》

㊻〔劉宋〕范曄：《後漢書》卷五七，〈劉瑜列傳〉頁一八五五。

㊼〔唐〕徐彥：《公羊傳注疏》卷一七，頁二〇。

㊽胡渭《易圖明辨二》釋《大戴禮·明堂篇》，謂：「九宮蓋即明堂之九室，……自欽山固以前，未有直指為《河圖》者，唯《後漢·劉瑜傳》桓帝延熙八年，上書言『《河圖》授嗣，正在九房』，即九室也。蓋其時已有據《乾鑿度·河圖八文》一章，而直指九宮為《河圖》者。」（臺北：漢京文化圖書公司出版，《續皇清經解》冊一，頁一四〇）又謂：「九宮非《河圖》也，自《乾鑿度》有『《河圖》八文』之語，劉瑜有『《河圖》、九房』之稱，而世遂以九宮為《河圖》矣。」（仝上書，頁一四三）

㊾冷德熙《超越神話·河洛之學源流略記》云：「《莊子》有『九洛』之說，而漢劉瑜又有『《河圖》九房』的說辭。這裡說的是明堂圖由宇宙觀意義衍生出來的政治意義及其與《河圖》、《雒書》所可能發生的聯繫。」（頁二八八。北京：東方出版社，一九九六年）

《河圖揆命篇》a六九五：倉羲農黃，三陽翊，天德聖明。 《河圖揆命篇》a六九六：孔子年七十，知圖書，作《春秋》。

按：安居本《河圖揆命篇》僅收佚文兩條。然而覆查其所出之《文選・王命論》李善注（卷五二，頁二）、〈命運論〉注（卷五三，頁七）、《路史・發揮一》羅泌引文（第一卷，頁一一），三次引用a六九五讖文，皆作「《春秋河圖揆命篇》」，以「經讖」引《河》、《雒》之體例，此處當屬《春秋緯》而非《河圖》；再則《公羊傳・哀十四年》徐彥疏引a六九六條，只作「《揆命篇》」（卷二八，頁一二）。可見安居本僅收兩條佚文之《河圖揆命篇》，原本並非《河圖》佚文也。

(三)誤收《洛圖三光占》

《洛圖三光占》a一七五 火入北極，天子憂， 若犯之，天子死後，宮亂， 不出三年。	《雄圖三光占》曰：「 火入北極，天子憂， 若犯抵之，天子死，後宮亂， 不出三年。」㊿	《孝經雌雄圖》a六九九 火入北極，天子憂。 若犯之，天子死，後宮亂， 不出三年。

㊿〔唐〕釋悉達：《開元占經》卷三六，〈熒惑占七〉頁一七。

(四)誤收《洛圖三光占》

《洛圖三光占》a一七六 熒惑入北斗魁中， 而守之十日，天下大亂， 易其王，天子死，五都亡， 期二年，遠三年。	《雄圖三光占》曰：「 熒惑入北斗魁中， 而守之十日，天下大亂， 易其王，天子死，五都亡， 期二年，遠三年。」[51]	《孝經雌雄圖》a六九八 熒惑入北斗魁中， 而守之十日，天下大亂， 易其王，天子死，五都亡， 期二年，遠三年。

按：安居本《洛書》部分，收《洛圖三光占》佚文兩條，同時又將其文置入《孝經雌雄圖》中。考此兩條佚文，皆出自《開元占經》，原題篇名皆作「《雄圖三光占》」，並無「《洛書》」之名，而安居本原注云：出自《占經》，「或作《洛書三光占》」。未見實據也。而諸輯本《孝經緯》中，多收有《孝經雌雄圖》佚文，安居本更多達五十六條。考安居香山於《雒書》輯本所撰〈解說〉中，已作推論，云：「也許這是由於『雄』或『雌』被誤寫為『雒』，和其它篇名一起使用時變成『洛』，上面又缺少了『孝經』的緣故。」[52]以此可知，安居本獨具之《洛圖三光占》兩條，實應刪除。

[51] 〔唐〕釋悉達：《開元占經》卷三六，〈熒惑占七〉頁一五。

[52] 安居香山：《緯書集成・解說》（河北人民出版社刊本）頁六八。

(五)誤收《雒書錄運法》

《洛書錄運法》a一四五：孔子曰：「逢氏抱小女末喜觀帝，帝甲悅之，以為太子履癸妃。」
《洛書錄運法》a一四六：黃帝坐玄扈閣上，與大司馬容光，左右輔將周昌二十二人，臨觀鳳圖。
《洛書錄運法》a一四七：舜以太尉受號，為天子，五年二月東巡狩，至於中州，與三公、諸侯臨觀。
黃龍五采負圖出，置舜前。
《洛書錄運法》a一四八：有人卯金，握天鏡。

按：安居本據《古微書・洛書錄運法》[53]，收錄四條佚文，其中三條之原始出處，皆作「《河圖錄運法》」。a一四六證以《路史・後紀・黃帝》「周昌輔之」句，羅苹注曰：「《黃籙》云：『黃帝坐玄扈間上，與大司馬容光，左右輔將周昌二十二人，臨觀鳳圖。』此本出《河圖錄運法》。《春秋合誠圖》云『百二十二人』也。」（第五卷，頁四）可知南宋時尚未置之於《雒書》中。a一四七出自《北堂書鈔・設官部二・三公》（卷五〇，頁一），作《河圖祿運法》；a一四八出自《文選・廣絕交論》李善注（卷五五，頁三），作《春秋孔錄法》；皆無《雒書》之篇名。再考黃奭本並無《雒書錄運法》，而有《河圖祿運法》佚文二十三條，此四條皆在其中。若「妹嬉」一條，雖見《太平御覽》卷一

[53] 《緯書集成》（上海古籍出版社刊本）頁六九一。

三五，篇名曰《雒書》無誤，惟僅存孤例，殊不合理，疑為類書謄鈔時誤題篇名而致者。

㈥誤收《易斗中》

《洛書》 a二八六

北斗魁，第一曰天樞，第二璇星，第三璣星，第四權星，第五玉衡，第六開陽，第七搖光，第一至第四為魁，第五至第七為杓，合為斗，含陰布陽，故稱北斗。開陽重寶，故置輔翼。《易斗中》曰：「北斗第一曰破軍，第二曰武曲，第三曰廉貞，第四曰文曲，第五曰祿存，第六曰巨門，第七曰貪狼。」

按：安居本此條佚文，出自《開元占經·石氏中官·北斗星占》中，前段與《春秋緯》相同，已見上文第三十六組所述；惟後段之《易斗中》，應屬別引之內文，視之為讖緯佚文者，僅此一見。惟覈以蕭吉《五行大義》，則此條《易斗中》實屬誤收者，《大義·第十六論七政》中，引《合誠圖》說北斗七星星名之後，續引《黃帝斗圖》云：「一名貪狼，子生人所屬；二名巨門，丑亥生人所屬……。」[54]所言與《易斗中》相同而加詳。是則安居本《易斗中》一條，應予刪除。

[54] 〔隋〕蕭吉：《五行大義》卷四，頁一五。

以上誤收《河》、《雒》佚文十條，皆使研究之際，產生疑惑。其影響有三：一則使緯書中《河》、《雒》篇目憑空增多《雒書三光占》與《河圖揆命篇》；二則「九房授嗣」之說，致使朝臣之奏疏行文，淆亂今文經義為主之「經讖」，更造成《河圖》得以附會至明堂形制、宋代《易圖》，因而產生聯結；三則引《易斗中》文句及「孔子作《春秋》」之語，使《河》、《雒》與「經讖」之成書先後，憑添疑竇。

六、結論

桓譚言「讖出《河》、《雒》」時，光武圖讖八十一卷尚未編定，當時亦未有《河》、《雒》篇名，是以其意當泛指王莽時方士流俗所造生之讖文，多託名《河》、《雒》以重其身價。而王充以「亡秦者胡」為《河圖》文句，又見於黃奭輯本《易通卦驗》第二六條所引《雒書摘亡辟》中，可知光武編定圖讖，將此句迻入「經讖」之中；王充又謂：怪奇讖言，「皆效《圖》、《書》」。則所指當謂光武八十一卷圖讖中，神怪讖記，乃效《河圖》而來。《文心》指稱「義非配經」之《圖錄》，本即自列於光武圖讖之外。而《隋志》以降，乃多據此類述語，論斷光武圖讖之內容，實為斷章取義，不足效也。

至若八十一卷中《河》、《雒》之內容，則包括帝王感生、三皇傳說、帝王受命、帝王異貌、天文曆法、地理知識、日常占驗、星象占驗、陰陽五行、道家觀念、方術、祥瑞、兵戰等。亦多見於「經讖」之中。

《河》、《雒》佚文中，解經義之部分，已見於《白虎通》所論；經書傳注所云，亦有與《河》、《雒》相類者，如《春秋》文公十二年「秦人戰于河曲」，《公羊傳》云：「河千里而一曲。」《河圖絳象》第二三二條則謂：「河水九曲，長九千里，入于渤海。」《春秋繁露·同類相動》云：「周之將興，有大赤烏銜穀之種，而集王屋之上。」《雒書靈準聽》第一一七條則謂：「有火自天，止於王屋，流為赤烏。烏銜穀焉。穀者，紀后稷之德；火者，燔魚以告天，天火流下，應以吉也。」所解經義更詳於《繁露》。其餘類似《繁露》、京房《易傳》藉陰陽災異以說經義者，亦往往有之。以《河》、《雒》圖讖編定於「經讖」之前，可知此類《河》、《雒》解經之例，亦屬其原有之文句，並非強為配經而撰作。此皆可證《河》、《雒》與經讖之關係，於光武編定圖讖時，並未作嚴格之區分。

又，《河》、《雒》多言星象占驗，如「以五色占」、「各以所犯占之」、「占為大凶」、「占者審之」、「用以占方，無有不驗」，不勝枚舉；而第五七組《河圖》經補闕後，增「星占曰」一條；可見《河》、《雒》亦頗取漢代傳世之「星占」類書而成也。惟所見星占佚文之條數，尚不及《春秋緯》各篇所述者多，至若其餘「經讖」亦輒言星象占驗；惟此類乃東漢「圖讖」之本色也，並非光武「經讖」源自《河》、《雒》，遂襲取《河》、《雒》占驗，而淆亂「經讖」解經之原意也。

至於《河》、《雒》與經讖之文句相同處，經由上文分組比對後，可知五十八組雷同之例，《春秋緯》、《尚書緯》條數與篇目皆最多，其餘六「經讖」亦無所遺漏。試製一表以示其詳：

《河圖》	1,3,4,5,6,9,11,13,31,37,38,44,45,46,53,54,55,56,57,58.
《河圖握矩記》	1,4,5,9,10,19,45,46.
《河圖稽命徵》	1,2,3,4,5,6,7,8,9,10,37.
《河圖著命》	5,7,8,9,10.
《河圖始開圖》	16,35.
《河圖祿運法》	17,18,30,32,46,50,51.
《河圖聖洽符》	43.
《河圖考靈曜》	27.
《河圖天靈》	27.
《河圖玉板》	44.
《河圖帝覽嬉》	33,39,41.
《龍魚河圖》	33,37,49.
《河圖括地象》	32.
《雒書》	23,28,36,42,43,47.
《雒書靈準聽》	12,13,14,20,21,22,23,24,25,26,29.
《春秋緯》	17,47,49,55,56.
《春秋元命苞》	2,4,5,6,9,10,18,22,26.
《春秋命歷序》	11,12,13,14,15,47,48.
《春秋內事》	16.
《春秋考異郵》	34,38.
《春秋感精符》	37,43.
《春秋運斗樞》	14,18,36,46,51,54.
《春秋文曜鉤》	41,52,53,57.
《春秋保乾圖》	14.
《春秋合誠符》	18,20,21,22,36,55,56.
《春秋演孔圖》	19,30.
《春秋孔錄法》	30.
《春秋璇璣樞》	26.
《詩含神霧》	1,3,5,6,7,9,10,32,44,53.
《易稽覽圖》	33.
《易乾鑿度》	58.

《雒書摘亡辟》	14,15,52.
《雒書甄曜度》	34,40,48,58.
《尚書帝命驗》	8,22,23,26,28,29.
《尚書璇璣鈐》	13,24,26,48.
《尚書考靈曜》	27,28,31,31,34,35.
《尚書中候》	6,9.
《尚書中候立象》	7,23.
《尚書中候運衡》	50.
《尚書中候雒予命》	24.
《尚書中候合符后》	25,26.
《尚書中候握河紀》	35.
《禮緯》	10,39.
《樂協圖徵》	40.
《孝經鉤命訣》	1,3,8,22.
《孝經援神契》	7,21,51.
《孝經左契》	45.
《孝經內記圖》	42.
《論語摘輔象》	22.
《論語比考讖》	50.

由【附表】可知，凡引《河》、《雒》篇目十五，近乎二者篇數三十二之半，而其餘八緯、三十三篇，以及前述「經讖稱引《河》、《雒》篇名」而不見於上列表中，如《易是類謀》引《雒書靈準聽》、《易通卦驗》引《雒書摘亡辟》、《易辨終備》引《河圖皇參持》、《尚書運期授》引《河圖》，則又有《易》、《書》緯四篇與《河》、《雒》文句相同，共計五十二篇，已逾今存緯書篇目之泰半。此乃限於字句相同者而言，其餘字句雖異而意旨實同之佚文，仍不在少數。

若以條數而言：黃奭本《河》、《雒》佚文共存一〇四九條，去其雷同複見者，再將雒分數條實屬一條者（如六七組《雒書》四條實為一條），亦各作組合，則可得約七百組。此七百餘組除上引與其餘「經讖」文句相同之外，其泛論星象占驗、陰陽概念，而與「經讖」文意相類者，又約得二百餘數，尚未論列。

《河》、《雒》與「經讖」之具體關係，經分組論列後，可得下述四項：

㈠可相互補闕：多數佚文皆可藉由與其它佚文之比對，而得補足所缺字句，尚有可作大段文句補闕者。如本文僅存數句，經比對後，可藉由經讖知其詳文，得以補足文句，更有利了解篇義。

1.《河》、《雒》補足「經讖」：如第五五組「五星占驗」中，《河圖》可補《春秋緯》之闕；第五八組「星宿分野」中，《河圖》、《雒書》皆可補《易緯》之闕。

2.「經讖」補足《河》、《雒》：四八組「神農事蹟」中，《尚書緯》可補《雒書》之闕；五〇組「五老告語」中，《論語緯》可補《河圖》之闕。

㈡校字以利解讀：佚文多有因謄鈔訛誤，以致解讀、論斷之際，憑生郢書燕說之弊。藉由比對，許多疑惑或可迎刃而解。

1.《河》、《雒》校正經讖：第二三組《尚書緯》「禹身長九尺，有只虎鼻」，《春秋緯》言「禹九尺有咫，虎鼻」，得《雒書》校正，當作「禹身長九尺有六，虎鼻」；第二組《春秋緯》「感之於常羊」，得《河圖》校正，當作「感女登於常陽山」，知為山名也。

2.經讖校正《河》、《雒》：一二組《雒書》「才為九州」，得《春秋緯》校正，當作「財度為九州」；三五組《河圖》「元厤名……日月俱起」，得《尚書緯》校正，當作「元厤紀名……日月五星俱起」，始合曆法紀元之意。

㈢《河》、《雒》佚文言及「河圖、雒書」之形制，與「經讖」所言並無差異。可知光武編撰圖讖之初，已有方士泛述「圖書」形制，而為編選之資。是則緯書之《河》、《雒》只為八十一卷官定圖讖之書，原本即與傳說中之《河》、《雒》內容不同。

㈣輯本誤收佚文，以致誤斷之例：如安居本因未詳覈佚文出處，以致憑添《河》、《雒》篇目；其餘解讀之際，亦偶有難於確認今古文經義之歸屬者。

綜理上文所述，古《河》、《雒》與緯書中《河》、《雒》與經讖三者之關係，可藉由下表，略示如後：

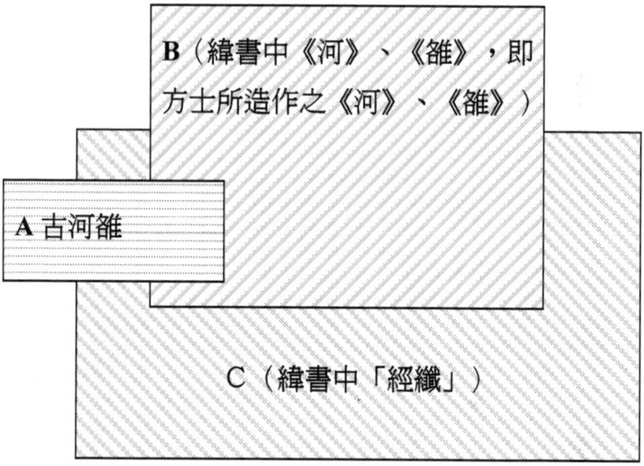

A（一線部分）為王莽以前相傳之《河》、《雒》概念，偶或言及圖、書內文與形制，如《墨子》、《呂氏春秋》所言。

B（╱線部分）為西漢哀、平之際以迄光武即位，方士與好事者據古代《河》、《雒》概念，附會星象占驗、神話傳說、儒經傳注等，所造生之圖讖文字。光武時，乃擇選可用者，編入官定圖讖八十一篇中。

C（╲部分）為緯書中其餘「經讖」，既取自方士造生之圖讖文，故成書較《河》、《雒》晚，容亦有重複雷同者。

三者之內容，有全部交集與二者交集，以及各自獨有者三類。此亦即「讖出《河》、《雒》」之表釋也。惟本論文所論述，著重於文句比對之表象，至若其思想內涵異同之探討，則俟諸異日矣。

肆、《白虎通》引讖說原舛論略

《白虎通》與東漢「圖讖」之解經關係，歷來有二種迥異之論斷。一者自思想層面與學術背景推論，謂二者之內容幾乎相同，如侯外廬以為此書「百分之九十的內容出於讖緯」❶、林麗雪則云：「《白虎通》受讖緯影響之深，幾乎全篇累牘均為讖緯之言。」❷若依陳立《白虎通疏證》引讖文次數約三四二次為據❸，其說頗似可信。另一種則依《白虎通》原文引「圖

---

❶ 侯外廬等：〈漢代白虎觀宗教會議與神學思想〉，《中國思想通史》（北京：北京人民出版社，一九五七），第二卷，頁二二九。

❷ 林麗雪：〈白虎通與讖緯〉，《孔孟月刊》，二二卷，三期（一九八三年十一月），頁二三。

❸ 本文論述所據，以清陳立《白虎通疏證》（北京：中華書局，一九九四年）為主。惟今存之最早刊本即元成宗大德五年（西元一三〇一）本（收入明程榮《漢魏叢書》中，吉林大學出版社影印明萬曆新安程氏刊本，一九九二年，十二月），與陳立《疏證本》頗有關鍵處之差異，是以下文論述之際，若有校覈增補，當一一注明。

又，陳立《疏證》引讖次數，約略為：《易緯》四十一次、《詩緯》十次、《尚書緯》十二次、《尚書中候》十九次、《禮緯》三十五次、《樂緯》二十一次、《春秋緯》一二九次、《孝經緯》六十六次、《論語緯》一次、《河圖》七次、《洛書》一次。合計引讖十一種、約三百四十二次，所考筆數容或不甚精密，亦不致

讖」篇名之量化統計論證，如唐兆君統計《白虎通》引「經」五〇四次、引「讖緯」三十次❹，「經、讖」之引用比例約一七：一，可見二者關係疏遠。

二種說辭之持論雖各有己見，卻皆失之浮泛，並未就《白虎通》與「圖讖」之實質關係，作全面、深入之比較與探析。此一問題，本人於民國八十五年撰寫博士論文〈漢代《尚書》讖緯學述〉時，已提出質疑。近年研究讖緯，於此一議題嘗作深入之探討，所擬「《白虎通》與東漢圖讖關係探論」之研究，並得國科會八十八年度計畫補助，遂有「引讖原舛」之作。惟以原舛例證，無慮百數十條，只能擇選部分作舉隅論略而已，難免有不周之處，尚祈識者教正。

本論文既論述《白虎通》與「圖讖」之關係，當先確定「圖讖」之內容及流衍，方不致誤斷二者之關係。而「圖讖」與「緯書」之實，歷代多有誤解，吾嘗專文深覈其實❺，於此亦

有太大出入。

惟陳立《疏證》引讖，不能等同於《白虎通》本文引讖。而《疏證》引讖緯外之其他典籍次數，亦逾三千一百次，是「引書」與「引讖」之比，約為九：一，足證侯氏說辭之非是。

❹ 唐兆君：〈白虎通禮制思想研究〉（輔大中研所碩士論文，民國八十三年六月），頁三二。

❺ 黃復山：〈「讖」、「緯」異名同實考辨〉嘗詳辨其事，收入《兩漢文學學術研討論文集》（臺北：華嚴出版社，民國八十四年）。其後又增修為〈漢代《尚書》讖緯學述〉（輔仁大學中文系博士論文，民國八十五年）之第一章〈漢代讖緯學流衍〉。

略作概述，以明其區別。光武帝於建武中元元年（西元五六）「宣布圖讖於天下」，內容包括《河圖》、《雒書》與《詩》、《書》、《禮》、《樂》、《易》、《春秋》、《論語》、《孝經》等八種「經讖」，凡八十一卷。自鄭玄起始，學者多稱此八十一卷為「讖緯」或「圖緯」；唐以後，緯書屢遭禁毀，漸次亡佚；迄至元陶宗儀《說郛》（成書於元末）、明孫瑴《古微書》（約萬曆末年），寖有裒輯子、史、類書等文獻存錄之圖讖佚文者，是為緯書輯佚之濫觴。清初殷元正纂《集緯》（康熙、雍正間）、《四庫全書》自《永樂大典》輯出《易緯》八篇（乾隆三十八年），其後更有專輯緯書者，如趙在翰《七緯》（有嘉慶九年阮元敘）、馬國翰《玉函山房佚書考》（初刊於道光二十六年）、黃奭《黃氏逸書考‧通緯》（初刊於道光間）、喬松年《緯攟》（初刊於光緒四年），以迄日人安居香山《重修緯書輯成》（西元一九七〇～一九八〇），凡九家，此即現今「讖緯」研究者所依據之「緯書輯本」。是以下文論述中，「圖讖、讖文」專指光武官定之「八十一卷圖讖」，而「輯本」則指稱《說郛》以降各種「緯書輯佚本」而言。

惟深究「八十一卷圖讖」與「輯本」之實質內容，二者略有差異。蓋「輯本」既為後世學者裒輯，其讖文之誤認、敚舛處，自屬難免，是以考正讖文出典，以正其本源，乃為不可或忽者。蓋若某條佚文實屬元、明以後「輯本」之誤認衍增，並非光武「八十一卷圖讖」原有，豈可據以論斷與《白虎通》之關係？是以「輯本」之誤衍，若有牽涉文獻判讀者，確然不可不作辨明也！

一、《白虎通》引「《傳》曰」、「《禮說》」並非襲取讖文

清楊應階謂：「漢初董、賈諸儒引緯書皆曰《傳》。」❻漢初並無緯緯書傳世，楊說非是，惟其「引緯書皆曰《傳》」一說，則影響後人之論斷。陳槃先生《古讖緯書錄解題‧易說》嘗論述《白虎通》引讖方式，謂：

考《白虎通》引圖讖亦或曰「說」，如卷七〈考黜篇〉引《禮說》，陳立《疏證》曰：「此《禮含文嘉》文也」；又〈聖人篇〉引《禮說》，《疏證》曰：「皆《禮含文嘉》文」。……然則其引讖緯而代之以某某《經》說者，簡略之辭，或其原書稱本自如此，與康成引書之因避嫌者，自有別也。❼

同書〈易傳〉又謂：

❻ 見於清趙在翰《七緯》（收入《緯書集成》〔上海古籍出版社，一九九四年〕），卷一六，頁四。

❼ 陳槃先生：《古讖緯研討及其書錄解題》（臺北：國立編譯館，一九九〇年出版），頁五四一。

> 《淮南子・人間篇》：「秦皇挾《錄圖》，見其《傳》曰：亡秦者胡也」；《史記・三代世表》褚先生引《詩緯》曰「《詩傳》」；《白虎通義・五經篇》引《尚書璇璣鈐》、〈五刑篇〉引《孝經鉤命決》，並謂之「《傳》」，是也。❽

以為《白虎通》引「《禮說》」、「《傳》曰」者，乃圖讖「原書稱本自如此」，更由此上溯《淮南》、《史記》所引之「《傳》曰」，皆即圖讖原本稱「《傳》」之實證。

然而詳覈史實，《淮南》成書（約西元前一四〇）、褚少孫補《史記》（約前三〇）皆在西漢，早於光武官定圖讖八十一卷之頒行（西元五六年）；是以二書所引「某說」者，當屬西漢經解通義。此類「某說」或得光武朝臣取擷入官定圖讖之中，是以與讖文相同或相類，並非《淮南》、褚少孫等已引用讖文。此外，又有西漢文獻所引之「《傳》曰、《禮說》」，雖未見錄於八十一卷圖讖中，卻被元、明、清學者誤認作讖緯佚文，而收入「緯書輯本」中，致使現今讖緯學者作為論證之引據，皆不可信從也。實則鄭玄箋注經義時，始以《禮說》、《孝經說》等詞，指稱讖緯篇目；是以後世誤認鄭玄之前文獻（如《白虎通》等）所言之「某說」為讖緯佚文，並收入緯書輯本者，並不可從。

詳考《白虎通》所引之「《傳》曰」凡三十條，其中十二條為《公羊傳》文句無誤、十

❽ 仝上書，頁五四八。

三條為西漢經解通義，皆與讖緯無關❾。尚餘五條「《傳》曰」，除〈嫁娶篇〉「陽倡陰和，男行女隨」與《易乾鑿度》相同外❿，僅有四條未得其出典，而文意與緯書輯本之讖文相類；又引「《禮說》」二條，亦與輯本讖文相近；此類引文，乃學者據以論斷《白虎通》取攝圖讖之例證。以下條列其文，一一論述其非實。

(一)《尚書》篇數

《白虎通・五經》謂：

《傳》曰：「三皇百世，計神玄書；五帝之世，受籙圖；史記從政錄帝魁已來，除禮

---

❾ (1)屬《公羊傳》文者一二條，如《傳》曰：「哀姜者何？莊公夫人也。」（《白虎通疏證》卷二頁七四）為《僖公二年傳》；《傳》曰：「外取邑不書，此何以書？久也。」（卷五頁二〇九）為《隱公六年傳》。

(2)屬西漢經義者一三條，如《傳》曰：「進賢達能，謂之卿大夫。」（卷一頁一七）為《尚書大傳》文；《傳》曰：「通古今，辯然否，謂之士。」（卷一頁一八）為《春秋繁露》文；《傳》曰：「五行並起，各以名別。」（卷四頁一九一）為《五行傳》文。

❿ 「陽倡陰和，男行女隨」與《易乾鑿度》「六十四卦，三百八十四爻戒，各有所繫焉。故陽唱而陰和，男行而女隨」（黃奭本卷二，頁三六），文句相同。然而覈以《鄭風・丰・序》云：「〈丰〉，刺亂也。昏姻之道缺，陽倡而陰不和，男行而女不隨。」（卷四之四，頁一）則此條「《傳》曰」云云，或屬西漢經說改易《詩序》者。

樂之書，三千二百四十篇也。」（卷九，頁四四九）

「《傳》曰」云云，陳立《疏證》謂：「《書璇璣鈐》文也。」更舉《文選注》與《書疏》所引《璇璣鈐》為證⓫。觀趙在翰《七緯》、黃奭《通緯》及安居香山《重修緯書集成》皆收此條「《傳》曰」為《璇璣鈐》佚文，則陳氏說的然無誤。然而詳考其實，《文選注》引《璇璣鈐》只兩句、《書疏》只作《尚書緯》，文句亦有差異。陳立《疏證》乃循緯書輯本而誤者。以下先論述《書疏》引文。

孔穎達《尚書序・正義》謂：

> 鄭作《書論》依《尚書緯》云：「孔子求書，得黃帝玄孫帝魁之書，迄於秦穆公，凡三千二百四十篇，斷遠取近，定可以為世法者百二十篇，以百二篇為《尚書》，十八篇為《中候》。」以為去三千一百二十篇，以上取黃帝玄孫，以為不可依用。（《尚書正義》卷一，頁一九）⓬

⓫ 〔清〕陳立：《白虎通疏證》卷九，〈五經〉頁四五〇。

⓬ 本文所採《尚書正義》為臺北藝文印書館，一九八〇年出版。〔宋〕王應麟：《玉海》（文淵閣《四庫全書》本，臺北：臺灣商務印書館，民國七十五年），卷三七，〈藝文・書〉頁一一，引《書正義》同。《書經彙纂》林之奇引《書緯》云云，亦同。

《尚書緯》「孔子……玄孫」，與《白虎通》「三皇……政錄」顯然不同；二文相同處僅有「帝魁、之書、三千二百四十篇」三處而已。覈以司馬貞《史記・伯夷列傳・索隱》：

又《書緯》稱：「孔子求得黃帝玄孫帝魁之書，迄秦穆公，凡三千三百三十篇，乃刪以一百篇為《尚書》，十八篇為《中候》。」今百篇之內見亡四十二篇，是《詩》、《書》又有缺亡者也。（卷六一，頁二一二一）⓭

孔氏、司馬貞所引兩條《尚書緯》，文意相類，可信唐人所見大致如此，而皆與「《傳》曰」不同。然而「《傳》曰」何以又被輯本收入《璇璣鈐》？應與李善《文選注》有關。《文選・漢高祖功臣頌注》：

《尚書璇璣鈐》：「孔子曰：『五帝出，受錄圖。』」（卷四七，頁九）⓮

《文選注》引《尚書璇璣鈐》兩句，見於「《傳》曰」中，僅有「出」與「之世」字異。然

⓭ 本文所用《史記》版本，為北京：中華書局，一九六二年校點本。

⓮ （唐）李善：《文選・齊故安陸昭王碑注》（臺北：藝文印書館，一九七四年，卷五九，頁一四）引《尚書璇璣鈐》：「孔子曰：『五帝出，受圖籙。』」與〈功臣頌〉同，惟「錄圖」改作「圖籙」。

而趙在翰《七緯》乃循之而取「三皇百世……受籙圖」四句列入《琁機鈐》中，並自注出處云：「《白虎通・五經》，據《選注》入此。」⑮其後黃奭《通緯》、安居《重修緯書集成》皆循之如此，顯然以主觀輯文，非別有所據也。而其致誤學者，則不可不辨也。

今取《白虎通》、《七緯》、《文選注》等所引文，列表比覈，可知其詳：

《白虎通・五經》	(1)《文選注》引《璇璣鈐》 (2)《書正義》引《尚書緯》	趙在翰《七緯・尚書琁機鈐》第三、四條
《傳》曰： 「三皇百世，計世玄書； 五帝之世，受錄圖； 史記從政錄 帝魁已來， 除禮樂之書， 三千二百四十篇也。」	(1)孔子曰： 「五帝出，受錄圖。」 (2)「孔子求書， 得黃帝玄孫帝魁之書， 迄於秦穆公， 凡三千二百四十篇， 斷遠取近， 定可以為世法者百二十篇， 以百二篇為《尚書》， 十八篇為《中候》。」	（第四條：） 「三皇百世，計神元書， 五帝之世，受籙圖。」 （第三條：）「孔子求書， 得黃帝元孫帝魁之書， 迄於秦穆公， 凡三千二百四十篇， 斷遠取近， 定可以為世法者百二十篇， 以百二篇為《尚書》， 十八篇為《中候》。」

⑮〔清〕趙在翰：《七緯》卷九，〈尚書琁機鈐〉頁一。

「《傳》曰」與唐代所引讖文相較：「三皇……玄書」不見《璇璣鈐》引錄，「史記從政錄」、「除禮樂之書」亦不見《尚書緯》引錄；而《尚書緯》之「孔子求書」、「黃帝玄孫」、「迄於秦穆公」、「斷遠取近……為《中候》」皆與「《傳》曰」不同。清人趙在翰之《七緯》所輯兩條，雖與「《傳》曰」相類，而第四條臆增兩句，並不可信；第四條則為《尚書緯》，與「《傳》曰」頗有差異。文獻如此，當可明證《白虎通》引文乃西漢通說，並非取自讖緯也。

「錄圖」常見讖文中，如《河圖挺佐輔》：「《錄圖》曰：『潬潬嗚嗚，棼棼雉雉，萬物盡化。』」又云：「兩龍挺白圖……五色畢具，天老以授黃帝，帝舒視之，名曰《錄圖》。」《洛書靈準聽》曰：「氣五、機七、八合、提九，爻結，八九七十二，錄圖起。」《易是類謀》：「錄圖世讖，易嘗曷喪。」《易乾鑿度》：「丘按錄讖，論定國符。」《春秋演孔圖》云：「天子常置圖籙坐旁以自立。」《春秋考異郵》云：「稽之籙圖，參於泰古。」可知其為帝王之徵兆，亦或作為書名也。

至若孔子求「史記」一事，讖文多言及，如《春秋緯》云：「丘覽史記，援引古圖，天變，為漢帝制法，陳敘圖錄。」再如《春秋說題辭》、《攷異郵》、《感精符》皆云：「昔孔子受端門之命，刺春秋之義，使子夏等十四人求周史記，得百二十國寶書，九月經立。」可見緯書盛言孔子自「史記」中擷取六經材料。惟此一「史記」乃泛稱周代列國國史，並非司馬遷所撰《史記》。

以此而言，《白虎通》此處之「《傳》曰」與《尚書緯》皆擷取西漢經說而來，二者文句頗見差異，絕非相互襲取可知也。

㈡三皇無文

《白虎通・五刑》云：

> 《傳》曰：「三皇無文，五帝畫象，三王明刑，應世以五。」五刑者，五常之鞭策也。（卷九，頁四三八）

陳立《疏證》曰：「《周禮・保氏疏》引《鉤命決》之文也。」⑯明謂此《傳》取自《孝經鉤命決》。然而覆查〈保氏〉「六藝、六儀」之賈公彥《疏》，作：「案《孝經援神契》『三皇無文』，則五帝已下，始有文字。」⑰讖文僅引首句，篇名亦不相同。孔穎達《尚書序・正義》云：「《尚書緯》及《孝經讖》皆云『三皇無文字』。」⑱所引讖文雖僅一句，惟亦可知《傳》曰之首句，確與讖文相同。

---

⑯ 〔清〕陳立：《白虎通疏證》卷九，〈五刑〉頁四三八。

⑰ 〔唐〕賈公彥：《周禮注疏》（臺北：藝文印書館，一九八〇年）卷一四，〈保氏〉頁八。

⑱ 〔唐〕孔穎達：《尚書正義》卷一，〈尚書序〉頁二。〔宋〕羅泌：《路史》（臺北：臺灣中華書局，民國五十九年），〈餘論二・書契〉，頁二，引孔《疏》此文，文句相同。

再考賈公彥《周禮・秋官・司圜疏》：「案《孝經緯》云：『三皇無文，五帝畫象，三王肉刑。』畫象者，上罪墨象、赭衣雜屨；中罪赭衣雜屨；下罪雜屨而已。」⑲所引《孝經緯》頗與「《傳》曰」相類，卻有三句、四句之異。以斟勘學言，《白虎通・五刑》「《傳》曰」末句之「應世以五」為讖文所無，必非引錄三句讖文而自行衍增一句者；其繫以「《傳》」名，當屬摘取西漢傳記通說而來。其文所以與讖文相近，應為光武朝臣編纂圖讖時，適巧取其文句入《孝經緯》也。

又，《周禮・外史氏》「掌三皇五帝之書」，賈《疏》亦引《孝經緯》三句⑳，與《司圜疏》相同。然而明孫轂《古微書》乃取《司圜疏》三句者入《孝經鉤命決》中，並以「畫象者……而已」為注文。㉑其篇名之認定，實屬主斷無據。

清嘉慶年間趙在翰纂輯《七緯》，收錄「三皇無文……應世以五」四句為《孝經援神契》佚文，並注明典出「《白虎通・五刑》」，從《保氏疏》入此卷」。㉒惟由前述已知：《保氏疏》引《孝經援神契》「三皇無文」一句、《司圜疏》引《孝經緯》「三皇無文，五帝畫象，三

---

⑲〔唐〕賈公彥：《周禮正義》卷二六，〈外史氏〉頁二六。又，仝書卷三六，〈司圜〉頁一一。

⑳仝前引書，卷一四，〈保氏〉頁八。

㉑〔明〕孫轂：《古微書・孝經鉤命訣》，《緯書集成》（上海古籍出版社，一九九四年），頁三四○。

㉒〔清〕趙在翰：《七緯》卷三六，《孝經援神契》頁一七。收入《緯書集成》中（上海古籍出版社，一九九四年）。《七緯》書前有阮元嘉慶九年（西元一八○四）〈敘〉，可知成書在其前。

王肉刑」三句，與「《傳》曰」四句略有差異，趙書收錄四句者作《孝經援神契》，並不符實。至若《古微書》將此條輯入《鉤命決》中，更屬牽合，不可信從。其後黃奭《通緯・孝經援神契》、喬松年《緯攟・孝經鉤命訣》皆輯錄此條，而出典皆與《七緯》同，顯然屬主觀臆測之結果也。

言及「三皇無文」之讖文，除上引之四言三句外，又有七言四句之相類讖文，見何休《公羊傳解詁・襄公二十九年》：「孔子曰：『三皇設言民不違，五帝畫象世順機，三王肉刑揆漸加，應世頡巧姦偽多。』」徐彥《疏》謂：「『孔子曰』者，「《孝經說》文」也。㉓孫瑴《古微書》乃將此條《孝經說》錄入《孝經鉤命決》中，實無所據。以下據文獻，列述各條出典：

《尚書序正義》《周禮保氏疏》	《尚書緯》、《孝經援神契》 三皇無文字。
《七緯》（典出賈疏、《白虎通》）	《援神契》 三皇無文，五帝畫象，三王明刑，應世以五。
《古微書》（典出賈《疏》）	《鉤命決》 三皇無文，五帝畫象，三王肉刑。
《古微書》（典出徐彥《公羊傳疏》）	《鉤命決》 孔子曰： 「三皇設言民不違，五帝畫象世順機，三王肉刑揆漸加，應世黠巧姦偽多。」
徐彥《公羊傳疏》（襄公二十九年）	《孝經說》 孔子曰： 「三皇設言民不違，五帝畫象世順機，三王肉刑揆漸加，應世頡巧奸偽多。」

㉓〔唐〕徐彥：《公羊傳注疏》（臺北：藝文印書館，一九八〇年）卷二一，〈襄公二九年〉頁八～九。

由表可知：《書序正義》、《周禮‧保氏》賈《疏》只引讖文一句，惟覈以賈疏〈司圜〉、〈外史氏〉所引《孝經緯》三句，可知篇名作《援神契》無疑，而《古微書》乃列入《鉤命決》中。至若《白虎通‧五刑》所引「《傳》曰」四句，《七緯》視作《援神契》；何休《公羊傳解詁》之「孔子曰」，徐彥《疏》稱之「《孝經說》」，《古微書》則取入《鉤命決》中；皆屬臆斷無憑據也。

「三皇無文」一說，西漢已見盛傳。《漢書》載：新莽地皇四年（西元二三），青、徐二州起義，眾數十萬人，訖無文號旌旗表識，咸怪異之。好事者竊言：「此豈如古三皇無文書、號謚邪？」[24]以亂賊無文號、旌旗之事說「三皇無文書」之意，與讖文指稱刑法並不相同。由此可知解說刑法之經義，在西漢已或與俗諺融合為通俗觀念矣。是以《白虎通》此句必非襲取東漢讖文也。

㈢帝王之師

《白虎通‧辟雍》云：

> 《論語讖》曰：「五帝立師，三王制之。」《傳》曰：「黃帝師力牧，帝顓頊師綠圖，

---

[24] 〔漢〕班固：《漢書》（北京：中華書局，一九六二年），卷九九下，〈王莽傳下〉頁四一七九。

帝嚳師赤松子，帝堯師務成子，帝舜師尹壽，禹師國先生，湯師伊尹，文王師呂望，武王師尚父，周公師虢叔，孔子師老聃。」天子之大子，諸侯之世子，皆就師於外者，尊師重先王之道也。㉕

孫穀《古微書》錄「五帝立師……師老聃」（缺「傳曰」二字）為《論語比考讖》佚文，僅易「錄圖」作「籙圖」，而篇名來由並無說明。其後馬國翰《玉函山房輯佚書》、黃奭《逸書考・通緯》、安居香山《重修緯書集成》皆循而收入《比考讖》中。

詳考西漢文獻，此類「帝王之師」說辭，數見於《呂覽》、《韓詩外傳》、《新序》等子書、傳注中。《呂氏春秋・孟夏紀・尊師》載及十六聖賢親師之道，云：

神農師悉諸，黃帝師大撓，帝顓頊師伯夷父，帝嚳師伯招，帝堯師子州支父，帝舜師許由，禹師大成贄，湯師小臣，文王、武王師呂望、周公旦，齊桓公師管夷吾，晉文公師咎犯、隨會，秦穆公師百里奚、公孫枝，楚莊王師孫叔敖、沈尹巫，吳王闔閭師

㉕《白虎通》（〔明〕程榮《漢魏叢書》本）卷上，頁一六三；〔清〕王謨《增訂漢魏叢書》本（臺灣：大化書局影印清乾隆五六年金谿刻本）卷二，頁二三。按：清陳立《疏證》本（卷六，頁二五五）缺「《傳》曰黃帝師力牧」七字，判讀乃易生誤。

伍子胥、文之儀，越王句踐師范蠡、大夫種。此十聖人、六賢者，未有不尊師者也。（卷四，頁二〇四）㉖

劉向《新序・雜事第五》第二條引「呂子曰」，「此十聖人……師者也」作「此皆聖王之所同也」，其餘文句相同。

又《韓詩外傳》亦言及「帝王師」，與《呂覽》相似：

哀公曰：「然則五帝有師乎？」子夏曰：「臣聞黃帝學乎大墳，顓頊學乎祿圖，帝嚳學乎赤松子，堯學乎務成子附，舜學乎尹壽，禹學乎西王國，湯學乎貸乎相，文王學乎錫疇子斯，武王學乎太公，周公學乎虢叔，仲尼學乎老聃。此十一聖人，未遭此師，則功業不能著乎天下，名號不能傳乎後世者也。」（卷五，頁四九九）

劉向《新序・雜事第五》第一條引文，與此相同。其中「務成子跗、西王國」，已見於《荀子・大略》：「舜學於務成昭，禹學於西王國。」可證此二人為帝王師，已是先秦通識矣。將上述引文分類，則《荀子》、《韓詩外傳》、《新序》第一條為一組，《呂覽》、《新

㉖ 本文所用版本為：陳奇猷《呂氏春秋校釋》，上海學林出版社，一九八四年出版。

序》第二條為一組，《白虎通》、《古微書》為第三組，將三組文句製為一表如下：

《呂氏春秋・尊師》	《韓詩外傳・卷五》	《白虎通・辟雍》
1. 神農師悉諸， 2. 黃帝師大撓， 3. 帝顓頊師伯夷父， 4. 帝嚳師伯招， 5. 帝堯師子州支父， 6. 帝舜師許由， 7. 禹師大成贄， 8. 湯師小臣， 9. 文王、武王師 10. 呂望、周公旦， 13. 齊桓公師管夷吾。	哀公曰：「然則五帝有師乎？」 子夏曰：「 2. 臣聞黃帝學乎大墳， 3. 顓頊學乎祿圖， 4. 帝嚳學乎赤松子， 5. 堯學乎務成子附， 6. 舜學乎尹壽， 7. 禹學乎西王國， 8. 湯學乎貸乎相， 9. 文王學乎錫疇子斯， 10. 武王學乎太公， 11. 周公學乎虢叔， 12. 仲尼學乎老聃。」	《傳》曰：「 3. 帝顓頊師綠圖， 4. 帝嚳師赤松子， 5. 帝堯師務成子， 6. 帝舜師尹壽， 7. 禹師國先生， 8. 湯師伊尹， 9. 文王師呂望， 10. 武王師尚父， 11. 周公師虢叔， 12. 孔子師老聃。」

可知《白虎通》所引「《傳》曰」之十人師，與《韓詩外傳》「子夏曰」內容相似，除缺「黃帝師」（《漢魏叢書》本有錄）外，僅只「力牧、伊尹、呂望」三人與《外傳》不同，而「綠

圖、務成子、國先生、尚父」四人稱號略異，當引自西漢成說，而先秦《荀子》已言其義矣。東漢以降之子、史、類書等文獻中，並未引述此條作為讖文，而忽然見於《古微書》中，其為誤收無疑。

嘉慶間喬松年謂：「此文見《白虎通》引『《傳》曰』，未指為緯，因上文『五帝立師，三王制之』一條是《比考》，孫氏誤認為連文，遂并此文列作《比考》，誤矣。」㉗道光中錢熙祚亦校曰：「《白虎通·辟雍篇》引《傳》，疑非《論語讖》文。」㉘由此可知，清人已覺察其偽，而緯書輯本沿襲其誤，視作讖文，以致後人考校《白虎通》與讖緯關係時，產生誤判，是以不可不作駁正也。

㈣聖人異表

《白虎通·聖人》曰：

聖人皆有異表。《傳》曰：「伏羲日祿衡連珠，大目、山准、龍狀，作《易》八卦以應樞。黃帝龍顏，得天匡陽，上法中宿，取象文昌。顓頊戴干，是謂清明，發節移度，

㉗ 〔清〕喬松年：《緯攟》卷一三，頁一二。

㉘ 《守山閣叢書》所收之《古微書》（臺北：藝文印書館《叢書集成》），附有道光間錢熙祚（字錫之）校語。此條錢注，見卷二五，〈論語比考讖〉頁二一六「黃帝師」句下之雙行校語。

蓋象招搖。帝嚳駢齒，上法月參，康度成紀，取理陰陽。堯眉八彩，是謂通明，歷象日月，璇璣玉衡。舜重瞳子，是謂滋涼，上應攝提，以應三光。」《禮說》曰：「禹耳三漏，是謂大通，興利除害，決河疏江。皐陶馬喙，是謂至誠，決獄明白，察于人情。湯臂三肘，是謂柳翼，攘去不義，萬民咸息。文王四乳，是謂至仁，天下所歸，百姓所親。武王望羊，是謂攝揚，盱目陳兵，天下富昌。周公背僂，是謂強俊，成就周道，輔于幼主。孔子反宇，是謂尼甫，德澤所興，藏元通流。」聖人所以能獨見前覩，與神通精者，蓋皆天所生也。（卷七，頁三三七～三四一）

所引《傳》曰、《禮說》，述及伏羲、五帝、三王、周公、孔子等十三位帝君、聖人之異貌、功業。其文散見於黃奭本《春秋演孔圖》（一三條）、《春秋元命苞》（一〇條），今依《白虎通》引文次第，列述如下：（⑴至⒀為編次，其下數字為筆者代黃奭輯佚本所作之佚文編號）

《春秋演孔圖》：

⑴八八：伏犧大目，是謂舒光，作象八卦，以應天樞。

⑵八九：黃帝龍顏，得天匡陽，上法中宿，取象文昌。

⑶二四：顓頊戴干，是謂崇仁。

帝佶戴干，是謂清明，發節移度，蓋象招搖。

⑷九〇：帝嚳駢齒，上法月參，康度成紀，取理陰陽。

(5)二五：堯眉八彩，是謂通明，歷象日月，璇璣玉衡。
(6)二六：舜目重童，是謂無景，上應攝提，以象三光。
(7)二七：禹耳三漏，是謂大通，興利除害，決河疏江。
(8)九一：皐陶鳥喙，是謂至誠，決訟明白，察於人情。
(9)二八：湯臂三肘，是謂柳翼，攘去不義，萬民蕃息。
(10)九三：文王四乳，是謂至仁，天下所歸，百姓所親。
(11)九四：武王望羊，是謂攝揚，盱目陳兵，天下富昌。
(12)九五：周公僂背，是謂強俊，成就周道，輔於幼主。
(13)九六：孔子反宇，是謂尼父，立德澤世，開萬世路。

《春秋元命苞》：

(2)一九三：黃帝龍顏，得天庭陽，上法中宿，取象文昌。戴天履陰，乘數制剛。
(3)一九四：顓頊駢幹，上法月參，集威成紀，以理陰陽。
(3)一九五：顓頊戴干，是謂崇仁。
(4)一九六：帝嚳戴干，是謂通明，發節移度，蓋象招搖。
(5)一九七：堯眉八采，是謂通明，厤象日月，璿機玉衡。
(6)一九八：舜重瞳子，是謂滋涼，上應攝提，下應三元。

(7)一九九：禹耳三漏，是謂大通。

(9)二〇〇：湯臂四肘，是謂神剛，象月推移，以綏四方。

(10)二〇二：文王四乳，是謂含良。

(11)二〇三：武王駢齒，是謂剛強，取象參房，承命誅害，以順天心。

再則《五行大義》引《春秋文耀鉤》五條，所言五帝異貌、功業，亦與《白虎通》此段文意相類：

(2)黃帝龍顏，得天庭，法中宿，取象文昌。

(3)帝摯戴干，是謂清明，發節移度，蓋象招搖。

(4)顓頊併幹，上法月參，集威成紀，以理陰陽。

(5)堯眉八采，是謂通明，曆象日月，陳剬考功。

(6)舜重瞳子，是謂滋涼，上應攝提，以統三光。㉙

三則《禮含文嘉》第六十一條，載夏禹等七人異貌、事功，與《禮說》相同：

(7)禹耳三漏，是謂大通，興利除害，決河疏江。

㉙〔隋〕蕭吉：《五行大義》（《知不足齋叢書》，清嘉慶刊本），卷五，頁一〇。

(8)皐陶馬喙，是謂至誠，決獄明白，察於人情。
(9)湯臂三肘，是謂柳翼，攘去不義，萬民蕃息。
(10)文王四乳，是謂至仁，天下所歸，百姓所親。
(11)武王望羊，是謂攝揚，盱目陳兵，天下富昌。
(12)周公背僂，是謂俊強，成就周道，輔於幼王。
(13)孔子反宇，是謂尼丘，德澤所興，藏元通流。

由上引四段圖讖佚文，似足說明《白虎通》所引「《傳》曰、《禮說》」，出自圖讖。然而詳覈四筆圖讖引文，則知《白虎通》之「《傳》曰」云云，與《春秋緯》同中有異。編次(1)之伏羲「日祿衡連珠」，不見於《春秋緯》而略見於《孝經援神契》第一八〇條：「伏羲大目、山準、日角，而連珠衡。」編次(3)之顓頊、(4)之帝嚳，引文混淆錯置；《元命苞》之(9)湯臂四肘、(10)文王含良、(11)武王駢齒、(13)孔子藏元等，皆與「《傳》曰」不同。再者，《演孔圖》第三〇條：「舜目四童，謂之重明，承乾踵堯，海內富昌。」第二九條：「文王四乳，是謂含良，武王駢齒，是謂剛強。」亦與《傳》非一源。可知《白虎通》此條之《傳》，與《春秋緯》不盡相合。

至若《禮含文嘉》第六一條，實承《古微書》之誤收而來。《古微書》將《白虎通》之《禮說》錄入《禮含文嘉》中，佚文下有道光間錢熙祚校注：「《白虎通・聖人篇》引

《禮說》。」[30]細檢東漢以來，歷代史傳注疏及類書所引讖緯佚文，實未見《禮說》此條列入《禮緯》中者。可知《古微書》所輯實屬臆收，當予刪除。如是，則《白虎通》此條《禮說》雖偶與《春秋緯》相同，卻絕非《禮含文嘉》佚文，《白虎通》此條自無引用《含文嘉》之可能也。若依輯本此條說《白虎通》與圖讖關係，將落入循環論證之弔詭中，以致失其本真也。

《傳》及《禮說》之說辭，殆與《荀子》、《尚書大傳》等先秦古說相類[31]，更覈以《淮南子・脩務篇》所載堯、舜等四人之功業，則此類異貌、功業之描述，實為西漢以來之舊說也。〈脩務篇〉云：

(5)堯眉八彩，九竅通洞，而公正無私，一言而萬民齊；

(6)舜二瞳子，是謂重明，作事成法，出言成章；

(7)禹耳參漏，是謂大通，興利除害，疏河決江；

(10)文王四乳，是謂大仁，天下所歸，百姓所親；

[30] 〔明〕孫瑴：《古微書》（《守山閣叢書》本），卷一七，頁一九八。

[31] 《荀子・非相篇》：「仲尼之狀，面如蒙倛；周公之狀，身如斷菑；皋陶之狀，色如削瓜。」《尚書大傳・書序傳》：「堯八眉，舜四瞳，禹其跳，湯扁，文王四乳。」（文淵閣《四庫全書》本，卷三，頁二一）

(8)皐陶馬喙，是謂至信，決獄明白，察於人情。（卷一九，頁六四一）㉜

引文四言一句，與讖文體式相同。所言皐陶、禹及文王之異貌、功業，全同《白虎通》所引，可見《禮說》者，實擷取西漢成說；至若堯、舜之功業，雖與「《傳》曰」所述不同，而堯眉八彩、舜重瞳子，則屬西漢傳聞，並非圖讖獨具者。《淮南子》為西漢武帝時，淮南王劉安「招致賓客方術之士數千人」㉝所作，雜引西漢傳注、方術而成。可知《白虎通》所引之《傳》曰、《禮說》二段文字，當與此有所淵源也。

又考黃奭本《春秋演孔圖》：

第二三條：倉頡四目，是謂竝明。

第九二條：后稷植穀，是謂僂仁，司其所利，海內富明。

以及《春秋元命苞》：

第一九二條：倉頡四目，是謂竝明。

第二〇四條：蚩尤虎卷，威文立兵。

㉜ 劉文典《淮南鴻烈集解》（北京：中華書局，一九八九年），卷一九，頁六四一～四二。

㉝ 〔漢〕班固：《漢書》卷四四，〈淮南王傳〉頁二一四五。

第二〇五條：后稷岐頤自求，是謂好農，蓋象角亢，戴土食穀。

皆為四字句體式，言及古聖賢之異貌，與上引十三人當屬同一類型。《白虎通》既取西漢傳世經義而成書，所引「《傳》、《禮說》」未收「倉頡、后稷、蚩尤」三人，其為朝臣論議未及、或編纂成書缺錄、或後世輯本不全，已不可考知矣。惟校覈圖讖佚文及《白虎通》輯本，可證二者引文必互有短長，可作截長補短之斠證，當為考論二者時之文獻效益也。

(五) 九錫之禮

《白虎通・攷黜》云：

《禮說》：「九錫：車馬、衣服、樂則、朱戶、納陛、虎賁、鈇鉞、弓矢、秬鬯，皆隨其德，可行而次。能安民者賜車馬，能富民者賜衣服，能和民者賜樂則，民眾多者賜朱戶，能進善者賜納陛，能退惡者賜虎賁，能誅有罪者賜鈇鉞，能征不義者賜弓矢，孝道備者賜秬鬯。以先後與施行之次，自不相踰，相為本末然。」㉞

㉞ 〔清〕陳立：《白虎通疏證》（北京：中華書局，一九九四年），卷七，頁三〇二。按：「皆隨其德可行而次。能安民者賜車馬」，元大德本作「皆隨其德。可行而賜車馬」（卷三，頁八。收入明程榮纂輯《漢魏叢書》中，吉林：吉林大學出版社，一九九二年），文句略異。

《禮說》「九錫」之內容，與黃奭本《禮含文嘉》第四三條相似：「《禮》有九錫：一曰車馬，二曰衣服，三曰樂則，四曰朱戶，五曰納陛，六曰虎賁，七曰斧鉞，八曰弓矢，九曰秬鬯。皆所以勸善扶不能。四方所瞻，侯子所望。」然而考覈其源，本條讖文源出《公羊傳·莊公元年解詁》，唐徐彥《疏》謂：「此乃《禮緯含文嘉》文也。」㉟惟黃奭本末句「四方……所望」八字，並非《解詁》引文，乃依《詩·旱麓》孔穎達《正義》而增者㊱，實非佚文而屬宋均注語也㊲。再詳蒐經傳注疏，引及此條讖文者，如孔穎達《曲禮疏》等凡四書，文字略有不同；又有《韓詩外傳》引「《傳》曰」一條，亦與《禮說》相類。㊳今以《白虎通》為主，并其餘五書引文，製為一表，以見彼此之同異：

㉟ （唐）徐彥：《公羊傳注疏》，卷六，頁五。

㊱ （唐）孔穎達：《詩經正義·旱麓》（臺北：藝文印書館，一九八〇年），云：「《禮緯含文嘉》上列九錫之差，下云『四方所瞻，侯子所望』」（卷一六之三，頁九），黃奭本依之增末八字。

㊲ 宋均注見注㉞所引宋注文末句。

㊳ 諸書出處，除上引《公羊疏》、《詩疏》外，尚有三書，分別為：《曲禮疏》見（唐）顏師古：《禮記正義》（臺北：藝文印書館，一九八〇年），卷一，頁一八。《穀梁集解》見（唐）楊士勛：《穀梁傳注疏》（臺北：藝文印書館，一九八〇年），卷五，頁四。《韓詩外傳》見屈元守《韓詩外傳箋疏》（四川：巴蜀書社，一九九六年），卷八，頁六九八。

《白虎通》	《禮說》：九錫：車馬、衣服、樂則、朱戶、納陛、虎賁、鈇鉞、弓矢、秬鬯，皆隨其德，可行而次。
《韓詩外傳》	《傳》曰：諸侯之有德，天子錫之，一錫車馬，再錫衣服，三錫虎賁，四錫樂器，五錫納陛，六錫朱戶，七錫弓矢，八錫鈇鉞，九錫秬鬯。
《公羊解詁》	《禮》有九錫，一曰車馬，二曰衣服，三曰樂則，四曰朱戶，五曰納陛，六曰虎賁，七曰弓矢，八曰鈇鉞，九曰秬鬯。皆所以勸善扶不能。
《穀梁集解》	《禮》有九錫，一曰輿馬，二曰衣服，三曰樂則，四曰朱戶，五曰納陛，六曰虎賁，七曰弓矢，八曰鈇鉞，九曰秬鬯。皆所以褒德賞功也。德有厚薄，功有輕重，故命有多少。
《曲禮》孔疏	《含文嘉》：九錫，一曰車馬，二曰衣服，三曰樂則，四曰朱戶，五曰納陛，六曰虎賁，七曰斧鉞，八曰弓矢，九曰秬鬯。
《旱麓》孔疏	《含文嘉》云：一曰車馬，二曰衣服，三曰樂則，四曰朱戶，五曰納陛，六曰虎賁，七曰斧鉞，八曰弓矢，九曰秬鬯。（四方所瞻，侯子所望。）

《白虎通》所引《禮說》，無「一曰」等編次；「可行而次」下又別注按語云：「以先後與施行之次，自不相踰，相為本末然。」是以為所述次第有不可更易者。然而上表諸書，所引九錫次第並不一致：《韓詩》「三錫虎賁、四錫樂器、六錫朱戶」，獨異其餘五種；「弓矢、

鈇鉞」之次第，則《白虎通》與孔氏《詩經正義》、孔氏《禮記正義》相同，《韓詩》與《公羊》、《穀梁》二注無異；而《白虎通》、《解詁》、《集解》引文末句，旨意不同，又為其餘三書所無者。此皆足證，《禮說》云云並非來自讖文。更覈以楊士勛《穀梁疏》云：

> 舊說解九錫之名：
> 一曰輿馬，大輅、戎輅各一，玄馬一也。
> 二曰衣服，謂玄袞也。
> 三曰樂則，謂軒懸之樂也。
> 四曰朱戶，謂所居之室，朱其戶也。
> 五曰納陛，謂從中階而升也。
> 六曰虎賁，謂三百人也。
> 七曰弓矢，彤旅之弓矢也。
> 八曰鈇鉞，謂大柯斧，賜之專殺也。
> 九曰秬鬯，謂賜秬鬯之酒，盛以圭瓚之中，以祭祀也。[39]

---

[39] 〔唐〕楊士勛：《穀梁傳注疏》，卷五，頁四。

楊氏先已見范甯「《禮》有九錫」云云，謂其乃「《禮緯》文也」❹⓪，此處又據「舊說」釋九錫內容，殆見「舊說」與「圖讖」二種說辭詳略有異，乃別作補述也。是亦可知，光武圖讖編定之前，已有九錫之「舊說」傳世矣。

再考《白虎通》於《禮說》之下，嘗二度詳列「九錫」內容之說解、凡三百餘字，與宋均注、徐彥《公羊疏》相近似❹①，可知宋均、徐彥之注，皆承襲《白虎通》說解，而溯其源，當皆屬漢代經解通義，而本非見之於讖緯者。以此比覈所言「九錫」之次第、釋義，當屬西漢經解通義也。

考《尚書大傳》已言「有功者，天子賜之車服、弓矢」，《山堂考索》引《伏生大傳》亦謂：「其適則有衣服、弓矢、秬鬯、虎賁之賞。」❹②及至平帝元始五年五月，王莽攝政，朝臣張純等奏請：「謹以六藝通義，經文所見，《周官》、《禮記》宜於今者，為九命之錫。」❹③制度既成，於是莽「稽首再拜，受綠韍、袞冕、衣裳，瑒琫、瑒珌，句履，鸞路乘馬，

❹⓪ 仝上注卷、頁。

❹① 九錫之說解，清趙在翰謂：「《白虎通》說九錫義，自『皆隨其德』至『寢麋也』，凡四百七十一言，按之宋注，似別一義。」（趙在翰《七緯》卷一七，頁七。收入上海古籍出版社《緯書集成》上冊，頁八六九，一九九四年）然而詳覈二說，僅屬字句之異，旨意則差別不大。

❹② 二條引文皆見〔清〕孫之騄輯《尚書大傳》（《四庫全書》本），卷三，〈晉傳〉頁一七。

❹③ 〔漢〕班固：《漢書》，卷九九上，頁四〇七二。

龍旂九旒，皮弁素積，戎路乘馬，彤弓矢，盧弓矢，左建朱鉞，右建金戚，甲冑一具，秬鬯二卣，圭瓚二，九命青玉珪二，朱戶、納陛；署宗官、祝官、卜官、史官，虎賁三百人」㊹。王莽據「六藝通義，經文所見」而拜受之「九錫」，較之《韓詩外傳》者僅缺「樂則」一種。可見「九錫」之禮，散見於「六藝通義」中，迄至王莽攝政前，仍未著為定制。光武朝臣編定圖讖時取用舊說，而《白虎通》亦採舊時《禮說》釋之。後世不察，以為《白虎通》取資圖讖，而不知是《白虎通》、圖讖適巧皆取用前漢《禮說》舊聞也。

以上所論，可知《白虎通》所引之「《傳》曰、《禮說》」，並非擷自光武官定圖讖八十一卷中，而是取自西漢以來學者熟知之經解通義。光武帝朝臣編定圖讖時，或取「《傳》曰」等通義入八十一卷中；後世學者輯佚緯書時，又摘錄《白虎通》「《傳》曰」作為佚文，乃成《白虎通》取資於圖讖之例證。此類錯綜之訛衍，既經上文深入披檢論析，當可逐步澄清也。

二、《白虎通》文句與讖文相類，實屬西漢經說通義

《白虎通》又有行文或引書與讖文相似，其文足供比覈者，得十三筆，學者亦多視之為

㊹ 同前註，頁四〇七五。

引讖之證。如〈社稷篇〉引《春秋文義》曰：「天子之社稷廣五丈，諸侯半之。」較諸王應麟《小學紺珠》所引《孝經說》：「天子社廣五丈，諸侯半之。」㊺僅多「之、稷」二字。趙在翰《七緯》據《紺珠》收《孝經說》入《孝經援神契》中，惟未申言所據。然而早於趙氏之孔穎達《禮記正義》，多引讖緯解經，於此條仍作《白虎通》㊻；杜祐《通典・社稷》引此文亦作《春秋文義》㊼；唐徐堅《初學記・社稷》引文相同，篇名則作《尚書無逸篇》㊽；宋初李昉《太平御覽・社稷》引作《尚書逸篇》㊾。可知北宋以前皆視此文為《春秋》或《尚書》之西漢經解，南宋《紺珠》未知何故乃名之曰《孝經說》。清初《七緯》更據以竄入《孝經援神契》中，致令《白虎通》引讖與否之判斷增添困擾。此類例證仍多，以下略述其要。

㈠四夷樂

㊺〔宋〕王應麟：《小學紺珠》卷九，頁二〇。收入王應麟《玉海》中。

㊻〔唐〕孔穎達：《禮記正義》卷二五，〈郊特牲〉頁二二。

㊼〔唐〕杜祐：《通典》（北京：中華書局，一九八八年），卷四五，〈社稷〉頁一二六四。

㊽〔唐〕徐堅：《初學記》（北京：中華書局，一九八九年），卷一三，〈社稷〉頁三二六。按：覈以《白虎通・社稷》，篇名作「《尚書逸篇》」為是。

㊾〔宋〕李昉：《太平御覽》（河北教育出版社，一九九四年），卷五三二，〈禮儀部十一〉頁一九九。按：《白虎通・社稷》原作「《尚書逸篇》曰……《春秋文義》曰……」，《御覽》引文疑因刪節《春秋文義》篇名，以致二文皆併入《尚書逸篇》中。

《白虎通・禮樂》引：

《樂元語》曰：「受命而〔興〕六樂，樂先王之樂，明有法也。興其所自作，明有制。興四夷之樂，明德廣及之也。故東夷之樂曰《朝離》，南夷之樂曰《南》，西夷之樂曰《昧》，北夷之樂曰《禁》。合歡之樂儛於堂，四夷之樂陳於右，先王所以得之，順命重始也。」（卷三，頁一〇七～一〇八）

又引：

《樂元語》曰：「東夷之樂持矛舞，助時生也；南夷之樂持羽舞，助時養也；西夷之樂持戟舞，助時煞也；北夷之樂持干舞，助時藏也。」（卷三，頁一〇九）

《白虎通》引《樂元語》兩條，前條言四夷樂之名稱及演奏場所，次條論述儀式及功用。其中「東夷之樂……時養也」，又見於劉向《五經通義》中[50]，其屬西漢經義無疑。再考其源，

---

[50]〔唐〕徐堅：《初學記》（北京：中華書局，一九八九年），卷一五，〈舞〉頁三八〇。

東夷樂名始見於《尚書大傳・虞傳》：「東嶽陽伯之樂，舞侏離。」[51]何休《公羊傳・昭公二十五年解詁》亦云：「東夷之樂曰《株離》，南夷之樂曰《任》，西夷之樂曰《禁》，北夷之樂曰《昧》。」曰「株離」、曰「任」，與《樂元語》微異，而徐彥《疏》謂此：「《樂說》文也。」[52]《古微書》遂循而將《樂說》收入《樂稽耀嘉》中，惟「東夷之樂」改置末句。然而孔穎達《小雅・鼓鍾正義》說四夷樂名，又引《孝經鉤命決》曰：「東夷之樂曰《昧》，南夷之樂曰《任》，西夷之樂曰《株離》，北夷之樂曰《禁》。東方之舞助時生也，南方助時養也，西方助時殺也，北方助時藏也。」[53]是則《樂說》及《鉤命決》皆有此條讖文，而後者說辭較詳。以此觀之，《白虎通》引文與讖文相類。

又據《太平御覽・樂部》引錄：「《孝經援神契》：『合忻之樂舞於堂，四夷之樂陳於尸。』」[54]可知《樂元語》前條言及樂名、場所者，似綜合《樂說》（或《孝經鉤命決》）、《孝經援神契》兩條讖文而成者也。

再考次條四夷樂之功用，《周禮・鞮鞻氏》「掌四夷之樂」，鄭玄《注》云：「四夷之

[51] 《尚書大傳・虞傳》（文淵閣《四庫全書》本），卷一，頁一〇。

[52] 〔唐〕徐彥：《公羊傳注疏》卷二四，〈昭公二四年〉頁七。

[53] 〔唐〕孔穎達：《詩經正義》，卷一三之二，〈鼓鍾〉頁三。又，〔唐〕李善：《文選注》卷一，〈東都賦〉頁二六引《孝經鉤命決》同。

[54] 〔宋〕李昉：《太平御覽》卷五六五，〈樂部三〉頁四一七。

樂，東方曰韎，南方曰任，西方曰株離，北方曰禁。」賈公彥《疏》謂：「四夷樂名出於《孝經緯・鉤命決》，故彼云：『東夷之樂曰韎，持矛助時生；南夷之樂曰任，持弓助時養；西夷之樂曰侏離，持鉞助時殺；北夷之樂曰禁，持楯助時藏。皆於四門之外有辟』是也。」55是又以四夷樂之名稱、功能，屬之《孝經鉤命決》中。

然而緯書輯本收錄此條，頗為混亂，《古微書》取《樂元語》為《樂稽耀嘉》佚文，未言所據；馬國翰《玉函山房輯佚書》、趙在翰《七緯》收賈《疏》引文為《鉤命決》，尚符實情；黃奭《通緯》、安居香山《重修緯書集成》則兼收並蓄，循《古微書》以《樂元語》入《樂稽耀嘉》，而取賈《疏》引文入《孝經援神契》，不知其故，依違難知。惟以輯本觀之，讖文句式有二（《樂元語》、賈《疏》引），篇名有三（《樂稽耀嘉》、《孝經鉤命決》、《孝經援神契》），其中僅賈《疏》所引《鉤命決》為真。

細覈經傳，頗言四夷樂名，如毛萇《詩傳》曰：「東夷之樂曰《韎》，南夷之樂曰《任》，西夷之樂曰《朱離》，北夷之樂曰《禁》。」56與《鞮鞻氏疏》相同。而《禮記・明堂位》云：「《昧》，東夷之樂也；《任》，南蠻之樂也。納夷蠻之樂於大廟。」57《周禮・春官》：「韎

---

55 〔唐〕賈公彥：《周禮注疏》卷二四，〈鞮鞻氏〉頁八。

56 〔唐〕李善：《文選注》卷一，〈東都賦〉頁二六。

57 〔唐〕孔穎達：《禮記正義》，卷三一，〈明堂位〉頁七。

師，掌教韎樂，祭祀則帥其屬而舞之。」鄭《注》：「舞之以東夷之舞。」58可知東夷之樂名「韎（或昧）」，為經解通讖。至若《小雅・鼓鍾・毛傳》云：「舞四夷之樂，大德廣所及也。東夷之樂曰《昧》，南夷之樂曰《南》，西夷之樂曰《朱離》，北夷之樂曰《禁》。」59首二句同於《樂元語》「興四夷之樂，明德廣及之也」，二文顯然出自同源。可知《白虎通》所引與《鉤命決》等讖文，皆取義自西漢經解。以下取諸書所言，製為「四夷樂名、功能」一表，以見其同異：

	《白虎通》引《樂元語》《虞傳》：東嶽…舞侏離	賈氏《鞮鞻氏疏》引《孝經鉤命決》	《周禮春官》等經傳。《古微書・樂稽耀嘉》
東	朝離。持矛助時生。	韎。持矛助時生。	韎
南	南。持羽助時養。	任。持弓助時養。	任
西	味。持戟助時煞。	侏離。持鉞助時殺。	侏離
北	禁。持干助時藏。	禁。持楯助時藏。	禁

第三欄祇言四夷樂名，取自經文者，如《周禮・春官》、《禮記・明堂位》，取自傳文者，

58〔唐〕賈公彥：《周禮注疏》卷二四，〈韎師〉頁五。

59〔唐〕孔穎達：《詩經正義》，卷一三之二，〈鼓鍾〉頁二。

如毛萇《詩傳》、《詩·鼓鍾·毛傳》(南夷南樂，與《樂元語》同)、《公羊解詁》引《樂說》。除《樂說》屬讖書外，其餘四書皆非讖緯，而孫瑴《古微書》將此條錄入《樂稽耀嘉》中。

以夷樂名稱言，第二、三欄經傳注疏及讖文所稱相同，皆異於《樂元語》；以夷樂功能言，《鈎命決》之「持弓、持鉞、持楯」，與《樂元語》「持羽、持戟、持干」不同。是以若據此條謂《白虎通》引讖解經，絕難從信。

再考《樂元語》之成書，《漢書·食貨志》「《樂語》有五均」，顏師古注引鄧展曰：「《樂語》，《樂元語》，河間獻王所傳。」[60]又〈藝文志〉云：「武帝時，河間獻王好儒，與毛生等共采《周官》及諸子言樂事者，以作《樂記》，獻八佾之舞，與制氏不相遠。……劉向校書，得《樂記》二十三篇。」[61]可知《樂元語》者，河間獻王作也，至劉向校書時，尚存二十三篇。由此可知，《白虎通》所引文，與讖文內容雖或相類，而細究則差異明顯，二者絕非互相襲取，而是皆取西漢經解通識而成者也。

㈡執圭制度

《白虎通·瑞贄》引：

---

[60] 〔漢〕班固：《漢書》卷二四下，〈食貨志下〉頁一一八〇。

[61] 仝前引書，卷三〇，〈藝文志〉頁一七一二。

《禮・王度記》曰：「玉者，有象君子之德，燥不輕，溼不重，薄不橈，廉不傷，疵不掩。是以人君寶之。天子之純玉，尺有二寸；公、侯九寸，四玉一石也；伯、子、男俱三玉二石也。」（卷八，頁三四九）

陳立《疏證》云：「《周禮疏》引《稽命徵》云：『天子純玉尺二寸……。』與此同。」考諸賈公彥《周禮・考工記・玉人疏》：「按：《禮緯》云：『天子純玉尺二寸；公、侯九寸，四玉一石；伯、子、男三玉二石。』」62是則《白虎通》此句與《禮緯》相同矣。然而《白虎通》引《王度記》七條，皆言君臣之禮，其中二條與〈王制〉相同，四條未見於緯書輯本，僅此一條與《禮緯》相同。

再查此書淵源，劉向《別錄・王度記》謂：「似齊宣王時淳于髡等所說也。其《記》云：『百戶為里，里一尹，其祿如庶人在官者，則里尹之祿也。』」63可知《王度記》乃先秦傳記，劉向校書祕閣時，尚親見之。迄至東漢末葉，鄭玄注《禮記・雜記》「里尹主之」時，仍引用其書：「《王度記》曰：『百戶為里，里一尹，其祿庶人在官者。里或為士，諸侯弔於異國之臣，則其君為主。』」64可知《王度記》於東漢時猶存，光武朝臣更擷其文入圖讖八十一

62 （唐）賈公彥：《周禮注疏》卷四一，〈冬官・玉人〉頁二。
63 （唐）孔穎達：《禮記正義》卷四三，〈雜記下〉頁二。
64 仝前註，卷四三，〈雜記下〉頁一。

卷中，遂令後人誤斷《白虎通》此句引自讖文。

㈢五方社祭

《白虎通・社稷》云：

其色如何？《春秋傳》曰：「天子有大社也，東方青色，南方赤色，西方白色，北方黑色，上冒以黃土。故將封東方諸侯，取青土，苴以白茅，各取其面，以為封社明土，謹敬清潔也。」（卷三，頁九一）

其說謂天子據五色土以封各方諸侯。李善《文選注》四引《尚書緯》讖文，皆曰：「天子社，東方青，南方赤，西方白，北方黑，上冒以黃土。將封諸侯，各取方土，苴以白茅，以為社。」[65]與《春秋傳》說辭相類。據此言之，《白虎通》此條又屬引用《尚書緯》讖文者。

然而細覈西漢文獻，以五色土封各方諸侯者，早見於《逸周書・作雒篇》、《韓詩外傳》、《春秋大傳》等書[66]。以下據三書以及《白虎通》、《尚書緯》所言，製為一表，比覈其間異

[65] 〔唐〕李善：《文選注》卷五九，〈齊故安陸昭王碑〉頁一六。又見同書卷三五，〈冊魏公九錫文注〉頁二五、卷四一，〈荅蘇武書注〉頁六、卷五六，〈楊荊州誄注〉頁二七。

[66] 三書出處，分述如下：⑴《韓詩外傳》見〔唐〕孔穎達：《尚書正義》卷六，〈禹貢〉頁一一引。⑵《逸周書》見於〔清〕朱右曾：《逸周書集訓校釋》（臺北：臺灣商務印書館，民國六十年），卷五，〈作雒解〉

同：

《白虎通》引《春秋傳》	《韓詩外傳》	《尚書緯》	《逸周書・作雒第四八》	《春秋大傳》
天子有大社也， 東方青色， 南方赤色， 西方白色， 北方黑色， 上冒以黃土。故 將封東方諸侯，取青土， 苴以白茅，各取其面， 以為封社明土， 謹敬清潔也。	天子社廣五丈， 東方青， 南方赤， 西方白， 北方黑， 上冒以黃土， 將封諸侯， 各取其方色土， 苴以白茅， 以為社，明有土 謹敬絜清也。	天子社， 東方青， 南方赤， 西方白， 北方黑， 上冒以黃土， 將封諸侯， 各取方土， 苴以白茅， 以為社。	乃建大社于國中，其壝： 東，青土； 南，赤土； 西，白土； 北，驪土； 中央釁以黃土。 將建諸侯， 鑿取其方一面之土， 燾以黃土， 苴以白茅， 以為社之封。 故曰「受列土于周室」。	天子之國有泰社。 東方青， 南方赤， 西方白， 北方黑， 上方黃。故將 封於東方者取青土， 封於南方者取赤土， 封於西方者取白土， 封於北方者取黑土， 封於上方者取黃土。 各取其色物， 裹以白茅， 封以為社，此 始受封於天子者也。

頁七八。又見徐堅：《初學記》卷一三，頁三二六引《周書》；歐陽詢：《藝文類聚》卷三九，頁七〇七引《周書》；徐彥：《公羊傳注疏》卷一四，頁六，引《周書・作洛篇》；字句微異。⑶《春秋大傳》見於《史記》卷六〇，〈三王世家〉頁二一一五，「褚先生曰」所引。

由表可知：《尚書緯》與《韓詩外傳》字句相近，僅缺末句及「廣五丈、其、色」五字。而《白虎通》所引《春秋傳》，則「大社、取青土、各取其面」與《春秋大傳》相類；「以為封社……清潔也」與《韓詩外傳》相似，惟「明土」、「明有土」一字之差，斷句乃異。若謂《白虎通》引文似《尚書緯》，毋寧謂其更似後二書也。

試溯其源，五方五土之說，或由《尚書·禹貢》「徐州……厥貢惟土五色」寖次增衍而成，《管子·地員篇》亦有類似說辭：「羣土之長，是唯五粟，五粟之物，或赤、或青、或白、或黑、或黃，五粟五章。……粟土之次曰五沃。五沃之物，或赤、或青、或黃、或白、或黑，五沃五物，各有異則。」[67]粟土、沃土所產之土物五種顏色。然而後世附會五行，乃以五色配屬五方，遂成封侯制度。

封五方諸侯之制度，《史記·三王世家》載武帝策封齊王閎、燕王旦、廣陵王胥，詔文云「受茲青社，封于東土」、「受茲玄社，封于北土」、「受茲赤社，封于南土」[68]，可見五方色土之禮，於武帝時已為定制。

再考《北堂書鈔·封爵部上》、《藝文類聚·封爵部》引《漢雜事》；《初學記·社稷》、

---

[67] 李勉：《管子今註今譯》（臺北：臺灣商務印書館，民國七十九年），〈地員〉頁九〇七。

[68] 〔漢〕司馬遷：《史記》卷六〇，〈三王世家〉頁二一一一～一一三。清成瓘謂三王封策書乃褚先生所補，見《篛園日札》（臺北：世界書局，民國七十三年），卷五，頁二九五。

《藝文類聚・禮部中》引《漢舊事》，皆言五色土事，字句文意皆略相似。可信此禮實為西漢即已習傳之祭祀禮儀也。以此更可證知《白虎通》所據為西漢學術通識，《尚書緯》亦摘取為之，二書並非互作因襲也。

㈣三代三教

《白虎通・三教》云：

> 三王之有失，故立三教，以相指受。夏人之王教以忠，其失野，救野之失莫如敬。殷人之王教以敬，其失鬼，救鬼之失莫如文。周人之王教以文，其失薄，救薄之失莫如忠。繼周尚黑，制與夏同。三者如順連環，周而復始，窮則反本。（卷八，頁三六九）

所言三王立三教，同於《禮記・表記》孔疏所引《元命包》：「三王有失，故立三教以相變。夏人之立教以忠，其失野，故救野莫若敬。殷人之立教以敬，其失鬼，故救鬼莫若文。周人之立教以文，其失蕩，故救蕩莫若忠。如此循環，周則復始，窮則相承。此亦三王之道，故三代不同也。」[69]然而《白虎通》「繼周……三者」十字，為《元命包》所無；「失薄」、「失

69 〔唐〕孔穎達：《禮記正義》，卷五四，頁一七。

蕩」用詞不同，末三句字辭亦有差異。

實則三代政教之異同，桓寬《鹽鐵論》已藉文學之口言及，曰：「三王之時，迭盛迭衰，衰則扶之，傾則定之。是以夏忠、殷敬、周文，庠序之教，恭讓之禮，粲然可得而觀也。」[70]以「忠、敬、文」為三代之異。其後劉向《說苑・脩文》亦作載述：

> 三王之術如循環，故夏后氏教以忠，而君子忠矣；小人之失野。救野莫如敬，故殷人教以敬，而君子敬矣；小人之失鬼。救鬼莫如文，故周人教以文，而君子文矣；小人之失薄。救薄莫如忠。故聖人之與聖也，如矩之三雜，規之三雜，周則又始，窮則反本也。（卷一九，頁六五一）[71]

其說解三王之教，君子、小人之別，較《春秋元命包》、《白虎通》更詳明。再覈東漢王充《論衡・齊世篇》引用此說，亦名之曰《傳》：

> 《傳》曰：「夏后氏之王教以忠。上教以忠，君子忠；其失也，小人野。救野莫如敬，

---

[70] 〔漢〕桓寬：《鹽鐵論》（出版），卷一，〈錯幣〉頁五六。

[71] 〔漢〕劉向：《說苑》（臺北：臺灣商務印書館，民國七十四年），卷一九，頁六五一。

> 殷之王教以敬。上教用敬，君子敬；其失也，小人鬼。救鬼莫如文，故周之王教以文。上教以文，君子文；其失也，小人薄。救薄莫如忠。承周而王者，當教以忠。」72

《論衡》所引之「《傳》」，或改易自《尚書大傳》：「夏后氏主教以忠」73，「周人之教以文。上教以文，君子；其失也，小人薄」74。由此循繹，可知「三教」之說，實先出於《書傳》，劉向編《說苑》採其文為之，光武編修圖讖、《白虎通》解釋經義、王充《論衡》，皆取其說為辭。而周人失之「薄」，《元命包》獨作「蕩」，與諸書皆異。是知《白虎通》此段文辭乃屬西漢通識，並未取資讖語也。再考《禮記・表記》、《史記》中，亦嘗言及此說。〈表記〉云：

> 子曰：「夏道尊命，事鬼敬神而遠之，近人而忠焉。……其民之敝，惷而愚，喬而野，朴而不文。殷人尊神，率民以事神，先鬼而後禮。……其民之敝，蕩而不靜，勝而無

---

72 黃暉：《論衡校釋》（北京：中華書局，一九九〇年）卷一八，頁八〇八。

73 〔唐〕賈公彥：《儀禮注疏》（臺北：藝文印書館，一九八〇年），卷三六，頁七，賈疏引《書傳畧說》。陳壽祺謂此即《尚書大傳・略說》，見〔清〕陳壽祺：《尚書大傳輯校三》，《皇清經解續編》（臺北：漢京文化事業有限公司，一九八〇年），冊二，頁一一八〇。

74 〔唐〕李善：《文選注》卷五三，頁一〇，引《尚書大傳》。引文「君子」下原缺一「文」字，當補。

恥。周人尊禮尚施，事鬼敬神而遠之，近人而忠焉。……其民之敝，利而巧，文而不慙，賊而蔽。」（《禮記正義》卷五四，頁一五～一七）

《史記·高祖本紀》載：

太史公曰：「夏之政忠，忠之敝，小人以野，故殷人承之以敬。敬之敝，小人以鬼，故周人承之以文。文之敝，小人以僿，故救僿莫若以忠。三王之道若循環，終而復始。周秦之閒，可謂文敝矣。」（卷八，頁三九三）

〈表記〉解說頗詳，而史遷則節言之，二者體式不同，而史遷文辭更似圖讖文句。惟司馬貞《索隱》謂：「此語本出《子思子》，見今《禮·表記》。」[75]是則《索隱》謂此條類似圖讖之語，實出自〈表記〉，未以讖文視之。此皆可證，「三教」說辭實屬西漢經義通識，東漢初乃編入圖讖中；並非光武圖讖所獨具，而由《白虎通》徵引者。

(五)明堂制度

---

75 〔漢〕司馬遷：《史記》卷八，頁三九四。

《白虎通・辟雍》言及天子靈臺、明堂制度，與《禮含文嘉》相同，《孝經援神契》亦有與之相類之文句，似可稱曰《白虎通》與圖讖關係密切之證也。今列述相關引文五條，製為一表，以見彼此之文句異同：（阿拉伯數字為黃奭本之讖文編碼號次）

《白虎通・辟雍》	《禮含文嘉》第三六、三五條	《孝經援神契》第八二條	桓譚《新論》
天子所以有靈臺者，何？	36禮：天子靈臺，		
所以考天人之心，	所以觀天人之際，		
察陰陽之會，	陰陽之會也。		
揆星辰之證驗，	揆星度之驗，		
	徵六氣之瑞，		
	應神明之變化，		
	覩日氣之所驗，		
為萬物獲福無方之元。	為萬物獲福於無方之原。		
天子立明堂者，	35明堂		
所以通神靈，感天地，	所以通神靈，感天地，		
正四時，出教化，	正四時，		
宗有德，重有道，	崇有悳，		
顯有能，褒有行者也。	褒有行。		
明堂上圓下方，八窗四闥，		明堂上圓下方，八窗四闥，	
布政之宮，在國之陽。		布政之宮，在國之陽。	天稱明，故命曰明堂。

上圓法天，下方法地，八窗象八風，四闥法四時，九宮法九州，十二坐法十二月，三十六戶法三十六雨，七十二牖法七十二風。	上員象天，下方象地，八窗象八風，四闥法四時，九室法九州，十二座法十二月，三十六戶法三十六氣，七十二牖法七十二候也。		上圓法天，下方法地，八窗象八風，四闥法四時，九室法九州，十二坐法十二月，三十六戶法三十六雨，七十二牖法七十二風。[76]

比較前三欄所言，《白虎通》頗似綜合《禮含文嘉》第三十六、三十五，及《孝經援神契》第八十二等三條讖文而成者。惟《白虎通》少「徵六氣……所驗」三句，末段文字亦略有差異；而《含文嘉》第三十五條所缺之「明堂上圓下方……國之陽」一段，正可取《孝經援神契》第八二條補足。以此觀之，《白虎通》似取資圖讖而來矣。

然而《白虎通》文句為完整一段，《含文嘉》則拆作三條，分屬二篇；細繹其文理，《白虎通》此段並非擷取不同兩篇之三條讖文而成者。又，讖文「正四時，崇有悳，褒有行」九字，《白虎通》作「正四時，出教化，宗有德，重有道，顯有能，褒有行者也」八言，繁簡明顯不同；若謂《白虎通》引自讖文，而字句反較出典更為完整，焉能信人？

覈以《大戴禮・明堂》：「明堂者，古之有也。凡九室：一室而有四戶、八牖，三十六

[76]〔劉宋〕范曄：《後漢書》（北京：中華書局，一九六二年），〈志第八〉，頁三一七七引。

戶、七十二牖。以茅蓋屋，上圓下方。」[77]則知《白虎通》此段，源出西漢經學通義。更覈以第四欄桓譚《新論》，則《白虎通》末三句「十二坐、雨、風」三詞同於《新論》，卻異於《含文嘉》之「十二座、氣、候」；是其出典當更近於《新論》也。

考桓譚起家於成帝朝，新莽時熟見符命之造作，知方士讖言詐術詳矣，光武初既任給事中，乃於建武三年（西元二七）奏言：「今諸巧慧小才伎數之人，增益圖書，矯稱讖記」，並力請光武「屏羣小之曲說，述五經之正義」。[78]譚斥讖言甚力，其所言經義，當屬西漢以來通儒所言，偶或與《禮含文嘉》相同者，必為圖讖編選之時取經解通義為之，並非桓譚取讖文解經也。《白虎通》所引「明堂」解義，既同於桓譚說，當亦屬概言西漢經學通義，而非襲取圖讖而來也。

又，隋宇文愷奏〈明堂議表〉，引《禮圖》云：「建武三十年（西元五四）作明堂。明堂上圓下方，上圓法天，下方法地，十二堂法日辰，九室法九州。」[79]可知光武宣布圖讖之前，已據經學通義建構明堂。宇文愷又引《黃圖》云：

---

[77]（清）王聘珍：《大戴禮解詁》（北京：中華書局，一九八三年），卷八，頁一四九。又見《後漢書・光武帝紀》李賢注引《大戴禮》（卷一下，頁八四）。

[78]（劉宋）范曄：《後漢書》卷二八上，頁九五九。

[79]（唐）魏徵等：《隋史》（北京：中華書局，一九七三年），卷六八，頁一五九二。按：《後漢書・光武帝紀》李賢注引《禮圖》此語，作「建武三十一年」（卷一下，頁八四）。

> 堂方百四十四尺，法坤之策也，方象地。屋圓楣徑二百一十六尺，法乾之策也，圓象天。太室九宮，法九州。太室方六丈，法陰之變數。十二堂法十二月，三十六戶法極陰之變數，七十二牖法五行所行日數。八達象八風，法八卦。通天臺徑九尺，法乾以九覆六。高八十一尺，法黃鍾九九之數。二十八柱象二十八宿。堂高三尺，土階三等，法三統。堂四向五色，法四時五行。殿門去殿七十二步，法五行所行。[80]

所言旨意與《禮圖》相同而更為詳盡。此一形制，宇文愷嘗舉西漢事為證：「武帝元封二年，立明堂汶上，其外略依此（《黃圖》）制。」[81]可證光武帝於建武年間所構築之明堂形制，乃取自西漢武帝時建制也。可見《白虎通》與《禮緯》等所言之「明堂」，實屬西漢經學通義，並非《白虎通》取資圖讖而來。

(六)八風與政令

「四方風」為殷商甲骨文即已載錄之氣象名詞[82]，其後增為「八風」，先秦文獻如《呂

---

[80] 〔唐〕魏徵等：《隋史》卷六八，頁一五九一。

[81] 同前註卷六八，頁一五九一。按：武帝作汶上明堂事，見《漢書》卷二五，〈郊祀志〉頁一二四三。

[82] 陳夢家謂：「關於四方風名卜辭，一九三七年曾由胡厚宣見示拓本，主張它是真確的刻辭。當時曾引用《山海經》、〈堯典〉等，作〈卜辭四方風考〉。」詳見陳夢家：《殷墟卜辭綜述》（北京：科學出版社，一九五六年），第一七章，頁五八九。

氏春秋・十二紀》，亦取之配合月令政事為說，其後更成為經學內容之一。《白虎通》言及「八風」與政令之配屬關係，略同於《易通卦驗》（《太平御覽・天部》引）。❽❸以此而論，《白虎通》解經，又有出自圖讖者矣。惟蒐檢西漢經解文獻，可知解「八風」者，實屬經學通識也。如《禮記・月令》、《淮南子・天文篇》、〈時則篇〉、《京房易飛候》、劉向《五經通義》等，皆有此類說辭。今取《淮南》、《白虎通》、《易通卦驗》❽❹三書所言，製為一表，以明示彼此雷同情況，再作析述：

《淮南子・天文篇》	《白虎通・八風》	《易通卦驗》第一八九條
1. 條風至則出輕繫，去稽留。 2. 明庶風至則正封疆，修田疇。 3. 清明風至則出幣帛，使諸侯。 4. 景風至則爵有位，賞有功。 5. 涼風至則報地德，祀四郊。 6. 閶闔風至則收縣垂，琴瑟不張。 7. 不周風至則修宮室，繕邊城。 8. 廣莫風至則閉關梁，決刑罰。	1. 條風至，則出輕刑，解稽留。 2. 明庶風至，則修封疆，理田疇。 3. 清明風至，出幣帛，使諸侯。 4. 景風至，則爵有德，封有功。 5. 涼風至，則報土功，祀四鄉。 6. 昌蓋風至，則申象刑，飾囷倉。 7. 不周風至，則築宮室，修城郭。 8. 廣莫至，則斷大辟，行刑獄。	8. 冬至廣莫風至，王者誅有罪，斷大刑。 1. 立春條風至，王者赦小罪，出羈留。 2. 春分明庶風至，正封疆，修田疇。 3. 立夏清明風至，出幣帛，禮諸侯。 4. 夏至景風至，辨大將，封有功。 5. 立秋涼風至，報土功，祀四鄉。 6. 秋分閶闔風至，牛馬出櫪，將帥講武。 7. 立冬不周風至，修建宮室，繕完城郭。 八風以時至，則陰陽和，萬物育。 王者當順八風，行八政。

❽❸〔宋〕李昉：《太平御覽》卷九，頁七三。

❽❹引文分見：劉文典《淮南鴻烈集解》卷三，頁九二；陳立《白虎通疏證》卷七，頁三四一～四六；黃奭《通緯・易通卦驗》卷四，頁一〇五。

《通卦驗》之排序，與前二者不同，末二句說辭亦屬獨具者。三書除字句互有歧異外，政令內容亦頗見參差，如閶闔風至，有「收縣垂，琴瑟不張」、「申象刑，飾囷倉」、「牛馬出櫪，將帥講武」等旨意不同之文句；廣莫風至則有「閉關梁，決刑罰」、「斷大辟，行刑獄」、「王者誅有罪，斷大刑」等異辭；景風至之「爵有德」，《通卦驗》別作「辨大將」。此外，黃奭本《春秋考異郵》亦有同類之說辭，如第十二條：「條風至，王者赦小辠而出稽留。」第十三條：「夏至四十五日，景風至，則封其有功也。」

然而此類八風與政令之配屬，早見於先秦、西漢學術中，如《呂氏春秋·十二紀》謂：

1. 孟夏季：「斷薄刑，決小辠，出輕繫」。(頁一八六)
2. 季夏紀：「糞田疇，可以美土疆」。(頁三一二)
3. 季春紀：「開府庫，出幣帛，周天下，勉諸侯，聘名士」。(頁一二二)
6. 仲秋季：「修囷倉」。(頁四二二)
7. 孟冬季：「付城郭，戒門閭，修楗閉，慎關籥，……備邊境，……謹關梁」。(頁五一六)

《禮記·月令》云：

1. 孟夏「決小罪，出輕繫」。(《禮記正義》頁三〇七)

2.孟春「修封疆」。（頁二八七）

3.季春「開府庫，出幣帛……勉諸侯，聘名士」。（頁三〇二）

6.仲秋「申嚴百刑…修囷倉」。（頁三二四）

7.孟秋「脩宮室，坏牆垣，補城郭」。（頁三二四）

《春秋繁露・治順五行篇》（《五行大義》引）[85]云：

1.至於立春，出輕繫，去稽留，除桎梏，開閉闔，通障塞，存幼孤，矜寡獨。

2.火用事，則正封疆，脩田疇。

4.至於立夏，舉賢良，封有德，賞有功，出使四方，此順火之化。

7.金用事，脩城郭，繕牆垣，審辟禁，飭甲兵，警百官，誅不法。

8.水用事，閉閭門，執當罪，飭關梁，此并順水閉藏之義。

---

[85] 〔隋〕蕭吉《五行大義・論治政》（《知不足齋叢書》，清嘉慶刊本），卷四，頁三一引《春秋繁露・治順五行篇》。又見〔漢〕董仲舒：《春秋繁露》（明程榮《漢魏叢書》本，長春：吉林大學出版，一九九二年）卷一三，〈治水五行第六十一〉頁一三八；同書，頁一三七〈五行順逆第六十〉所言略同。惟此兩篇實折解蕭吉所引〈五行治順篇〉而成，文句略異。考蕭吉書成於陳、隋間，相較於傳承自南宋樓鑰校本之《漢魏本》，當更合董仲舒原本。

《京房易飛候》亦云：

4.景風用事，人君當爵有功，封有德。

6.秋分，人君釋鐘鼓之懸。

7.立冬不周風用事，人君當興邊兵、治城郭，行刑罰，斷獄訟，繕宮殿。

8.冬至廣漠風用事，人君決大刑、斷獄訟、繕宮殿、封倉庫。[86]

四書所言，文字雖有差異，旨義則皆相類，八項之中僅缺第五項「地德、祀郊」而已。可信此類經解，已屬西漢傳注通識無疑。

更覈《御覽·天部》、《山堂肆考·風》，引《易緯通卦驗》此條，其中閶闔風至之政令皆作「解懸垂，琴瑟不張」[87]，同於《淮南》而異於《白虎通》。此益可證，光武之宣定圖讖與《白虎通》所言「八風」並非相互襲取，更非《白虎通》引用《通卦驗》讖文，實皆取資於漢代經學通識也。

此類與讖文相同，而實出於西漢經解通義者，實非少數，姑再舉三例如下：

---

86 〔清〕王謨輯《京房易飛候》（臺北：武陵出版社影印嘉慶三年刊王謨《漢魏遺書鈔》，一九八三年），頁七五。

87 〔宋〕李昉等：《太平御覽》卷九，頁七三。〔明〕彭大翼：《山堂肆考》（上海：上海古籍出版社，一九九二年），卷四，頁六。

〈號〉「帝者，諦也」，與《元命苞》相同。惟考以《詩・君子偕老・毛傳》：「尊之如天，審諦如帝。」88劉向《說苑・脩文》：「三歲一祫，五年一禘；祫者，合也；禘者，諦也。祫者，大合祭於祖廟也；禘者，諦其德而差優劣也。」89劉向《五經通義》：「帝者，諦也，取已遷廟主，食合太祖廟中。」90三書所解「諦」義，皆與《白虎通》相類，是知〈號〉所言者，當屬西漢經義，而非獨取讖文而來。

〈紼冕〉「垂旒者，示不視邪；纊塞耳，示不聽讒也」，同於《禮含文嘉》第四十八條、《禮稽命徵》第一五五條；然而《大戴禮》：「古者冕而前旒，所以蔽明；黈纊塞耳，所以揜聽也。」《淮南子・主術篇》：「冕而前旒，所以蔽明也。黈纊塞耳，所以蔽聰也。」皆與之相同。

〈崩薨〉「天子飯以玉，諸侯以珠，大夫以璧，士以貝」，與《禮稽命徵》第一一八條、一一九條、《春秋說題辭》第七三條相似；而《大戴禮》：「天子飯以珠，含以玉；諸侯飯以珠，大夫士飯以珠，含以貝。」《說苑・修文篇》：「天子唅以珠，諸侯以玉，大夫以璣，士以貝。」亦皆與之相類。

---

88 〔唐〕孔穎達：《詩經正義》，卷三之一，頁七。

89 〔漢〕劉向：《說苑》，卷一九，頁六七八。

90 〔明〕陳燿文：《天中記》（上海：上海古籍出版社，一九九二年），卷四二，頁二二引。

此類《白虎通》引書或行文，與讖文相同或相類之處，輒易使讖緯研究者衍生價值結果之誤斷，若能逐條詳為釐清，對於《白虎通》連篇累牘引讖之誤解，當有廓清之效也。

三、輯本誤收，致使《白虎通》文句與讖文相同

輯本多誤收讖緯佚文，自元陶宗儀百卷本《說郛》首輯讖緯佚文一卷，已然如此[91]，明孫瑴《古微書》專事輯佚讖緯三十五卷，凡十種、六十六篇，更多誤收者，清喬松年《緯攟》乃詳考其源，別出「《古微書》訂誤」一卷，考論《古微書》誤收文二〇一條，其中確屬誤收者三十四條[92]，而安居香山《重修緯書集成》仍皆并蓄不遺，致令學者依據錯誤資料，析論東漢讖緯思想，因而衍生誤斷。

《白虎通》所引述西漢傳注，亦頗見與讖緯文意相類者，而後世緯書輯本乃取以為讖緯

---

[91] 拙著《陶宗儀讖緯輯佚之文獻價值評議》（元代經學國際研討會，中研院文哲所，民國八十七年十二月），論及《說郛》誤收佚文，如誤認注文「妃房不偏……」為《孝經援神契》佚文，誤收張衡《渾天儀》「天如雞子……」、《山海經》「東極至西極……」為《春秋元命苞》佚文。

[92] 〔清〕喬松年：《緯攟》卷一三，〈古微書訂誤〉。誤收類有：⑴誤以《京房占》、《十三經注疏》、《路史》本文……等作讖文，⑵誤以讖緯注文作正文，⑶誤植讖緯篇名。其中⑴誤認它書本文為讖緯佚文者，吾嘗比覈東漢以降，諸史書、傳注、類書之相關引文，得三四條確然非讖緯佚文。

佚文，致令學者據此類誤輯，作為《白虎通》引讖之證，上文論述「《傳》曰、《禮說》」時，已知「歲閏、帝王師、帝王異貌」等皆屬此類，以下再作考覈，以言其實。

(一)歲閏禘祫之禮

《白虎通・巡狩》曰：

> 三歲一閏，天道小備，五歲再閏，天道大備。故五年一巡守，三年二伯出，述職黜陟。（卷六，頁二九〇）

所言「歲閏」，與黃奭本《禮稽命徵》第一一〇條相類：「三年一閏，天氣小備；五年再閏，天氣大備。故三年一祫，五年一禘。」《白虎通》言「天道」、「巡守」，《稽命徵》云「天氣」、「禘祫」，二者指意不同；惟歲閏之說，則二者無異。據此，《白虎通》又有暗引圖讖之處矣。然而詳考其實，《稽命徵》一一〇條出自張純奏疏，原非讖文，實屬輯本誤收；《白虎通・巡狩》此句亦未見歷代緯書輯本收錄，當非圖讖佚文也。

《白虎通》之「天道」云云，亦見於《大戴禮》「五歲再順（閏），天道大備」[93]，蓋

---

[93] 一二〇卷本《說郛》卷五，頁二三七引《大戴禮逸》。「順」當為「閏」字之誤。

源出於劉向《五經通義》：

> 王者、諸侯所以三年一祫，五年一禘，何？三年一閏，天道小備，故三年一祫。祫者，皆取未遷廟主，合食太祖廟中。五歲再閏，天道大備，故五歲一禘。禘者，諦也，取已遷廟主，合食太祖廟中。[94]

所言「合食祖廟」云云，證以光武建武二十六年（西元五〇），張純奏疏：「《禮》：三年一祫，五年一禘。毀廟之主，陳於太祖；未毀廟之主，皆升，合食太祖；五年再殷祭。」[95]所言「毀廟……再殷祭」，實即《公羊傳·文公二年》之傳文。再考劉向編纂之《說苑》，亦有類似之說辭，曰：「三歲一祫，五年一禘；祫者，合也；禘者，諦也。祫者，大合祭於祖廟也；禘者，諦其德而差優劣也。」[96]《白虎通·宗廟》取此意解說禘祫云：「禘之為言諦也，……祫者合也；毀廟之主，皆合食於太祖也。」[97]可知劉向、張純與《白虎通》、《稽命

---

[94] 〔宋〕李昉：《太平御覽》卷五二八，〈禮儀部七〉頁一七三。又見〔明〕陳耀文：《天中記》，卷四二，頁二二，引文相同。

[95] 〔劉宋〕范曄：《後漢書》，〈志第九〉，頁三一九四。

[96] 〔漢〕劉向：《說苑》，卷一九，頁六七八。

[97] 〔清〕陳立：《白虎通疏證》卷一二，〈宗廟〉頁五六七。

徵》所言之歲閏、禘祫，類同於《公羊傳》，皆屬西漢經解通說也。

再考光武建武六年（西元三〇），朱浮上書論吏治，嘗引「《傳》曰：『五年再閏，天道乃備。』」[98]與《白虎通》文意相同；其後，建武二十六年（西元五〇），張純奏議「禘祫」之禮，引「《禮說》：三年一閏，天氣小備；五年再閏，天氣大備。故三年一祫，五年一禘」。[99]此「《禮說》」則為輯本《禮稽命徵》之出典。《說郛》、《古微書》皆未收此條讖文，而殷元正《集緯》首錄此條入《稽命徵》，並於該條下自注：「《山堂考索・禮門》引《禮說》。」[100]惟覆查宋章如愚《山堂考索》，此條仍出於張純奏疏。[101]再檢覈歷代史傳注疏及類書等，尚無引此條作《稽命徵》讖文者，可知實屬殷氏誤認張純「《禮說》」為《禮稽命徵》也，當予刪除。[102]

由讖緯學述流衍而論，鄭玄以前所引之「《傳》曰」、「《禮說》」，實屬西漢經解通義，光武編修圖讖並未取張純所引之《禮說》入八十一卷之中，緯書輯本收錄者，實屬後世之誤認。是以《白虎通》此條「歲閏」說解並非襲取讖文之意者。

---

98 〔劉宋〕范曄：《後漢書》，卷三三，頁一一四三。

99 同前註，卷三五，頁一一九五。

100 〔清〕殷元正：《集緯》，見《緯書集成》（上海古籍出版社，一九九四年），頁七五五。

101 〔宋〕章如愚：《山堂考索・前集》（北京：中華書局，一九九二年十月），卷三二，頁九。

102 黃復山：〈漢代《尚書》讖緯學述〉，頁四七已有考論。

(二) 四夷之數

《白虎通．禮樂》謂：

> 東方為九夷，南方為八蠻，西方為六戎，北方為五狄。故〈曾子問〉曰：「九夷、八蠻、六戎、五狄，百姓之難至者也。」（卷三，頁一一二）

所載「四夷」之數，及配屬方位，甚為明確。惟所引〈曾子問〉之語，不見於今本《禮記．曾子問》中，亦不見於《大戴禮記》「曾子」十篇中[103]，卻與《禮記．明堂位》所言相近：「昔者周公，朝諸侯于明堂之位，……九夷之國，東門之外，……八蠻之國，南門之外，……六戎之國，西門之外，……五狄之國，北門之外。」[104]

「四夷」之數，黃奭本《尚書考靈曜》第三十五條亦載其說：「七戎、八蠻、九夷、八狄，總而言之，謂之四海。海之言昬晦，無所睹也。」若此，則《白虎通》暗引《尚書考靈耀》矣。惟詳覈經傳注疏言及「四夷」之數，如上引《禮記．明堂位》以「九夷、八蠻、六戎、五狄」為數；《周禮．職方氏》：「掌天下之圖，以掌天下之地，辨其邦國、都鄙、四

---

[103] 《大戴禮記》有〈曾子立事〉……〈曾子天圓〉等，以「曾子」為篇名者，共十篇。

[104] 〔唐〕孔穎達：《禮記正義》，卷三一，〈明堂位〉頁二。

夷、八蠻、七閩、九貉、五戎、六狄之人民與其財。」[105]以「四夷、八蠻、五戎、六狄」為說。其數皆互有異同。試製為一表如下，可知《白虎通》、〈明堂位〉，與《考靈曜》、《爾雅》、《周禮》者並不相同：

	《白虎通・禮樂》	《禮記・明堂記》	《尚書・考靈曜》	《爾雅・釋地》	《周禮・職方氏》
東	九夷	九夷	九夷	九夷	四夷
南	八蠻	八蠻	八蠻	六蠻	八蠻
西	六戎	六戎	七戎	七戎	五戎
北	五狄	五狄	八狄	八狄	六狄

由表可知：東方「九夷」，《周禮》作「四夷」；南方「八蠻」，《爾雅》作「六蠻」；西戎之數則有「五、六、七」三種；北狄則有「五、六、八」三種。而《白虎通》與〈明堂位〉之「六戎、五狄」，異於《考靈曜》、《爾雅》之「七戎、八狄」。覈以《周禮・調人》鄭玄注：「九夷、八蠻、六戎、五狄，謂之四海。」[106]與《白虎通》、〈明堂位〉舉數相同，可證《白虎通》乃承襲經意，必非取材自《考靈曜》也。

---

[105] 〔唐〕賈公彥：《周禮注疏》，卷三三，〈職方氏〉頁九。

[106] 仝前註，卷一四，〈調人〉頁一一。

再詳考「四夷」之數，孔穎達於《詩》、《書》注疏中已致其疑，謂：「徧檢經傳，四夷之數，參差不同，先儒舊解，此《爾雅》殷制。」[107]又云：「此（按：指毛《傳》）及《中候》直言『四海』，不列其數。」[108]是頗引讖緯之孔穎達，已明指讖文並無「四夷」之數；細檢歷代引及讖緯之史籍傳注與類書，迄至《說郛》，尚未收錄此條為《考靈曜》讖文，而首見於孫穀《古微書》，實乃誤認張華《博物志》卷一〈地〉之行文而來。筆者嘗於博士論文〈漢代《尚書》讖緯學述〉中，作過論證[109]。是以就《白虎通》此句而言，並未引用讖文。

(三)三日成魄

《白虎通・日月》云：

所以有闕，何？歸功于日也。三日成魄，八日成光，二八十六日轉而歸功，晦至朔旦，受符復行，故《援神契》曰：「月三日而成魄，三月而成時。」（卷九，頁四二五）

首句蓋言月闕之故，末句並以《孝經援神契》證之。所引《援神契》是《孝經緯》無疑，惟

[107]〔唐〕孔穎達：《尚書正義》卷一三，頁一。
[108]〔唐〕孔穎達：《詩經正義》，卷一〇之一，頁五。
[109]黄奭本《尚書考靈曜》第三五條為輯本誤收之讖文，詳見拙著〈漢代《尚書》讖緯學述〉頁二七二之考論。

《古微書》乃取首句「三日成魄……受符復行」一段，作為《孝經援神契》佚文⑩。以此而言，似乎《白虎通》嘗暗引讖文而不名也。

考以《藝文類聚・天部》嘗載：「《乾鑿度》曰：『月三日成魄，八日成光，蟾蜍體就，穴鼻始明。』」⑪《太平御覽・天部》亦引：「《詩推度災》曰：『月三日成魄，八日成光，蟾蜍體就，穴鼻始萌。』」（《事類賦》所引同）⑫可證「三日成魄，八日成光」八字的為讖文，然而其下「二八十六日……復行」十七字，實不見文獻引作讖文者，且《御覽》嘗錄此段作：

> 《白虎通》曰：「月所滿缺，何？歸功于日也。三日成魄，八日成光，二八十六轉如歸功晦朔，至旦受符，得復行也。」（卷四，頁二六）

李昉編纂《御覽》，既引《詩推度災》「月三日成魄」云云，又引《白虎通》此段，文字雖有更易，然而並未視作讖文也。是以喬松年斷曰：「此文見《白虎通》，未言是緯。孫氏摭

---

⑩ （明）孫瑴：《古微書》（《守山閣叢書》本），卷二七，頁二二〇。

⑪ （唐）歐陽詢：《藝文類聚》，卷一，〈天部上〉頁七。

⑫ （宋）李昉等：《太平御覽》，卷四，〈天部四〉頁三五。又見（宋）吳淑：《事類賦》（北京：中華書局，一九八九年）卷一，〈天部一〉頁一八。

作《援神契》，妄也。」[113]可知緯書輯本之誤，輒致學者析論之際，誤判《白虎通》多引讖文。是不可不作釐清也。

(四)日月運行遲速

《白虎通・日月》云：

《含文嘉》曰：「計日月右行也。」《刑德放》曰：「日月東行。」而日行遲，月行疾，何？君舒臣勞也。日日行一度，月日行十三度十九分度之七。《感精符》曰：「三綱之義，日為君，月為臣也。」（王謨輯元《大德本》卷四，頁二）

元《大德本》如此，而陳立《疏證本》「東行」下無「而」字，[114]並以「右論日月右行」為《刑

---

113 〔清〕喬松年：《緯攟》卷一三，頁一三。

114 此一「而」字，致使上下文句頗難點斷。明孫瑴《古微書》或見元《大德本》，乃以「而」字連讀。清陳立《疏證》（自序於道光一二年）去「而」字以明判上下文（卷九，頁四二三），是以喬松年《緯攟》（刊於光緒四年）循之撰〈古微書訂誤〉云：「『日行遲，月行疾』乃《白虎通》之語，非緯文。孫氏增一『而』字，連上文認作緯文，大誤；目為《考靈曜》，又誤。」（《緯攟》卷一三，頁一）喬松年據陳立刪節本，論斷孫瑴誤收讖文，是誤中有誤而結論適巧正確。版本斟勘之難，可見一斑。

德放》以上文句之旨意；次以「右論日月行遲速分晝夜之象」作「日行遲」以下之旨意。⑮顯然陳《疏》將此文分作兩段：「含文嘉……日月東行」論日月右行，「而日行遲……臣也」論日月遲速。《古微書》竟合「刑德放……之七」為一段，收入《尚書考靈曜》中⑯，是其篇名亦自作更易矣；殷元正《集緯》則取「日月東行而日行遲月行疾」十一字為《刑德放》佚文，並自注出典曰：「《白虎通》。」⑰是取《白虎通》原文而視作讖文。

然而嘉慶間趙在翰纂輯《七緯》，據《白虎通·日月》，取「日月東行」四字為〈尚書刑德放〉讖文，並自注云：

> 在翰按：《白虎通》……云：「日月東行。」其實與五星右行也。《古微書》引入《考靈耀》，竝譌連「日行遲月行疾」二十九字。（卷一一，頁三）

可見《古微書》之誤，已有學者察及。光緒中喬松年《緯攟》更明言：「『日行遲，月行疾』乃《白虎通》之語，非緯文。孫氏增一『而』字，連上文認作緯文，大誤；目為《考靈曜》，

⑮（清）陳立：《白虎通疏證》卷九，頁四二四。

⑯（明）孫瑴：《古微書》（《守山閣叢書》本），卷一，頁一六二。

⑰（清）殷元正：《集緯》，見《緯書集成》（上海古籍出版社，一九九四年），頁七四三。

又誤。」[118]是《古微書》此條實屬誤引讖文也。

詳考歷代類書，凡引錄此文者，皆標作《白虎通》無它。如隋末虞世南《北堂書鈔·日》「一日行一度」下注云：

《白虎通》云：「日行遲，月行疾，日一日行一度，月一日行三十度。」（卷一四九，頁九）

唐初歐陽詢《藝文類聚·日》（唐高祖武德七年，西元六四二編成）亦引：

《白虎通》曰：「日行遲，月行疾者，何？君舒臣勞也。日月所以懸著，何？助天行化，昭明下地也。日月徑千里。」（卷一，頁四）

明俞安期《唐類函·天部》、鄭若庸《類雋》引《白虎通》，皆與《類聚》同。[119]三則宋初李昉《太平御覽·天部》引作：

---

118 （清）喬松年：《緯攟》卷一三，頁一。

119 （清）張英：《淵鑑類函》（上海文藝出版社，一九九六年），第一冊，〈天部一〉頁三。按：張英於康熙中奉敕，增編俞氏《唐類函》為《淵鑑類函》，凡俞氏舊文，皆以「原」字標識。（明）鄭若庸：《類雋》（上海辭書出版社，一九九一年），卷一，頁一〇。

《白虎通》曰：「日行遲，月行疾，日行一度，月行十三度十九分度之七。日月徑皆千里。」（卷二，頁二八）

上述五書所引之《白虎通》文句，雖略有異同，然而節取自《白虎通・日月篇》無疑。自隋末《書鈔》迄明萬歷三十一年《唐類函》[120]，千年之間，皆未視此條為讖文，以此更可證知《古微書》輯佚之失實也。

由上文之探論，可知《白虎通》所引，原本出自西漢經學通義，並非取資讖文而來。然而輯本誤收讖文，輒使學者論述東漢經學與圖讖關係時，衍生偏頗之論斷，積弊既久，竟成定論，貽誤可謂深遠矣。

四、結語

《白虎通》本屬東漢章帝時朝臣、羣儒「講議五經同異」之總集，今存最早版本為元大德五年十卷本。清末陳立詳作《疏證》，除考校字句外，又廣引緯篇十一種、讖文三百餘條

[120] 《唐類函》前有萬歷癸卯（三一年，西元一六〇三）沈思孝、申時行等人序言。原書未見，此據鄧嗣禹《燕京大學圖書目錄初稿—類書之部》（臺北：大立出版社，民國七十一年），頁一九所言。

次，以裨解說《白虎通》旨意。近世學者或據此論斷《白虎通》與讖緯關係密切。

然而陳立《疏證》於文字考論中，偶有不足之處，如〈辟雍篇〉「帝王之師」引《論語讖》後，缺「《傳》曰」二字，致使下文所述「九帝九師」，難以論定是否的為讖文。又如〈日月篇〉「日行遲」上缺一「而」字，致令喬松年訂正《古微書》時，誤判孫瑴擅增「而」字。

除《白虎通》版本問題之外，元、明以降諸多緯書輯本，亦因誤輯而衍生讖文判讀之困擾。如《白虎通》所引之「《禮說》、《傳》曰」三十二條，本非圖讖佚文，而後世讖緯學者誤認，選取數條以入緯書輯本中，憑添《白虎通》多引圖讖之例證。今取與讖文相類者七例詳作考覈，可知引讖說並非實情。

再者，《白虎通》既屬漢代經學議論之總集，其多取西漢經解傳注之處固屬當然；而光武帝編定圖讖時，又欲融經義入讖書之中，以提昇圖讖地位，其取擷西漢經說者更不可免。是以《白虎通》所載之經義說解，頗有與讖文同源而相類者。元、明學者裒輯緯書佚文時，或見《白虎通》文句多與讖文相似，因而選入輯本中。此類輯本之誤認，致使清儒陳立疏證《白虎通》時，又擷取輯本誤收之讖文為證；學者循之，乃多謂《白虎通》引圖讖解經。今略取十五例，詳覈其實，考知《白虎通》所取乃西漢經解通義，而東漢光武帝官定圖讖時，適取相同經說成編。是則《白虎通》與讖緯解義偶或同源，並非相互取資也。

綜合上論，《白虎通》與光武帝官定圖讖之關係，並不直接。二者解經相近之文句，實多屬各自資取於漢代經學通義者。蓋以今日習見之各種緯書輯本，於判斷取擇佚文時，多憑臆斷，疏漏乃夥，以致研究者循其譌舛，誤解圖讖在「白虎觀論議」時之影響力，增添學者判解東漢經學及圖讖真象之誤會也！是皆不可不作釐清！

伍、《公羊傳注疏》與讖緯關係探實

鄭玄《六藝論》云：「《左氏》善於禮，《公羊》善於讖，《穀梁》善於經。」❶戴宏〈公羊序〉亦謂：「漢景帝時，壽乃共弟子齊人胡母子都著於竹帛，與董仲舒皆見於圖讖。」❷是以唐楊士勛釋其義曰：「《公羊》善於讖者，謂『黜周、王魯』及『龍門之戰』等是也。」❸此說既成定論，其後學者如明劉定之《策略》❹、清皮錫瑞《經學通論》❺皆用之不疑。然而《解詁》言龍門之戰，引「流血尤深」、「死傷者眾」❻，皆為直述其事，未見怪

❶ 〔唐〕楊士勛：《穀梁傳序疏》（臺北：藝文印書館，民國七十年），頁一引。

❷ 〔唐〕徐彥：《公羊傳序注疏》（臺北：藝文印書館，民國七十年），頁二引。

❸ 〔唐〕楊士勛：《穀梁傳序疏》頁一。

❹ 〔明〕劉定之：《策略》云：「三傳之說，互有得失，言語其得，則《左氏》善於理，《公羊》善於讖，《穀梁》善於經。」（〔清〕徐文靖：《管城碩記》〔文淵閣《四庫全書本》〕卷一〇，頁二六引）

❺ 皮錫瑞云：「鄭君從第五元先習《公羊》，其解禮多主《公羊》說，……嘗云：『《左氏》善於禮，《公羊》善於讖，《穀梁》善於經。』已為兼采三傳之嚆矢。」（《經學通論・春秋》，〈論《春秋》兼采三傳不主一家始於范寧而實始於鄭君〉〔臺北：臺灣商務印書館，民國六十三年〕，頁二〇）

❻ 分見於〔唐〕徐彥：《公羊傳注疏》卷五，頁四、頁一三、頁一四。

奇之語，亦不及《孟子・盡心》「血之流杵」深刻；而「黜周、王魯」，本即《春秋》大義，非讖緯學之獨具。是則「《公羊》善於讖」之指意，究竟如何？似應再作具體之探論，以見其實。

學者於「《公羊》善讖」所作之具體論述，蓋據《解詁》為說，如清孫志祖嘗謂：「何邵公之注《公羊》，引用（緯）尤多。」因撰〈公羊注引緯〉一文，凡述《解詁》引緯四十四條，其中《春秋緯》三十三條最多，其餘《孝經緯》、《禮緯》各四條，《易緯》二條，《樂緯》一條；至若年代，則僖公八條，隱公五條，莊公、文公、宣公、定公各四條，成公、昭公各三條，桓公、哀公各二條，襄公及敘各一條，閔公注未引讖緯。所言頗詳。呂宗力〈公羊傳與緯書思想〉（一九八四年）亦列舉三十三條二者相類之文句❼，惟僅以上欄《公羊》、下欄讖文之表解形式，未作析論。其後，張廣慶於碩士論文〈何休《春秋公羊解詁》研究〉（民國七十九年）中，論及《解詁》「徵引讖緯注經」❽，得《春秋緯》四十四條、《禮緯》五條、《孝經緯》四條、《易緯》、《樂緯》各二條、《尚書緯》一條，凡五十八條。近則日田中麻紗巳亦撰〈《春秋公羊解詁》緯書關連個所〉（一九九三年），據陳立《公羊義疏》，

❼ 呂宗力《緯書與西漢今文經學》（收入《讖緯思想の綜合的研究》中，東京都：國書刊行會，昭和五九年〔西元一九八四〕），頁四〇七。

❽ 張廣慶〈何休《春秋公羊解詁》研究〉，收入國立師範大學《國文研究所集刊》第三四號（民國七十九年六月），頁一五〇～一七〇。

條列《公羊傳》引讖凡六十九組❾，其中《春秋緯》五十五條、《禮緯》八條、《孝經緯》四條、《易緯》三條、《樂緯》二條、《尚書中候》一條，共計七十三條。

諸家所考，由四十四條、五十八條以至於七十三條，若較以《公羊解詁》引經傳二二二條❿而言，仍不足三分一之比。況且《解詁》所引讖文，尚有義同漢代經解，泛見於諸經傳記之中者，如墮費一條，徐《疏》謂「《春秋說》及《史記》皆有此言」；天子特禘一條，乃「《禮記》及《春秋說》文」；屬長之制一條，「《王制》及《春秋說》也」；更有「《春秋說》文，亦時王禮也」之例⓫，「時王禮」蓋即《解詁》常言之「春秋之制」也。

是以諸家止依據徐彥《公羊疏》、陳立《公羊義疏》所言之讖緯條數，作一量化統計，既未與鄭玄所注之「讖」（亦即光武官定之圖讖）作全面比覈，又未就《解詁》所引讖文對經義所產生之影響，作具體析述，是猶有憾也。有鑒於此，故全面比覈《解詁》、徐《疏》所言與讖緯相類者，一一條列，再以類分，得一一三組，每組或作考文、釋義，撰成「《公羊傳注疏》之讖緯資料類編考釋」一文。既知《公羊傳注疏》與讖緯關係之條數，更據此以探論「《公羊》善於讖」之實情，對於此一議題將更有明確之證明。

❾ 收入中村璋八編《緯學研究論叢》（東京都：平河出版社，一九九三年），頁六三～六五。

❿ 仝註❽，頁一四九。只計經、傳，而不及《國語》、師說等子、史部分，已得二二二條。

⓫ 詳見本書〈《公羊傳注疏》之讖緯資料類編考釋〉第五、一七、二〇、二八、三三、三七、四三、六二、八七、八八、九七、九九等十二組所載。

一、《公羊傳注疏》與讖緯關係之條數分析

《公羊傳注疏》與讖緯有關之文句，共一三七條，類分為一一三組，其中《傳》文與讖緯相同者三條⑫，當屬光武編纂圖讖時，採西漢經傳入讖者；何休《解詁》明引讖文者二條⑬；徐彥《疏》謂何休《解詁》之語出自讖文者，《春秋緯》四十二條、《禮緯》七條、《易緯》二條、《樂緯》三條、《孝經緯》二條，共五十六條⑭；又有《解詁》所言，取自讖文、或與讖文相似，徐《疏》未作說明，而得他書或比對讖緯佚文而知者，有七條⑮；四類共計六十八條。此外，《注疏》尚有文句似讖、或與緯書輯本佚文相同，經由考證後，知為輯本誤收，

---

⑫ 《傳》文與讖文相同：一四「無易樹子」、六九「王者謂文王」、七〇「三世異辭」，共三條。

⑬ 〔漢〕何休《公羊傳解詁》明引讖文：六四引《易中孚記》、九九引《援神契》，共二條。

⑭ 何休《解詁》所言，徐彥謂之讖文者，得《春秋緯》：〇一、〇二、〇四、〇五、〇九、一二、一七、一九、二一、二二、二四、二七、三三、三四、三九、四三、四五、四六、四八、五四、六五、六七、六八、七〇、八二、八四（二條）、八五、八六、八七、八八、八九、九一、九二、九五、九六、九七、九八、一〇二、一〇五、一〇八、一一一，共四十二條；《禮緯》：〇七、一五（二條）、一六、二八、三五、三六，共七條；《易緯》：二六、四〇，共二條；《樂緯》：〇四、二三、二五，共三條；《孝經緯》：〇八、二二，共二條。

⑮ 何休《解詁》與讖文相似，而徐《疏》未言者：三七、三八、四九、六二、七七、九八（二條）。

或《解詁》取自通義，並非讖文者，得十四條⓰。總計《解詁》與讖文有關者，凡八十二條。再者，獨屬徐彥《疏》文引讖之例，亦不少見，凡得六十五條⓱。由知可得《解詁》與徐《疏》引讖文，當有一三七條。惟此一條數，引文重複者二十一次，故明確言之，應作一三七次、一二六條。

然而一一三組之中，仍有二十六組未引讖緯篇目、亦非《解詁》引讖而不名者，以此而計，其餘明引讖篇者凡八十五組，總計引用《春秋緯》、《禮緯》、《樂緯》、《易緯》、《孝經緯》、《尚書中候》等讖緯六種、二十一篇、一三七次、一二六條不同之讖文，外加

⓰ 何休《解詁》似讖文而實非者：一〇、一一、一八、二〇、二八、三一、三七、四一、四二、四四、五一、五二、六〇、一一二。

⓱ 獨見於徐《疏》之讖文：泛言《春秋說》者：〇三、〇六、三〇、三二、五六、五九、六八（二條）、六九、七二、七四、八〇、八一、八二（三條）、八三（二條）、九三、九六、九九（二條）、一〇一、一〇二、一〇三、一〇六（二條）、一〇八、一一〇（五條）、一一三，共三十五條；有《春秋緯》篇名者，共十八條，計有《春秋緯文耀鉤》五〇，《運斗樞》六一、七〇（二條），《演孔圖》七〇、一〇二，《說題辭》七三、一〇三、一〇九，《感精符》七六（五條）、一〇三，《考異郵》九四、一〇三，《揆命篇》一〇二；共計五十三條。至於引用其他讖緯篇名者，有十二條，如《孝經緯》：一〇七（二條）、一一〇，以及七一《孝經援神契》、一〇七《孝經鉤命決》；《易緯》：五四、七五，以及五五《乾鑿度》；《尚書中候》：一一二以及七九《我應瑞》；而止引一條者，有七九引《禮說》、二三引宋均注《樂說》。總計徐《疏》引用讖篇六十五條。

宋均《注》十三條⓲。至若《尚書緯》、《詩緯》、《論語讖》、《河圖》、《雒書》則未見引用。惟若以讖緯輯本所收佚文比對，則《注疏》引文又有與《尚書緯》等前四緯相同者⓳。

以十二公計數，則隱公朝引三十六條，三十三條在元年《疏》；桓公朝引十三條，平均分配在前十三年中；莊公朝引十條，見於一、二、十、十四等四年中；僖公朝引十四條，見於三、四、八、十六、十九、二十八、三十一、三十三年中；文公朝引五條，見於二、五、九年中；宣公朝十條，見於三、八年中，成公朝六條，見於五、八、十五～十七年中；襄公朝五條，見於十六、二十九、三十年中；昭公朝八條，散見九、十二、十七、二十、二十五、三十一年中；定公朝十一條，散見於四、八、十、十二、十五年中；哀公朝十六條，十三、十四年「獲麟」《疏》引讖十四條，四、十二年各一條；此外，何休〈公羊序〉中，徐《疏》亦引讖三條；總計一三七條。閔公即位僅二年，未見與讖有關之載錄。

由年代觀之，《春秋》二四二年中，僅有五十五年引讖解經，約得三分一之比。其朝代比重，則隱公、哀公兩朝即引讖五十二條，而「所傳聞之世」四公合計七十三條，皆可推知《注疏》引讖，當就《公羊傳》中特定部分而發，並非全書浸涵於讖緯思想中。

⓲ 宋均所注者：注《春秋緯》：〇一、〇二、六七（二條）、七二、八三、九五、一〇一、一一三，注《元命包》：六九，注《感精符》：七六，注《樂緯》二三、二五，共十三條。

⓳ 如《尚書緯》見第五二、七九組；《詩含神霧》見第二九組；《論語讖》見九九、一〇〇組；《河圖》見第四二、七八組。

然而條數計算，由於徐《疏》引讖方式或未盡明確，故止能算其大概，如徐《疏》引《春秋說》者，計有六十八組、凡九十五條，引用方式，有一事之中，前文已引篇名及讖文，後文再引該條、或篇名，如第九十八組，應分別計算，抑只作一條計？又有一段之中，連引五條《春秋說》讖文，輯本雜入各緯之中，如第一一〇組；有連引四條《春秋說》，卻止是拆解一條讖文而作分述者，如第三十九組。是以引用次數及讖文條數之多寡，止可作約略之計數也。

若就「緯以配經」為論，《公羊傳注疏》所引緯書當以《春秋緯》為主；然而以黃奭《通緯・春秋緯》十五篇，佚文約二二〇〇條[20]估算，《注疏》僅引九十五條，尚不及百分之五，實不可謂多也。

---

[20] 〔清〕黃奭《通緯》所引讖文，每於佚文末字下注明出典，以此計為一條，其《春秋緯》部分凡得《春秋緯》三二四條、《演孔圖》一〇一條、《元命包》三八八條、《文耀鉤》四二五條、《運斗樞》一九九條、《感精符》二〇〇條、《合誠圖》一三二條、《保乾圖》四五條、《佐助期》六二條、《握誠圖》一一條、《潛潭巴》一三二條、《說題辭》一一六條、《命歷序》五七條、《內事》十條，共計二二〇二條。若再計入安居本所增而不見於黃奭本者，將逾二五〇〇條佚文。

二、《公羊傳注疏》與讖緯關係之文意分析

《公羊》學與讖緯關係，就數量而言，二者比例既稱懸殊，則其所引之讖緯文意，是否具備經解上之關鍵性影響，乃有探論之必要矣。今以《春秋緯》為論，《春秋緯》已佚，存目十五，趙在翰嘗撰〈春秋緯敘錄〉，就其中十三篇篇名，試作發微，云：

《春秋緯》者，諸弟子私記夫子成《春秋》之微言也。……兩楹道喪，弟子默記前聞，推衍遺訓，編緯一十三篇，聖人範圍天地，曲成萬物，徵於是矣，大矣哉！其敘首《演孔圖》，紀黑精之降，應圖而生；聖人生而制命，《元命苞》次之；制命書成，九月萬八千字，燭地動天，《文耀鉤》次之；文以道運，得度有常，稽之於天，青赤相宜，次舍燦列，其樞在斗，《運斗樞》次之；斗降精，聖人起，《感精符》次之；天人之合，以誠通其象，《合誠圖》次之；天垂象示吉凶，《攷異郵》又次焉；承天時行，膺運受籙，《保乾圖》次之；兩漢繼興，天所授也，《漢含孳》、《佐助期》次之；誠者天道，王者所握，《握誠圖》又次之；其機難測，其理難明，幽則潛也，曲如巴也，《潛潭巴》又次之；終以《說題辭》總解經言，闡揚緯理也。（《七緯》卷三八，頁五）

其說以為：《演孔》記孔聖獲圖，《元包》、《文鉤》言孔聖制作，《運斗》、《感精》、《合誠》、《攷異》遞述道運之次，《漢含》、《佐助》、《握誠》則言漢興之事，天機潭深故以《潛潭》名之，而《說題》則為《春秋緯》總解。覈以徐《疏》所引《春秋緯》，殆見此意。

蓋徐彥《公羊疏》所引《春秋緯》具篇名者八，乃《演孔圖》、《元命包》、《文耀鉤》、《運斗樞》、《感精符》、《考異郵》、《保乾圖》、《揆命篇》，至若指意，如《考異郵》言陳火、長人、螽死之異，《元命包》論王者指稱，《感精符》說五帝運期，《說題辭》總論七等宣化、《春秋》之傳，皆頗符趙氏之論。

陳立《公羊義疏》亦指《解詁》多用讖緯災異之說，云：

> 自董仲舒推言災異之應，開讖緯之先，何氏又從而祖述之，迹其多方揣測，言人人殊，謂之推廣《傳》文則可，謂之《傳》之本指，則未見其所以然也。（卷四八，頁一二七七）

董仲舒《春秋繁露》既舉漢代《公羊》學大纛，何休《解詁》又尊崇《公羊》經義，其取用《繁露》處，固屬當然，惟詳考《解詁》、徐《疏》引用讖緯，適與《繁露》相同者，僅得十五例㉑。藉此雖可推知光武編纂讖緯之際，頗取材於西漢經傳如《繁露》者；卻難論證《解詁》、徐《疏》取用《春秋緯》。

今以《春秋緯》佚文與《公羊傳注疏》詳作比對，則《公羊》用緯之說似有輕重之失，試取黃奭本《春秋緯》細作分類，約得七類：經義、史事傳說、天文氣象、地理、物產、道家方術，以及占驗㉒。其中「經義、史事傳說」與經學有關，僅佔《春秋緯》佚文十分之三，

㉑《解詁》引讖，與《繁露》相同者，如〇二「官制象天」、〇三「周爵五等」、一一「王者受命」、一四「無易樹子」、一八「贄禮」、二三「王者樂名」、二八「天子之牲角握」、三四「帝牲三牢遞養」、五一「三正月及所尚色」、六八「王者正天端」、七〇「三世異辭」、八〇「褒賞儀父」、八七「梁亡如魚爛」、一〇四「聖人不空生」、一〇八「《春秋》之用辭」，共十五例。

㉒《春秋緯》十五篇之內容，約可分作七項：

1.經義：多為解說《春秋》經文，亦有闡述《易》、《詩》、《禮》、《周禮》、《尚書》之經義，如四始、五際等。

(1)禮制：如天子官制、九錫、爵等、三老五更、禘祫、社稷、明堂制度。

(2)樂理：如五音十二律、八種樂器、五音配屬五行、王者之樂。

(3)解字：如「刑字從刀、從井」、「人者仁也」、「日之為言熱也」之類，約得百餘字。多見於《說題辭》以及安居本《元命包》中。

2.史事傳說：

(1)三皇、五帝、三王行蹟、帝王異貌、感生說、上天五行帝。

(2)西周、春秋、戰國史事。

蓋即《公羊傳注疏》引讖範圍；其餘四項約得五分之一，而「占驗」一項，佚文近乎二分之一，此五類、佔十分七之佚文，徐《疏》則少有引用。是則就《公羊傳》內容而言，確實與讖緯有明顯差別。

徐《疏》引讖所以少及「占驗」，殆因《公羊》之災異與讖緯之災異有別。蓋漢代言災異者，有伏生《大傳》、董仲舒《繁露》、京房《易傳》、翼奉《齊詩》、夏侯勝、劉向、劉歆皆言《洪範五行傳》，其餘如谷永、李尋、孟睦、夏賀良等，亦附會經義而侈言災異感應。是以皮錫瑞謂：「（漢代）儒者以為人主至尊，無所畏憚，借天象以示儆，庶使其君有失德者猶知恐懼修省，……亦《易》神道設教之旨，漢儒藉此以匡正其主。」㉓漢儒既好說災

(3)孔子行蹟、弟子行誼、獲麟、作《春秋》。
(4)秦滅漢興、劉邦、張良事蹟。
3.天文氣象：述說曆算、節氣、月令、四季政令，以及風雲雨雪冰霜等氣象。
4.地理：述說天地開創、形質、九州、崑崙、各山水方國名義。
5.物產：動物，如四靈、飛禽、走獸、魚類；植物，如農作、本草。
6.道家方術：桃符、長生術、陰陽宅與男女。
7.占驗：此類最多，近乎《春秋緯》二分一數量。
(1)陰陽占驗、(2)候氣法、(3)帝王吉凶占驗、(4)兵戰占驗、(5)水旱荒饉占驗、(6)日月占驗、(7)星占：北斗七星、五星、二八宿、雜星。

㉓ 皮錫瑞《經學歷史・經學極盛時代》，頁一〇六。

異，以預誡人主，光武之官定圖讖又以災異、占驗見長，則詳載軍國災異之《漢書‧五行志》，當與《公羊》、讖緯關係密切矣。

然而《漢志》載錄三代以來災異，約三五〇事，其中春秋隱公元年以迄哀公十四年之二四二年間，災異約錄一六八事，如：沙鹿崩、地震、蒲社災、宮廟火、大水、大旱、龍鬥、蛇鬥、水鬥、鸜鵒來巢、六鷁退飛、五石隕宋等等，乃罕見於《公羊傳注疏》所引讖文之中。雖則黃兆基《漢代公羊學災異理論研究》謂：「何休《公羊解詁》承續董仲舒之災異理論，又援引讖緯以戒人君，立下災異理論寓經世致用之道。」㉔更專闢「何休《公羊學》以讖緯說災異」一節㉕，論述何休引讖解經；然而所述《公羊》災異與讖緯之關係，仍未出張廣慶、田中麻紗巳之已言。綜觀其書，適足反證《公羊》之災異，實與讖緯所言之災異不同。

逐條比對《漢志》所引之「董仲舒以為」、劉向歆父子《五行傳》、《京房易傳》等詮解天災異象之文，除皆運用秦、漢以來之五行、陰陽理論外，實不見與今存之讖緯佚文有文字上之聯結關係。是亦可知：光武之圖讖，與《漢志》之災異詮解，並不相同。至於讖緯之災異，足以闡釋《公羊》經義，而並非出自西漢通義者，亦屬少數。若今人雜取西漢災異說辭而命之「讖緯」，以附會《公羊》引讖解經，則不足論矣。

㉔ 黃肇基《漢代公羊學災異理論研究》（臺北：文津出版社，一九九八年），頁二二二。

㉕ 仝上註，頁一八一。

三、《公羊傳注疏》與讖緯經說之異同

(一)讖緯所言《春秋》經義，未見於《公羊傳注疏》者

上文已述《春秋緯》類分七項，僅有「經義、史事傳說」見於《公羊傳注疏》所引用。然而就此兩項中，亦有與《春秋》經義有關，而《注疏》未作引用者。

1.《注疏》未言「三教相變」

《春秋元命包》第二十四條：「三王有失，故立三教以相變。夏人之立教以忠，其失野，故救野莫若敬。殷人之立教以敬，其失鬼，故救鬼莫若文。周人之立教以文，其失蕩，故救蕩莫若忠。如此循環，周則復始，窮則相承。」此類「三代之教」亦屬漢代經學常言之議題，如《禮記・表記》、《史記・高祖本紀》、《鹽鐵論》、《白虎通》、《論衡・齊世篇》，皆有論述，圖讖既歸諸《元命包》，何以《公羊》學論三代文質、三正若循環等議題，皆未述及？

2.《注疏》未釋「以妾為妻」

《春秋感精符》第一九四條言君王房衽之戒：「陰氣之專精，凝合生雹。雹之為言合也，以妾為妻，大尊重。九女之妃，闕而不御，坐不離前，相去之心，同輿參駟，房衽之內，歡欣之樂，政事失人，施而不博，陰精凝而見戒。」《春秋考異郵》第十九條亦有相同之載記：

「陰氣之專精，凝合生雹。雹之為言合也。以妾為妻，大尊重，九女之妃，闕而不御，坐不離前，無由相去之心，同輿參駟，房衽之內，歡欣之樂，專政失人，施而不博，陰精凝而見成。」兩條讖文皆屬《春秋緯》，所言又與《公羊傳》「諸侯壹聘九女」文義有關，《解詁》及徐《疏》於婚娶、婦道言之甚詳，何以此處兩條「配《春秋經》」之緯文未作取用？

3.《注疏》未闡釋「救日食法」

《春秋感精符》第一一九條詳述救日食之法，文句甚長，云：

> 救日蝕，天子南面稟圖書，察九野，萌者絕，始正本，案類敕下開府，郡官修政，招賢進士，獨戒其萌，所以防塞之者。故日蝕大水，則鼓，用牲於社，社者，陰之主。朱絲縈社，鳴鼓脅之也。消變之道，案明壇南郊，日之將蝕，漸青黑，謹遣大將、三公，如變所感之過，以告天曰：「天子臣某，謹承天戒，退避正居，思行侃誤。陽精有蔽己政，類棄正事，去非釋苛禁，不敢直命，遣臣欽踰，已絕國害之謫，近以緒盡力宣文，思維己過，願得修政，以奉宗祖，追往翼今，勉開嘉紀，縱大陽精，以興日寶。」歸報天子，三日就宮，遣使召諸侯問過，舉名士，察奸理冤，督教化不宣者，審以勑身，務佐為行，天子吉。

考《春秋繁露·精華》載有除大水法，與救日食之義相同，以為因應「《春秋》十二公，二百四十二年，日食三十六」㉖之災異也，可知此說乃大義之一。《公羊傳》言日食及救日食處甚多，如莊公二十五年《解詁》「朱絲營之，助陽抑陰」云云，即為救日食之用。然而此條《感精符》讖文所述詳盡，足以解說《解詁》未盡之處，而徐《疏》亦未引用。若謂讖文太長，不便引述，則徐《疏》亦有引述長文之例，如隱公元年引戴宏《解疑論》「聖人不空生」、《史記》「春秋之義」、哀公十四年引《孔叢子》，皆屬長文也。是則徐《疏》未引此條讖文，亦因未盡以讖緯附會經義也。

再則，《春秋感精符》第二十二條：「人主含天光，據機衡，齊七政，操八極，故君明聖，天道得正，則日月光明，五星有度。日明則道正，不明則政亂，故常戒以自敕勵。日食皆象君之進退為盈縮，當《春秋》撥亂，日食三十六，故曰至譴也。」所言「據機衡、齊七政」「撥亂、至譴」，皆為經義之常言，更與日食解義有直接關係，亦未見徐《疏》引用。

4. **《春秋》其他載事，《注疏》未引讖文作解**

《公羊傳》僖公三十三年載：「霣霜不殺草，李梅實。何以書？記異也。」以「配經」而言，《春秋考異郵》第十七條已作正解。云：「魯僖公即位，隕霜不殺草，臣威強也。李梅實，梅李大樹，比草為貴，是君不能伐也。」再者，《春秋考異郵》第十六條所言，亦與「隕霜」之災有關：「霜者陰精，冬令也。四時代謝，以霜收斂。霜之為言亡也，物以終身

㉖ 〔漢〕班固：《漢書》（北京：中華書局，一九八二年）卷二七，〈五行志〉頁一五〇〇。

也。」《解詁》、徐《疏》皆未用以闡釋經義。

《公羊傳》昭公二十五年載：「有鸛鵒來巢。何以書?記異也。」讖緯述及鸛鵒者頗多，如安居本《春秋考異郵》a七九條：「鸛鵒者飛行，屬陽，夷狄之鳥，穴居而屬於陰，木巢者奪陽，時季氏逐昭公，夷狄之類也。」黃奭本《春秋潛潭巴》第五十四條：「東壁主十月，日色如黑文往往。若四月朔日日蝕，後七十日，蛇群入市，雉死廟堂之中，主失國，野鳥跦跦，或致鸛鵒，君王危，天下驚，鄰國入，主出，臣下逐上，其類令君修德，因戹為福。」皆可解釋經義，而《注疏》未作引用。

吾人雖不必非議徐《疏》未引讖文，然而此類言及經義，不異於西漢災異說辭、又足供論證之讖文，於讖緯解釋經義之條數中已屬難得者，既謂「《公羊》善於讖」，仍未見其取用，則其與讖緯之關係，並非十分密切也。

(二)《公羊》學大義，未見讖緯論述

光武圖讖八十一卷未盡含《公羊》經義，本無足奇。若依學者「配經」之論斷，則編纂之初，即應斟酌收入《公羊》學所著重之經學議題。然而《公羊》學者如李新霖《春秋公羊傳要義》、蔣慶《公羊學引論》，論述《公羊》學基本思想時，乃罕言《公羊》與讖緯有關。以下姑取《公羊》大義四項，以見《春秋緯》編纂之初，其實未就「配經」以作考量也。

1. 讖緯未言「經、權」之辨

《公羊》既出於孔子，則孔子「大德不踰閑，小德出入可也」「可與適道，未可與權」之「守經、權變」觀，必不可廢缺矣。《公羊・桓十一年傳》云：「權者何？權者反於經，然後有善者也。權之所設，舍死亡無所設。行權有道，自貶損以行權，不害人以行權。」此乃孔、孟所推崇，漢儒所遵循者㉗，讖緯未有所述。

2. 讖緯未言「大復讎」之義

《公羊》有大復讎之義，如莊公九年，齊、魯戰於乾時，魯師敗績，《公羊傳》曰：「曷為伐敗？復讎也。此復讎乎大國，曷為使微者？公也。公則曷為不言公？不與公復讎也。曷為不與公復讎？復讎者在下也。」可知《傳》文誇大魯師敗績，乃欲說明二義：「一為復讎之心須誠，一為復讎之戰雖敗猶榮」㉘。乾時之戰未見錄於讖緯佚文中，復讎之義亦非讖緯所嘗言，可知諸緯未以此說為重。

3. 讖緯未言「六十閉房」之禮

《解詁》論及「男子六十閉房」之禮，見《公羊・隱公元年傳》「桓幼而貴，隱長而卑」，《解詁》謂：「男子年六十閉房，無世子則命貴公子。」徐《疏》則引「《家語》云：『男

㉗ 詳見李新霖〈春秋公羊傳要義〉（臺灣師範大學國研所博士論文，民國七十三年，五月），第五章〈經權說〉。

㉘ 仝上註，第四章〈復讎論〉，頁一八四。

女不六十者不閒居。』閒居不禁閉房」㉙為說。此「閉房」之義，《白虎通・嫁娶篇》嘗有論述，曰：「男子六十閉房，何？所以輔衰也，故重性命也。」㉚迄至北朝，甚至有以「閉房記」為名之讖書傳世，魏高祖太和九年（西元四八五）春正月戊寅，詔曰：「自今圖讖、祕緯及名為《孔子閉房記》者，一皆焚之。」㉛然而此一人生大欲之「閉房」說，雖見於東漢初之白虎觀群經議論上，又於後世藉其名造生為讖書，卻未收錄於光武圖讖中。

4. 讖緯未言「七棄」之禮

《解詁》嘗論「七棄」之禮，而不見於讖緯。《莊公二十七年》「大歸曰來歸」，《解詁》釋其義曰：

> 大歸者，廢棄來歸也。婦人有七棄、五不娶、三不去。嘗更三年喪，不去，不忘恩也；賤取貴不去，不背德也；有所受無所歸，不去，不窮窮也。喪婦長女不娶，無教戒也；世有惡疾不娶，棄於天也；世有刑人不娶，棄於人也；亂家女不娶，類不正也；逆家女不娶，廢人倫也。無子棄，絕世也；淫泆棄，亂類也；不事姑舅棄，悖德也；口舌

㉙（唐）徐彥：《公羊傳注疏》卷一，頁一一。

㉚（清）陳立：《白虎通疏證》（北京：中華書局，一九九四年）卷一〇，〈嫁娶〉頁四九二。

㉛（北齊）魏收：《魏書》卷七上，〈高祖紀上〉頁一五五。

棄，離視也；盜竊棄，反義也；嫉妒棄，亂家也；惡疾棄，不可奉宗廟也。[32]

所言「婦人有七棄、五不娶、三不去」，皆屬東漢禮制中最常見之科條，讖緯若欲「配經」，已發「三綱、六紀、五始、七等」之說，何以不收此事？亦見讖緯之編纂，未以「配經」為初衷也。

據上而論，《公羊傳注疏》與讖緯相符之條數，本即不多，而兩者又各有獨具之解義，似未相互擷取，如此而說《公羊》善於讖，實因《公羊》與讖緯皆好言災異，故有雷同之意。而二者之災異，又不盡相同，是以取用西漢災異以說《公羊》者，實少用讖緯之文作解也。

四、《公羊》解義與讖緯相似，實屬西漢通說者

《解詁》與徐《疏》中，不乏解讖同於讖緯文義之短句，然而詳覈其實，乃取自西漢傳記而來，並非取自讖緯之說。

如《公羊‧隱公五年傳》「初獻六羽」，徐《疏》：「溫雅而廣大者，土之性也；方正而好義者，金之性也；惻隱而好仁者，木之性也；整齊而好禮者，火之性也；樂養而好施者，

32 〔唐〕徐彥：《公羊傳注疏》卷八，頁一七引。

水之性也。」㉝考諸讖文，有《樂動聲儀》第八十二條：「仁者有惻隱之心，本生於木。」與之相符。是則徐《疏》此處似引讖文而較今輯本更為完備矣。惟考其詳，則徐《疏》典出《韓詩外傳》，劉向《五經通論》、班固《白虎通》皆嘗言之㉞，固非東漢造生之圖讖獨有也。

又如《公羊．文公十三年傳》「封魯公」，徐《疏》引《周書．作洛篇》曰：「封人社壝，諸侯受命于周，乃建大社于國中。其壝，東青土，南赤土，西白土，北驪土，中央釁以黃土。將建諸侯，鑿取其一面之土，包以黃土，苴以白茅，以為社之封。」㉟與《尚書緯》第四條大致相同：「天子社，東方青，南方赤，西方白，北方黑，上冒以黃土，將封諸侯，各取方土，苴以白茅，以為社。」然而本書〈《白虎通》引讖說原始論略〉「五方社祭」中，已辨明《周書》先於《尚書緯》傳世，徐《疏》此處固非引用讖文者。

三如《公羊．僖公三十一年傳》：「天子秩而祭之，觸石而出，膚寸而合，不崇朝而徧雨乎天下者。」㊱句中「觸石而出」四字，又見於《春秋元命包》第一六一條：「山者氣之苞含，所以含精藏雲，故觸石而出。」以及《春秋說題辭》第二十三條：「動陰路，觸石而起謂之雲，含陽而起。」然而《公羊傳》文實與《尚書大傳．虞傳》相同：「五岳皆觸石出雲，

㉝（唐）徐彥：《公羊傳注疏》卷三，頁四。

㉞（清）陳立：《白虎通疏證》卷三，〈禮樂〉頁九五有說。

㉟（唐）徐彥：《公羊傳注疏》卷一四，頁六。

㊱仝上註，卷一二，頁二一。

扶寸而合。不崇朝而雨天下。」[37]其後，《淮南子・氾論》亦引類似之文，曰：「以時見其德，所以不忘其功也。觸石而出，膚寸而合，不崇朝而雨天下者，唯太山。」[38]《說苑・辨物》亦引相同文句。可知《傳》文與讖文相同，實因二說皆取用秦、漢經義而成也。

其餘如本書下章〈《公羊傳注疏》之讖緯資料類編考釋〉之考述，第一四組「無易樹子」一句二十字，乃齊桓公葵丘盟會之誓言，其說亦載於《孟子》、《史記》、《繁露》中，《解詁》、徐《疏》並未引述「無易樹子」誓文，而孔穎達《詩經正義》乃謂《中候》亦有此四字。吾人考覈之際，豈可藉以論斷《傳》文此條出自《中候》！第四二組「陽倡陰和」句，亦偶合讖文，乃取自西漢通解，非《公羊傳注疏》引讖文也。第四八組「月三日成魄」語，出自《禮記・鄉飲酒義》，而讖文適有此句，似又為《注疏》引讖之證矣。第七八組「后稷感生說」，《注疏》止取《詩經》、《史記》為說，而讖文亦有其語。

此類《注疏》與讖緯相同之例，究屬二者皆取西漢經義，抑《注疏》摘引讖緯而成？若未論定讖緯出自東漢光武圖讖八十一卷，而依俗說謂讖起西漢、戰國，則豈止《注疏》，即《傳》文皆引自讖緯，復有何探討之必要乎？可見「緯書輯本實以裒輯光武圖讖為初衷」一說，實為辨明《公羊》是否引讖之重要關鍵也。

---

37 〔清〕孫之騄輯：《尚書大傳》（文淵閣《四庫全書》本）卷一，〈虞傳〉頁一〇。

38 張雙棣：《淮南子校釋》（北京：北京大學出版社，一九九七年）卷一三，頁一四五四。

五、《公羊》與讖緯解義不同

除上述二者未作相互擷取之例，又有《公羊》說辭異於讖緯者，如僖公二十二年《公羊傳》載：宋襄戰楚於泓，大敗。《考異郵》譏宋師敗績，云：「襄公大辱，師敗於泓，徒信不知權譎之謀，不足以交𥸨國，定遠疆也。」何休異於讖緯，乃讚譽宋襄所行，曰：「惜其有王德而無王佐也。若襄公所行，帝王之兵也。有帝王之君，宜有帝王之臣，宜有帝王之民，未能醇粹而守其禮，所以敗也。」[39]是以鄭玄《箴膏肓》乃譏其說違《考異郵》矣[40]。

又如文公十三年《公羊傳》云：「世室者何？魯公之廟也。周公稱大廟，魯公稱世室。……世室，猶世室也，世世不毀也。」[41]與讖文所言之「世室」不同。蓋《尚書帝命驗》第一〇一條云：「唐、虞謂之五府，夏謂世室，殷謂重屋，周謂明堂，皆祀五帝之所也。」與《孝經援神契》第八十二條相同：「夏后氏曰世室，殷人曰重屋，周人曰明堂。」可知讖緯以夏代之明堂為世室，《公羊傳》則稱魯公之廟為世室。

更有說辭含混，以致後世產生異解者，如下章第六九組「王者謂文王」，孔穎達《周易

[39] 〔唐〕徐彥：《公羊傳注疏》卷一二，頁一。
[40] 〔唐〕孔穎達：《詩經正義》卷一六之二，〈大雅・大明〉頁一一。
[41] 〔唐〕徐彥：《公羊傳注疏》卷一四，頁五。

正義序》云：「案《禮稽命徵》曰：『文王見禮壞樂崩，道孤無主，故設禮經三百，威儀三千。』其三百、三千即周公所制周官儀禮，明文王本有此意，周公述而成之，故繫之文王。」[42]可知孔氏謂《禮緯》此處之「文王」指姬昌無疑。孔氏《尚書・泰誓疏》又謂：「《公羊傳》曰：『王者孰謂？謂文王。』其意以『正』為文王所改。《公羊傳》漢初俗儒之言，不足以取正也。《春秋》之王自是當時之王，非改正之王。晉世有王愆期者，知其不可，注《公羊》以為《春秋》制文王指孔子耳，非周昌也。」[43]由孔氏之言，知《解詁》從俗，以周昌為文王；若指文王為孔子者，當始見於晉世王愆期也。

王愆期既發其端，公羊家又欲提昇孔子地位，以使其為赤制，作新王得有依準，乃多出新解，如康有為即從王氏說，曰：「王愆期謂文王者，孔子也，最得其本。」又別解《稽命徵》之意謂：「周文王之時，無禮崩樂壞，然則此文王非孔子而何？故禮經三百，威儀三千，皆孔子所制。」[44]蔣慶《公羊學引論》亦云：「文王指孔子甚明。……改制之新王即是建立新政治禮法制度之新文王，即孔子。……何休雖迫於君權日熾不敢明言孔子為改制立法之文王，但其言後王得共文王之文已暗含孔子為文王之義矣。」[45]

---

[42] （唐）孔穎達：《周易正義》（臺北：藝文印書館，民國七十年），〈序・第四論卦爻辭誰作〉頁一〇。

[43] （唐）孔穎達：《尚書注疏》卷一一，〈泰誓〉頁二。

[44] （清）康有為：《孔子改制考》（北京：中華書局，一九五八年），頁二九一。

[45] 蔣慶：《公羊學引論》（遼寧教育出版社，一九九五年），頁一三〇。

六、結語

鄭玄謂「《公羊》善於讖」，然而以引讖之數量而言，《公羊傳注疏》引讖一三七次、一二六條，可類分為一一三組，其中明引讖文篇目者八十五組。總計引用《春秋緯》、《禮緯》、《樂緯》、《易緯》、《孝經緯》、《尚書中候》等讖緯六種、二十一篇；至若《尚書緯》、《詩緯》、《論語讖》、《河圖》、《雒書》則未見引用。以引讖之年代觀之，《春秋》二四二年中，引讖解經者僅五十五年，約得三分一之比，其中以隱公、哀公兩朝即佔五十二條，而「所傳聞之世」四公合計七十三條，似乎意味《注疏》引讖並非泛取，或有其考量之處。至若《春秋緯》七類佚文中，《公羊傳注疏》所引僅得九五條，多屬「經義、史事傳說」與經義有關之兩項，而此兩項於《春秋緯》約二二〇〇條佚文中，僅及十分之三。可知《注疏》所引九十五條《春秋緯》佚文，其為少數中之少數也。

再以文意分析，《公羊》與讖緯雖皆言災異，而見於《漢書・五行志》中之《公羊》災異說，乃罕見於讖緯佚文中，更未見於《公羊傳注疏》所引之讖文中，足以顯示《公羊》之災異，不同於讖緯所言災異也。若吾人泛取西漢災異說辭而命之曰「讖緯」，並據以論斷《公羊傳注疏》頗引讖緯，顯然悖離事實也。

此外，《公羊傳注疏》與讖緯有關經義說解部分，亦有止見於《注疏》、讖緯未言，或僅見於讖緯、《注疏》未引者，足證《公羊傳》與讖緯、讖緯與《注疏》三者間之經學議論，多有未作相互擷取處。而《注疏》與讖緯相類似之文句，又有皆取自西漢通義，並非《注疏》襲取讖緯者。

此類現象或可意味：《公羊》之善於讖，乃善於取用讖緯中說辭較為醇正，宜於經義說解者，並非全書皆附會讖緯以解經義也。是以「讖」之指稱，若以《解詁》、徐《疏》引西漢經義中之五行、陰陽通說，雖未見諸讖緯，亦強名之《公羊》引讖，則此「讖」並非讖緯研究中所依據之「緯書輯本」，更非東漢光武帝「宣布於天下」之圖讖，固不可以之附會《公羊》善於讖也。

陸、《公羊傳注疏》中之讖緯資料類編考釋

分類目錄：

〔壹〕、漢代經義

・官爵

【〇一】帝王釋名
【〇二】天子官制
【〇三】周爵五等
【〇四】文家質家爵等
【〇五】諸侯屬長之制
【〇六】附庸
【〇七】九錫
【〇八】朝聘之制
【〇九】七十致仕
【一〇】三老五更

・禮制

【一一】王者受命
【一二】三代文質
【一三】文家稱叔
【一四】無易樹子
【一五】天子旗旒
【一六】天子外屏
【一七】下階前席
【一八】贄禮
【一九】璧璋之制
【二〇】井田制度
【二一】征伐
【二二】刑法

・論樂

【二三】王者樂名
【二四】武王之樂
【二五】四夷樂名

・祭祀

【二六】三王之郊
【二七】祭天子九鼎
【二八】天子之牲角握

【二九】五嶽之祭視三公
【三〇】天子雩祭
【三一】社稷
【三二】禘祫
【三三】天子特禘
【三四】帝牲三牢遞養

·宮室

【三五】靈臺
【三六】臺觀
【三七】桷楹之制
【三八】宗廟之制
【三九】城牆之制

·婚娶

【四〇】天子娶十二女
【四一】諸侯一娶九女
【四二】陽倡陰和
【四三】后有傅母

·喪祭

【四四】賻賵
【四五】飯含之禮
【四六】繹祭
【四七】廟主
【四八】三不弔
【四九】五日小斂

·天文曆法

【五〇】五方帝之名
【五一】三正月及所尚色
【五二】三正若循環
【五三】三正之帛色
【五四】四季
【五五】東方震卦
【五六】曆法
【五七】救日食
【五八】月生三日成魄
【五九】北極星
【六〇】房宿象徵
【六一】星孛賊起

·災異

【六二】螽死之異
【六三】螽蟲冬蛹
【六四】隕霜不殺草

·釋文

【六五】上天昭明可畏
【六六】三命

〔貳〕、《公羊》經義

【六七】元氣無形有形
【六八】王氣正天端
【六九】王者謂文王
【七〇】三世異辭
【七一】一世八十一年
【七二】三科九旨

鄭玄謂：「《公羊》善於讖。」其說頗得學者公認，然而《公羊》經、傳、注疏引用讖文處，深淺究竟如何，則仍乏完整之論述。是以一一條列《公羊注疏》所引用之讖文，並考論該讖文於經解中所產生之影響，以證實鄭玄說辭之真實性，則為後人應從事之基礎工作也。

余近年致力於讖緯基礎文獻之蒐檢、梳理，於讖緯佚文之真偽及古人解義，已略知概要，並試作佚文之分類，以見讖緯之內容主旨所在。今亦本此根基，一一比對《公羊注疏》中與讖緯相關之文句，具為蒐檢，約得一三七條；因就每條之內容，各撰標題類分，乃得五大類、十二目、一一三組，藉以知《公羊注疏》所引讖文，於經義詮解之偏重處。為避免重覆計數，每條引文僅列一次。其難以明白類分者，如「獲麟」、「作《春秋》」與「漢興」等組，引文多有互通重疊之處，則依內容所偏重者權作類分。

經、讖條文之分類既明，又於每組《注疏》所引經、讖條文後，增列相關之其他讖文及西漢經解、傳記，以供比覈，藉由此舉顯示該組經解之出典。《注疏》所引之讖文，若與緯書輯本所錄相同，則不再複舉；若與輯本佚文有增補、刪改、或篇名之變異者，仍作列舉以利校覈。惟以讖緯亡佚既久，諸家輯本多迻錄自歷代類書、經傳注疏、史書及注文……等，其佚文字句本即繁簡不一，漏敚訛舛亦夥，或難卒讀，其有需作校勘，或文義晦澀處，則於該組引文之後，略作「考文、釋義」，以明其實。

【〇一】帝王釋名

△成八年：〔公羊傳〕其稱天子何？元年春王正月，正也。

〔解詁〕王者號也，德合元者稱皇，孔子曰：「皇象元，逍遙術，無文字，德明謚。」德合天者稱「帝」，河洛受瑞，可放。仁義合者稱「王」，符瑞應，天下歸往。天子者，爵稱也，聖人受命，皆天所生，故謂之「天子」。此錫命稱天子者，為王者長愛幼少之義，欲進勉幼君，當勞來與賢師良傅，如父教子，不當賜也。

〔疏〕注「德合元者稱皇」。解云：謂元氣是揔三氣之名，是故其德與之相合者，謂之皇。皇者，美大之名。注「孔子曰皇象」至「明謚」。解云：皆《春秋說》文。宋氏云：「皇之德象合元矣。逍遙猶勤動其德術，未有文字之教，其德盛明者，為其謚矣。」注「德合天者」至「可放」。解云：天者，二儀分散以後之稱；故其德與之相合者謂之帝。帝者，諦也，言審諦如天矣。當爾之時，河出圖，洛出書，可以受而行之，則施于天下，故曰「河洛受瑞，可放」耳。注「仁義合者稱王」至「歸往」。解云：二儀既分，人乃生焉；人之行也，正直為本。行合於仁義者，謂之王；行合人道者，符瑞應之，而為天下所歸往耳。是以王字通於三才，得為歸往之義。（卷一七，頁一六）

《白虎通・號》：德合天地者稱帝，仁義合者稱王，別優劣也。《禮記・謚法》曰：「德象天地稱帝，仁義所生稱王。」❶

---

❶ 〔清〕陳立：《白虎通疏證》（北京：中華書局，一九九四年）卷二，頁四三。以下引文，止標卷、頁於每則引文下，若無需要，則不再別為附註。

《樂稽耀嘉》七八：德象天地為帝，仁義所生為王。

《春秋緯》一七：德合元者偁皇。孔子曰：「皇象元，逍遙術，無文字，德明謚，合天者偁帝。河洛受瑞，可放仁義，合者偁王，符瑞應，天下歸往。」宋均注：言皇之德象合元矣。逍遙猶勤動。行其德術，未有文字之教。其德惑明者，為其謚矣。

《春秋說題辭》一〇七：孔子曰：「德合元者稱皇，皇象元，逍遙術無文，字德明，謚合天者稱帝，河洛受瑞，可放仁義。合者稱王，符瑞應，天下歸往。」

《春秋元命包》a五六：孔子曰：「皇象元，逍遙術，無文字，德明謚。」言行王之德象合元矣。逍遙猶勤勤行其德。術，未有文字之教，其德盛明者，為其謚矣。

《春秋緯》a四：皇象元，逍遙術，無文字，德明謚。宋氏云：言皇之德象合元矣。逍遙猶勤勤行其德。術，未有文字之教。其德惑明者，為其謚矣。

《春秋說題辭》a六：言行王之德象合元矣。逍遙猶勤動。行其德術，未有文字之教，其德盛明者，為其謚矣。

考文：1.徐《疏》謂「孔子曰皇象……明謚」為《春秋說》，並舉宋均《注》，可信屬於光武宣布之圖讖無疑。惟《古微書》輯入《春秋說題辭》中，未言所據，趙在翰《七緯》、黃奭《通緯》從之，非是。

2.安居本《春秋元命包》第a五六條，誤取宋均《注》作為讖文，而《春秋緯》a四條又將此段置於「德明謚」之下，並注明「宋均《注》」。可知安居輯本編纂之時，由於資料龐雜，助理人員眾多，未作統合，致有前後齟齬之處。後人研究取材於斯，易生錯誤論斷。

3. 黃奭《通緯》及安居本之斷句未解讖文原意，參覈徐《疏》引述，當可改正。

4. 黃奭本《樂稽耀嘉》「德象天地」兩句，雖屬《春秋緯》讖文，而李善《文選・兩都賦注》、〈西都賦注〉並引作《樂稽耀嘉》，可知其文乃東漢編纂時，已分別置入兩種緯書之中矣。

釋義：讖文所釋名義，據《繁露・三代改制》云：「德侔天地者稱帝。」《御覽》引《漢官儀》曰：「帝者德象天地，言其能行天下，號曰皇帝。」可知其說仍屬漢代通義，讖文取而融入陰陽思想以成。

【〇一二】天子官制

△桓八年：〈公羊傳〉天子之三公也。

〈解詁〉天子置三公、九卿、二十七大夫、八十一元士，凡百二十官，下應十二子。

〈疏〉解云：《春秋說》云：「立三臺以為三公，北斗九星為九卿，二十七大夫內宿部衛之列，八十一紀以為元士，凡百二十官焉，下應十二子。」宋氏云：「十二次，上為星，下為山川也。」此言天子立百二十官者，非直上紀星數，亦下應十二辰，故曰「下應十二子」也。（卷五，頁四）

《繁露・官制象天》：王者制官，三公、九卿、二十七大夫、八十一元士，凡百二十人，而列

臣備矣。❷

《禮記・王制》：天子：三公、九卿、二十七大夫、八十一元士。（卷一一，頁一七）

《春秋元命包》三五：立三臺以為三公，北斗九星為九卿，二十七大夫內宿部衛之列，八十一紀以為元士，凡百二十官焉，下應十二子。

《孝經援神契》一〇一：天子即政，置三公、九卿、二十七大夫、八十一元士，慎文命，下各十二子，如是甲乙丙丁之屬，十日為母，子丑寅卯等十二辰為子。

考文：1.《古微書》收徐《疏》之《春秋說》入《元命包》中，未言所據。

2.官員編制，讖緯採用漢代通義，惟配以三臺、北斗等星象，以及干支陰陽說辭，則屬讖緯習見詞語。

釋義：天子制官，所以取三、九之數，《白虎通》嘗有闡述，曰：「一公置三卿，故九卿也。天道莫不成於三：天有三光，日月星；地有三形，高下平；人有三等，君父師。故一公三卿佐之，一卿三大夫佐之，一大夫三元士佐之。天有三光，然後能遍照，各自有三法，物成於三，有始，有中，有終。明天道而終之也。」❸

【〇三】周爵五等

❷ 賴元炎：《春秋繁露今註今譯》（臺灣：商務印書館，民國七十六年）卷七，頁一九四。

❸ 〔清〕陳立：《白虎通疏證》卷四，〈封公侯〉頁一三一。

△隱一年：〔公羊傳〕「元年」者何？君之始年也。

〔疏〕案《春秋說》云：「周爵五等，法五精。公之言公，公正無私。侯之言候，候逆順，兼伺候王命矣。伯之言白，明白于德。子者孳，因宣德。男者任功立業。皆上奉王者之政教、禮法，統理一國，脩身絜行矣。」（卷一，頁五）

《繁露・三代改制質文》：周爵五等，《春秋》三等。（卷七，頁一七七）

《白虎通・爵》：爵有五等，以法五行也。或三等者，法三光也。或法三光，或法五行，何？質家者據天，故法三光；文家者據地，故法五行。公者，通也；公正無私之意也。侯者，候也，候逆順也。人皆千乘，象雷震百里所潤同。伯者，白也。子者，孳也，孳孳無已也。男者，任也，人皆五十里。（卷一，頁六）

《禮記・王制疏》：《元命包》云：「周爵五等，法五精；春秋三等，象三光。」說者因此以為文家爵五等，質家爵三等。（卷一一，頁五）

《禮記・王制疏》：《元命包》云：「公者為言平也，公平正直；侯者候也，候王順逆；伯者，伯之為言白也，明白於德也；子者，奉恩宣德；男者，任功立業。」此五等者，謂虞、夏及周制，殷則三等：公、侯、伯也。（卷一一，頁一）

《禮含文嘉》四一：殷爵三等，周爵五等，各有宜也。

《春秋元命包》二九～三〇：周爵五等，法五精，春秋三等，象三光。公之言公，公正無私。侯之言候，候逆順，兼伺候王命矣。伯之言白，明白於德。子者孳，因宣德。男者任功立業。皆上奉王者之政教禮法，統理一國，修身潔行矣。

考文：1.《白虎通》、《元命包》皆有「三等、三光」之語，《王制疏》兩條，合為徐《疏》所引《春秋緯》，考下條桓十一年《解詁》即有此，是則徐《疏》此處或當循《元命包》第二九條，補「春秋三等，象三光」七字。

2.爵等之說，為漢代通義，公羊家以五行說融入乃成。

3.《禮含文嘉》取自《太平御覽・封建部一》，「各有宜也」四字並非讖文，《廣韻・十六藥》引此條，亦無末句。是以此四字當予刪除。

【〇四】文家質家爵等

△桓十一年：（公羊傳）春秋：伯、子、男一也，辭無所貶。

（解詁）王者起，所以必改質文者，為承衰亂、救人之失也。天道本下，親親而質省；地道敬上，尊尊而文煩。故王者始起，先本天道，以治天下，質而親親；及其衰蔽，其失也，親親而不尊；故后王起，法地道，以治天下，文而尊尊；及其衰蔽，其失也，尊尊而不親，故復反之於質也。質家爵三等者，法天之有三光也。文家爵五等者，法地之有五行也。合三從子者，制由中也。

（疏）注「天道本下，親親而質省」者已下，至「反之於質」，皆出《樂說》文。注「質家爵三等，法天之有三光也」已下，皆《春秋說》文也。（卷五，頁一〇）

《春秋元命包》三三：質家爵三等者，法天之有三光也。文家爵五等者，法地之有五行也。

合三從子者，制由中也。

考文：趙在翰《七緯》始收此條入《元命包》中，未言所據，黃奭《通緯》從之，非是。

【〇五】諸侯屬長之制

△桓二年：〔公羊傳〕隱賢而桓賤也。

〔解詁〕古者諸侯，五國為屬，屬有長；二屬為連，連有帥；三連為卒，卒有正；七卒為州，州有伯也。州中有為無道者，則長帥卒正伯當征之，不征則與同惡。

〔疏〕注「古者諸侯」至「有伯也」。解云：《王制》及《春秋說》文。（卷四，頁六）

《禮記・王制》：千里之外設方伯。五國以為屬，屬有長；十國以為連，連有帥；三十國以為卒，卒有正；二百一十國以為州，州有伯。八州，八伯，五十六正，百六十八帥，三百三十六長。（卷一一，頁一六）

《春秋元命包》三四：古者諸侯，五國為屬，屬有長；二屬為連，連有帥；三連為卒，卒有正；七卒為州，州有伯也。

《春秋元命包》三二：陽成於三，列於七，三七二十一，故二百一十國也。

考文：趙在翰《七緯》始收此條入《元命包》中，未言所據，黃奭《通緯》從之，非是。

釋義：鄭玄〈王制注〉云：「屬、連、卒、州，猶聚也；伯、帥、正，亦長也。凡長皆因賢侯為之，殷之州長曰伯，虞、夏及周皆曰牧。」賈《疏》引《元命包》云：「陽成於三，列於七，三七二十一，故二百一十國也。」❹可知讖緯言屬長等制，實即取秦、漢以來通識，雜入五行數字說辭而成者。

【〇六】附庸

△隱一年：〔公羊傳〕君之始年。

〔疏〕何名附庸？……《春秋說》下文云：「庸者，通也，官小德微，附於大國，以名通，若畢星之有附耳然。故謂之附庸矣。」（卷一，頁六）

《春秋元命包》三一：庸者，通也，官小德微，附於大國，以名通，若畢星之有附耳然。故謂之附庸矣。

《春秋元命包》二七：王者封國，上應列宿之位。

《春秋元命包》二八：其餘小國，不中星辰者，以為附庸。

考文：《禮記・王制疏》引《元命包》「王者封國，上應列宿之位」、「其餘小國，不中星辰者，以為附庸」❺兩條，可知徐《疏》未全引述。又，《白虎通・爵》云：「小者不滿為附庸。附庸者，附大國以名通也。」❻或即合讖文而成。

---

❹〔唐〕孔穎達：《禮記注疏》（臺北：藝文印書館）卷一一，頁一六。

❺仝上書，卷一一，頁三。

❻〔清〕陳立：《白虎通疏證》卷一，頁一一。

【〇七】九錫

△莊一年：〔公羊傳〕使榮叔來錫桓公命。錫者何？賜也。命者何？加我服也。

〔解詁〕增加其衣服，令有異於諸侯。禮有九錫，一曰車馬，二曰衣服，三曰樂則，四曰朱戶，五曰納陛，六曰虎賁，七曰鈇鉞，八曰弓矢，九曰秬鬯。皆所以勸善扶不能。言命不言服者，重命不重其財物。

〔疏〕此《禮緯含文嘉》文也。彼注云：「諸侯有德，當益其地，不過百里，後有功，加以九賜，進退有節，行步有度，賜以車馬，以代其步。其言成文章，行成法則，賜以衣服，以表其德。其長於教誨，內懷至仁，賜以樂則，以化其民。其居處修理，房內不泄，賜以朱戶，以明其別。其（尊賢達德）動作有禮，賜以納陛，以安其體。其勇猛勁疾，執義堅強，賜以虎賁，以備非常。其內懷至仁，執義不傾，賜以弓矢，使得專征。其亢揚威武，志在宿衛，賜以斧鉞，使得專殺。其孝慈父母，賜以秬鬯，使之祭祀。皆如有德，則陰陽和，風雨時，四方所瞻，侯子所望，則有秬鬯之草，景星之應」是也。（卷六，頁五）

《禮含文嘉》四三：禮有九錫，一曰車馬，二曰衣服，三曰樂則，四曰朱戶，五曰納陛，六曰虎賁，七曰斧鉞，八曰弓矢，九曰秬鬯。皆所以勸善扶不能。四方所瞻，侯子所望。

《禮含文嘉》a六二：諸侯有德，當益其地，不過百里，後有功，加以九錫，皆如其德，則陰陽和，風雨時，四方所瞻，臣子所望，則有秬鬯之草，景星之應，是也。

考文：1.安居本a六二條所錄，實即徐《疏》所引之宋均注語，當予刪除。

2.黃奭本「皆所以……所望」，乃合《解詁》及宋均注末句而成，並非讖文也。

3.讖文「九錫說」牽涉問題複雜，請參閱本書〈《白虎通》引讖說原舛論略‧九錫之禮〉考論。

【〇八】朝聘之制

△桓一年：〔公羊傳〕諸侯時朝乎天子，天子之郊諸侯，皆有朝宿之邑焉。

〔解詁〕王者與諸侯別治，勢不得自專朝，故即位比年使大夫小聘，三年使上卿大聘，四年又使大夫小聘，五年一朝王者，亦貴得天下之歡心，以事其先王。

〔疏〕注「故即位」至「小聘」。解云：此《孝經說》文。〈聘義〉亦云：「天子制諸侯，比年小聘，三年大聘，相厲以禮也。」是與此合。（公卷四，頁二）

《孝經緯》〇五：故即位比年，使大夫小聘，使上卿大聘；四年，又使大夫小聘。

《孝經緯》a七八二：故即位比年使大夫小聘三年，使上卿大聘四年，又使大夫小聘五年。

考文：1.徐《疏》所指《孝經說》者，除〈聘義〉有文外，《禮記‧王制》亦謂：「諸侯之於天子也，比年一小聘，三年一大聘，五年一朝。」可知讖文乃衍化自經文也。

2.安居本a七八二條，原注典出《七緯》、《通緯》，惟後二書皆在次「小聘」絕句，句讀亦在三「聘」字下，安居本之誤，使讖緯改易經義，後人研究時將憑生困擾。

3.《孝經‧孝治章》及《孝經援神契》第二〇〇條，皆有「得萬國之歡心」句，與《解詁》「貴得天下之歡心」相近，惟嚴以下句「以事其先王」，則《解詁》出自《孝經》正文，而非緯書也。

【〇九】七十致仕

△桓五年：〔公羊傳〕父老，子代從政也。

〔解詁〕禮：七十縣車致仕。

〔疏〕注「禮〔七〕十縣輿致仕」。解云：案《春秋說》文。謂之「縣輿」者，《淮南子》曰：「……至於悲泉，爰止其女，爰息其馬，是謂縣輿。」舊說云：「日在縣輿，一日之暮。人年七十，亦一世之暮，而致其政事於君，故曰縣輿致仕也。」（卷四，頁一四）

《春秋緯》五二：日在縣輿，一日之暮；人生七十，亦一世之暮，而致其政事於君，故曰縣輿致仕。

考文：趙在翰取徐《疏》之「舊說」為《春秋緯》，未言所據。詳味其意，徐《疏》蓋謂「禮七十縣與致仕」七字為讖文，「謂之」以下，皆屬徐彥所引釋文，並非舊說與讖文相同也。

釋義：此條七字讖文，實乃襲取漢代經義而成，《尚書大傳・微子傳》云：「大夫七十而致仕，老于鄉里，名曰父師。」❼《禮記・曲禮》亦謂：「大夫七十而致仕」，與〈王

❼〔清〕孫之騄：《尚書大傳》（文淵閣《四庫全書》本），卷二，頁四。

制〉所言「七十致仕則縣車」，意皆相同也。

【一〇】三老五更

△桓四年：〈公羊傳〉夏，天王使宰渠伯糾來聘。

〈解詁〉是以王者以父事三老，兄事五更，食之於辟雝，天子親袒而割牲，執醬而饋，執爵而酳，冕而揔干，率民之至也。（卷四，頁一一）

《禮記・祭義》：食三老、五更於大學，天子袒而割牲，執醬而饋，執爵而酳，冕而揔干，所以教諸侯之弟。（復山注：〈樂記〉亦有此語）

《孝經援神契》八七：天子親臨辟雝，尊事三老，兄事五更。三者，道成於三；五者，訓於五品。言其能以善道改己也。三老、五更，皆取有妻，男女完具者。

《孝經鉤命決》四三六：天子臨辟雍，親袒而割牲，尊三老之象也。謁者奉几，安車輭輪，供執綏役。

考文：《解詁》「天子臨……五更」，與《援神契》同；「親袒而割牲」，與《鉤命決》同，似屬取義自讖緯者。惟覈以〈祭義〉、〈樂記〉，則「割牲、執醬、執爵、率民」云云，皆屬於經文也；比對文句，《解詁》之「父事」，嘗見於《白虎通・鄉射》，《援神契》則作「尊事」（《援神契》又有「尊事耆老」句，而緯書輯本概未見「父事」一詞），僅「兄事」為讖緯詞語。《解詁》此類引文，當屬引用讖文抑經學通義？認定之準繩，必將影響論斷《公羊》學是否「善讖」之結果也。

【一一】王者受命

△隱一年：曷為先言「王」而後言「正月」？

〔解詁〕王者受命，布政施教。所制月也，王者受命，必徙居處，改正朔，易服色，殊徽號，變犧牲，異器械，明受之於天，不受之於人。

〔疏〕「王者受命，必徙居處」者，則堯居平陽，舜居蒲坂，文王受命作邑於豐之屬是也。其「改正朔，易服色，殊徽號，異器械」者，《禮記・大傳》文，鄭〈注〉云：「服色，車馬也；徽號，旌旗之名也；器械，禮樂之器，及兵甲也。」然則「改正朔」者，即「正朔三而改」下注云是也。（卷一，頁八）

《繁露・楚莊王》：受命之君，天之所大顯也。事父者承意，事君者儀志，事天亦然。……故必徙居處、更稱號、改正朔、易服色者，無他焉，不敢不順天志而明白顯也。（卷一，頁一二）

《禮記・大傳》：聖人南面而治天下，必自人道始矣：立權度量，考文章，改正朔，易服色，殊徽號，異器械，別衣服，此其所得與民變革者也。（卷三四，頁四）

《春秋元命包》二一：王者受命，昭然明於天地之理，故必移居處，更偁號，改正朔，易服色，以明天命。聖人之實，質文再而改，窮則相承，周則復始。

《春秋瑞應傳》a一：敬受瑞而王，改正朔，易服色。

《易通卦驗》二四七：王者必改正朔，易服色，以應天地人三氣之色。

考文：《解詁》「王者受命」云云，與《元命包》相類，而徐《疏》未作說明者，蓋視為〈大傳〉文故也。惟《元命包》「移居處，更偁號，改正朔，易服色」之次第，更似《繁露》，而《解詁》、〈大傳〉之「變犧牲、異器械」則為《元命包》所無者，可證《解詁》此處，並未取用讖緯文句也。讖緯取用秦、漢經學通義而成者，不勝枚舉，此例尚屬明白可證者，其餘文句淆亂，難分沿襲始末者，益使讖緯與經學關係，產生解讀認定上之變數也。

【一二】三代文質

△桓二年：〈公羊傳〉戊申，納于大廟。

〈解詁〉質家右宗廟，上親親；文家右社稷，尚尊尊。

〈疏〉注「質家」至「尊尊」。解云：《春秋說》文。（卷四，頁八）

【一三】文家稱叔

△成十五年：〈公羊傳〉稱仲，何？

〈解詁〉文家字積於叔，叔仲有長幼，故連氏之。經云「仲」者，明《春秋》質家，當積於仲。

《白虎通・姓名》：質家所以積于仲何？質者親親，故積于仲。文家尊尊，故積于叔。（卷九，頁四一七）

《禮含文嘉》四五：文家偁叔，質家偁仲。

考文：《解詁》謂「積於叔、積於仲」，或取《白虎通》義，而讖文則以「俌叔、俌仲」為詞，或因二說皆循西漢通義而來，故義同而字異也。

【一四】無易樹子

△僖三年：〔公羊傳〕桓公曰：「無障谷，無貯粟，無易樹子，無以妾為妻。」

〔解詁〕樹立本正辭，無易本正當立之子。

△隱一年：〔公羊傳〕立適以長，不以賢；立子以貴，不以長。

〔解詁〕質家親親，先立弟；文家尊尊，先立孫。其雙生也，質家據見立先生，文家據本意立後生，皆所以防愛爭。（卷一，頁一二）

《孟子・告子下》：葵丘之會，諸侯束牲載書而不歃血，初命曰：「誅不孝，無易樹子，無以妾為妻。」

《繁露・王道》：桓公曰：「無貯粟，無鄣谷，無易樹子，無以妾為妻。」此《春秋》之救文以質也。（卷四，頁一〇二）

《穀梁傳・僖公九年》：葵丘之會，陳牲而不殺，讀書加于牲上，壹明天子之禁。曰：「毋雍泉，毋訖糴，毋易樹子，毋以妾為妻，毋使婦人與國事。」（范甯《注》：「樹子，嫡子。」）（卷八，頁六）

《穀梁・莊公二十五年疏》：其四教者，《公羊傳》云：「無障谷，無貯粟，無易樹子，無以妾為妻」是也。（卷七，頁七）

《詩經・白華正義》：孽者櫱也，樹木斬而復生謂之櫱。以適子比根幹，庶子比支孽，故孽，支庶也。《中候》曰「無易樹子」，注云「樹子，適子」。（卷一五之二，頁一二）

《繁露・王道》：立適，以長不以賢，立子以貴不以長。立夫人以適不以妾。（四，頁九八）

《尚書中候・準讖哲》三三五：無易樹子。

考文：讖文僅祇一句，而《孟子》、《繁露》、《公羊傳》《穀梁傳》皆四句，而〈王道〉釋立嫡之義下，竝及「妾不為妻」之意，似讖文當亦取先秦經義四句，而孔穎達《詩・白華正義》只引一句釋《毛傳》「以妾為妻、以孽代宗」，故輯本亦僅輯得一句而已。

【一五】天子旗旒

△襄十六年：〔公羊傳〕君若贅旒然。

〔解詁〕《禮記・玉藻》曰：「天子旂十有二旒，諸侯九，卿、大夫七，士五。」不言諸侯之大夫者，明所刺者非但會上大夫，并偏刺天下之大夫。

〔疏〕案今《禮記・玉藻》即無此文，唯《禮說稽命徵》及《含文嘉》皆云：「天子旗九刃、十二旒，曳地；諸侯七刃、九旒，齊軫；卿、大夫五刃、七旒，齊較；士三刃、五旒，齊首。」而言《玉藻》，誤也。（卷二〇，頁八）

【一六】天子外屏

△莊三十一年：〔公羊傳〕春築臺于郎。

〔解詁〕禮：「天子外屏，諸侯內屏，大夫帷，士簾。」所以防泄漫之漸也。

〔疏〕注「禮天」至「士簾」。解云：《禮說》文也。（卷九，頁五）

《荀子・大略》：「天子外屏，諸侯內屏，禮也。」

《禮緯》◯四：禮：天子外屏，諸侯內屏，大夫以簾，士以帷。

《禮含文嘉》八九：天子外屏，諸侯內屏，大夫以簾，士以帷。

考文：1.《風俗通》謂「屏，卿、大夫以帷，士以簾。」（《御覽》卷一八五）同於《解詁》，徐《疏》以為《禮說》文；而《禮記・郊特牲》鄭《注》：「禮：天子外屏，諸侯內屏，大夫以簾，士以帷。」孔《疏》曰：「《禮緯》文。」❽《曲禮孔疏》又引「禮：天子外屏……」同於鄭《注》；賈公彥《儀禮・覲禮疏》引「《禮緯》云……」❾，引文亦同鄭《注》。鄭、孔、賈三氏所言「簾、帷」之次，皆異於《解詁》、《風俗通》，不知何者為是。然而陳立《公羊義疏》考諸漢制，以為「帷、簾之制大同」❿，則此條讖文，字雖稍異，義似無別。

2.《淮南子・主術》：「天子外屏，所以自障。」西漢谷永上疏，亦謂：「臣聞禮：天子外屏，不欲見外。」⓫《甘氏星經注》釋云：「天子外屏，罘罳在宮門外；諸侯內

❽ 〔唐〕孔穎達：《禮記注疏》卷二五，頁一五。

❾ 〔唐〕賈公彥：《儀禮注疏》（臺北：藝文印書館）卷二七，頁四。

❿ 〔清〕陳立：《公羊義疏》（臺灣：商務印書館，民國七十一年）卷二六，頁六四八。

⓫ 〔漢〕班固：《漢書・文三王傳》（北京：中華書局，一九八二年）卷四七，頁二二一六。

屏，罘罳在宮門內，所以別尊卑。」⓬可知用屏之禮，屬西漢經學通義，而讖文適取之成編也。

3. 王利器謂「《儀禮·覲禮疏》引《禮斗威儀》」云云，佚文同於《禮緯》⓭，惟覆查《覲禮疏》，賈氏只作「《禮緯》」，王氏失察也。諸家輯本亦未收此條《禮緯》佚文入《斗威儀》中。

【一七】下階前席

△宣六年：〔公羊傳〕靈公望見趙盾，愬而再拜。

〔解詁〕禮：天子為三公下階，卿前席，大夫興席，士式几。

〔疏〕注「禮天」至「士几」。解云：《春秋說》文，亦時王禮也。（卷一五，頁一二）

【一八】贄禮

△莊二十四年：〔公羊傳〕見用幣，非禮也。

〔解詁〕凡贄，天子用鬯，諸侯用玉，卿用羔，大夫用鴈，士用〔雞〕〔雉〕。（卷八，頁一〇）

《繁露·執贄》：凡執贄，天子用暢，公侯用玉，卿用羔，大夫用雁。（卷一六，頁三九四）

⓬〔唐〕釋悉達：《開元占經·甘氏外官》（文淵閣《四庫全書》本）卷七〇，頁八。

⓭王利器：《風俗通義校注》（臺北：明文書局，民國七十一年）頁五七七。

《禮記・曲禮》：凡摯，天子鬯，諸侯圭，卿羔，大夫鴈，士雉，庶人之摯匹。

《周禮・大宗伯》：以禽作六摯，以等諸臣：孤執皮帛，卿執羔，大夫執鴈，士執雉，庶人執鶩，工商執雞。

《禮稽命徵》一五九：卿摯以羔，大夫摯以雁，士摯以雉，庶人摯以鶩，工商以雞。

考文：《解詁》言五贄，同於《繁露》、〈曲禮〉；《稽命徵》言卿以下五贄，同於〈大宗伯〉；惟二者皆屬漢代通義，並非《解詁》引用讖文也。

【一九】璧璋之制

△定八年：〔公羊傳〕璋判白，弓繡質，龜青純。

〔解詁〕判，半也；半圭曰璋，白藏天子，青藏諸侯。魯得郊天，故錫以白。

〔疏〕云「白藏天子，青藏諸侯」，《春秋說》文。（卷二六，頁六）

《尚書中候・摘雒戒》三二八：周公沈璧，玄龜青純。

《尚書中候・摘雒戒》三二五：成王觀於洛，沈璧禮畢，王退，有玄龜青純蒼光，背甲刻書，止躋于壇。

考文：1.除此處所引《春秋說》外，讖文未見「白璋、青璋」之詞，而《詩汎歷樞》言文王之郊，謂：「王者受命，必先祭天，乃行王事。《詩》曰：『濟濟辟王，左右奉璋。』」《禮稽命徵》言王者以玉作六器，謂「東方以青珪，南方以赤璋，西方以白琥」，並無魯得白璋之意，與《解詁》、徐《疏》所言不同。

2.《傳》言「龜青純」，當屬先秦通義，《尚書中候》亦兩載其詞，文義較詳。

【二〇】井田制度

△宣十五年：〔公羊傳〕什一行而頌聲作矣。

〔解詁〕聖人制井田之法而口分之，一夫一婦，受田百畝，以養父母、妻子。五口為一家，公田十畝，即所謂十一而稅也。廬舍二畝半，凡為田一頃十二畝半，八家而九頃，共為一井，故曰：井田廬舍在內，貴人也；公田次之，重公也；私田在外，賤私也。（卷一六，頁一五）

《漢書・王莽傳》：莽曰：「古者，設廬井八家，一夫一婦田百畝，什一而稅，則國給民富而頌聲作。此唐虞之道，三代所遵行也。」（卷九九中，頁四一一〇）

《韓詩外傳》：古者八家而井田，……其田九百畝，……八家為鄰，家得百畝，餘夫各得二十五畝，家為公田十畝，餘二十畝共為廬舍，各得二畝半。

《孟子・滕文公上》：方里而井，井九百畝，其中為公田。八家皆私百畝，同養公田。孫奭《疏》：一井之田有九百畝，其中為公田，以其九百畝，於井中抽百畝為公田之苗稼，同養公田，公事畢，然敢治私事。（卷五上，頁一二）

《孟子・梁惠王上》「五畝之宅」，趙岐《注》：廬井、邑居各二畝半，以為宅，〔各〕〔冬〕入保城二畝半，故為五畝也。（卷一上，頁七）

《禮記・王制疏》：先儒約《孟子》、《樂緯》，皆九夫為井，八家共治公田八十畝，已外

二十畝以為八家井竈廬舍。是百畝之外別助，是十外稅一。（卷一二，頁二五）

《樂緯》一一：九家為井，八家共治，公田八十畝已外，二十畝以為八家井竈廬舍。

考文：1.《樂緯》「九夫為井，八家共治」、「二十畝為井竈廬舍」，意皆見於《韓詩外傳》、王莽語，當屬西漢通義，而趙岐、何休亦取其義說經，此則孔氏《王制疏》所謂「約《孟子》、《樂緯》」之意也。

2.孔《疏》既明謂「約」者，是此條讖文當非原貌也。

3.孔《疏》斷句，與黃奭本《樂緯》第一一條不同，似以孔《疏》為佳。

【二二】征伐

△昭二十年：〈公羊傳〉曹伯廬卒于師，則未知公子喜時從與？公子負芻從與？

〈解詁〉古者諸侯師出，世子率輿守國，次宜為君者，持棺絮從，所以備不虞。或時疾病相代行。

〈疏〉注「古者」至「不虞」。解云：《春秋說》文。言「率輿守國」者，輿，眾也，謂率眾以守國也。《左氏春秋傳》云「大子之法，君行則守」是也。其「次宜為君」者，謂若大子母弟也。言「持棺絮從」者，棺者櫬也，即《禮》云「以櫬從」之文是也。絮謂新綿，即《禮記》云「屬纊以俟絕氣」之文是也。（卷二三，頁一三）

釋義：《解詁》所言與《禮記》相同，〈文王世子〉云：「其在軍，則守於公禰；公若有出疆之政，庶子以公族之無事者，守於公宮，正室守大廟。」孔《疏》：「此一節明庶子從行在軍、及公行庶子留守之事。則『守於公禰』者，公禰，謂遷主載在齊車隨公行者也，庶子官既從在軍，故守於公齊車之行主也。行主是遷主而呼為禰者，既在國外，欲依親親之辭。」⓮是知讖文此處實本西漢《禮記》經義而來也。

【二三】刑法

△襄二十九年：〔公羊傳〕閽者何？門人也，刑人也。

〔解詁〕以刑為閽，古者肉刑，墨、劓、臏、宮與大辟而五。孔子曰：「三皇設言民不違，五帝畫象世順機，三王肉刑揆漸加，應世黠巧姦偽多。」

〔疏〕知五刑為此等者，正以《元命包》云：「墨、劓辟之屬各千，臏辟之屬五百，宮辟之屬三百，大辟之屬二百，列為五刑，罪次三千」是也。案《周禮》司刑職云：「墨罪五百，劓罪五百，刖罪五百，宮罪五百，大辟五百，凡二千五百」，與此違者，……孔子為《春秋》，採摘古制；是以《元命包》之文，與司刑名異，條目不同云。（卷二一，頁八）

〔疏〕「孔子曰：『三皇設言民不違，五帝畫象世順機，三王肉刑揆漸加，應世黠巧姦偽多』」者，《孝經說》文。言三皇之時，天下醇粹，其若設言，民無違者，是以不勞制刑，故曰「三皇設言民無違」也。其五帝之時，黎庶已薄，故設象刑，以示其恥，當世之人，

⓮〔唐〕孔穎達：《禮記注疏》，卷二〇，頁二〇。

順而從之，疾（之而）〔如〕機矣，故曰「五帝畫象世順機」。畫猶設也。其象刑者，即〈唐傳〉云：「唐、虞之象刑，上刑赭衣不純。」注云：「純，緣也。」時人尚德義，犯刑者，但易之衣服，自為大恥。「中刑雜屨」，屨，履也。「下刑墨幪」，幪，巾也。使不得冠飾。《周禮》「罷民」亦然。上刑易三，中刑易二，下刑易一，輕重之差，以居州里，而民恥之。是也。三王之時，劣薄已甚，故作肉刑，以威恐之。言三王必為重刑者，正揆度其世，以漸漸欲加而重之，故曰「揆漸加」也。當時之人，應其時世，而為黠巧、作姦偽者彌多于本。用此之故，須為重刑也云云。說備在《孝經疏》。（卷二一，頁九）

《孝經鉤命決》四三三：孔子曰：「三皇設言民不違，五帝畫象世順機，三王肉刑揆漸加，應世黠巧姦偽多。」

考文：1.徐《疏》引《元命包》論五刑，雖與《周禮・司刑》異，卻與《尚書・呂刑》、《尚書刑德放》、《白虎通・五刑》所言相同，可知屬於先秦以來通說。⓯

2.徐《疏》引《孝經說》，《古微書》輯入《鉤命決》中，未言所據，諸輯本多從之，皆無理據，本書〈《白虎通》引讖說原舛論略〉「三皇無文」節，已作考論。

3.本組《解詁》引讖文一條，徐《疏》為作疏解；此外，徐《疏》又引《元命包》一條。

⓯ 詳見黃復山：〈漢代《尚書》讖緯學述〉（輔仁大學中文博士論文，民國八十五年），頁二五八。

【一三】王者樂名

△隱五年：僭天子不可言也。

〔解詁〕王者治定制禮，功成作樂，未制作之時，取先王之禮樂宜於今者用之，堯曰大章，舜曰簫韶，夏曰大夏，殷曰大護，周曰大武，各取其時民所樂者名之。堯之時，民其道章明也；舜時，民樂其修紹堯道也；夏時，民樂大其三聖相承也；殷時，民樂大其護己也；周時，民樂其伐討也。蓋異號而同意，異歌而同歸。（卷三，頁五）

△哀十四年：〔公羊傳〕麟者仁獸，有王者則至。

〔解詁〕《尚書》曰：「簫韶九成，鳳皇來儀。」

〔疏〕解云：宋均注《樂說》云：「簫之言肅，舜時民樂其肅敬而紀堯道，故謂之簫韶。」或云：「韶，舜樂名。舜樂者，其秉簫乎。」（卷二八，頁九）

《繁露．楚莊王》：舜時，民樂其昭堯之業也，故《韶》。「韶」者，昭也。禹之時，民樂其三聖相繼，故《夏》。「夏」者，大也。湯之時，民樂其救之於患害也，故《濩》。「濩」者，救也。文王之時，民樂其同師徵伐也，故《武》。「武」者，伐也。四者，天下同樂之，一也，其所同樂之端不可一也。作樂之法，必反本之所樂。所樂不同事，樂安得不世異？是故舜作《韶》而禹作《夏》，湯作《濩》而文王作《武》。四樂殊名，則各順其民始樂於己也。（卷一，頁一二）

《樂協圖徵》一五四～一六一：黃帝樂曰咸池，帝顓頊樂曰五莖，帝嚳曰六英，堯曰大章，舜曰大招，禹曰大夏，殷曰大濩，周曰勺，又曰大武。

《樂動聲儀》三四～四四：黃帝之樂曰咸池，顓項之樂曰五莖，帝嚳之樂曰六英，堯樂曰大章，舜樂曰簫韶，禹樂曰大夏，殷曰大濩，周曰酌。周樂伐時曰武象，周曰大武象，又曰大武。

《春秋元命包》四七～四九：舜之時，民樂其紹堯業，故云韶之言紹也。禹之時，民大樂其騈三聖相繼，故夏者，大也。湯之時，民大樂其救之於患害，故樂名大濩，濩者，救也。文王時，民大樂其興師征伐，故曰武者伐也。四者天下所同樂，一也；其所同樂之端，不可一也。

考文：《白虎通．禮樂》云：「《禮記》曰：『黃帝樂曰咸池，顓頊樂曰六莖，帝嚳樂曰五英，堯樂曰大章，舜樂曰簫韶，禹樂曰大夏，湯樂曰大濩，周樂曰大武象，周公之樂曰酌，合曰大武。』」陳立《疏證》謂：「疑《禮》逸篇文也。《初學記》引《叶圖徵》曰：『黃帝樂曰咸池，顓頊曰六莖，帝嚳曰五英，堯曰大章，舜曰簫韶，禹曰大夏，殷曰大濩，周曰酌，又曰大武。』《周禮疏》引《叶圖徵》載顓頊、帝嚳之樂，「五」、「六」互異。」⑯

【二四】武王之樂

⑯ 〔清〕陳立：《白虎通疏證》卷三，頁一〇〇。

△宣八年：〔公羊傳〕萬者何？干舞也。

〔解詁〕萬者，其篇名，武王以萬人服天下，民樂之，故名之云爾。

〔疏〕注「武王」至「云爾」。解云：《春秋說》文。昔武王一會八（伯）〔百〕諸侯，人數豈止萬而已？蓋以萬是摠名，故据以言耳。（卷一五，頁一八）

【二五】四夷樂名

△昭二十五年：以舞大夏。

〔解詁〕大夏，夏樂也。……舞四夷之樂，大德廣及之也。東夷之樂曰株離，南夷之樂曰任，西夷之樂曰禁，北夷之樂曰昧。

〔疏〕注「東夷之樂」至「曰昧」。解云：以下皆《樂說》文。彼注云：「陽氣始起於懷任之物，名離其株也。南者，任也，盛夏之時，物皆懷任矣。草木畢成，禁如收斂。盛陽消盡，蔽其光景昧然」是也。（卷二四，頁七）

《白虎通·禮樂》：《樂元語》曰：「……興四夷之樂，明德廣及之也。故東夷之樂曰朝離，南夷之樂曰南，西夷之樂曰昧，北夷之樂曰禁。」（卷三，頁一〇七）

《禮記·文王世子疏》：《鉤命決》云：「東夷之樂曰昧，南夷之樂曰南，西夷之樂曰朱離，北夷之樂曰禁。南一名任」（卷二〇，頁六）

《樂稽耀嘉》一〇六：東夷之樂持矛舞，助時生也；南夷之樂持羽舞，助時養也；西夷之樂持戟舞，助時煞也；北夷之樂持干舞，助時藏也。南夷之樂曰任，西夷之樂曰禁，北夷之樂曰昧，東夷之樂曰株離。

《孝經援神契》三三四：四夷之樂者，東夷之樂曰韎，持矛助時生；南夷之樂曰任，持弓助時養；西夷之樂曰侏離，持鉞助時殺；北夷之樂曰禁，持楯助時藏。皆于四門之外有辟。

《孝經鉤命決》三九二：東夷之樂曰韎，持矛助時生；南夷之樂曰任，持弓助時養；西夷之樂曰侏離，持鉞助時殺；北夷之樂曰禁，持楯助時藏。皆於西門之外右辟。

考文：四夷之樂名，秦、漢以來，文獻多所載錄，如劉安《樂元語》、《詩・鼓鍾毛傳》等是，《解詁》所引雖名之《樂緯》，文句則不異西漢經義也。然而輯本之《孝經緯》亦有兩條佚文，較諸《解詁》為詳，《孝經鉤命決》出自《文王世子疏》，而《周禮・鞮鞻氏》鄭《注》、賈《疏》皆引其文，可知光武圖讖之《孝經緯》中，確有其文，非僅《樂緯》而已。

【二六】三王之郊

△成十七年：〔公羊傳〕郊用正月上辛。

〔解詁〕三王之郊，一用夏正言正月者，《春秋》之制也。

〔疏〕解云：「三王之郊，一用夏正」者，《易說》文也。（卷一八，頁一三）

《易坤靈圖》三四：三王之郊，一用夏正，各郊所感帝。

《易乾鑿度》六三：王用享於帝者，言祭天地，三王之郊，一用夏正。

《易乾鑿度》六四：故三王之郊，一用夏正，所以順四時，法天地之道也。

考文：《易坤靈圖》原出賈公彥《周禮・典瑞疏》，當屬《易乾鑿度》佚文，《古微書》始雜入《坤靈圖》。

【二七】祭天子九鼎

△桓二年：〔公羊傳〕夏四月，取郜大鼎于宋。

〔解詁〕諸侯有世孝者，天子亦作鼎以賜之。禮：祭天子九鼎，諸侯七，卿大夫五，元士三也。

〔疏〕注「禮祭」至「三也」。解云：《春秋說》文。（卷四，頁七）

釋義：陳立《公羊義疏》解此制頗明晰，謂：《儀禮・士虞禮》「陳三鼎于門外之右，北面、北上，設扃鼏」，是士三鼎也。〈少牢饋食禮〉「雍人陳鼎五，三鼎在羊之西，二鼎在豕鑊之西」，是大夫五鼎也。《禮記・郊特牲》云：「鼎俎奇而籩豆偶，以次差之，當諸侯也。」天子九矣。天子九鼎，亦有十二者，《周禮・膳夫》所云「王日一舉，鼎十有二」是也。鼎十有二係古《周禮》說，不必通之於《春秋》，故何氏不取也。[17]

【二八】天子之牲角握

△桓八年：〔公羊傳〕春曰祠，夏曰礿，秋曰嘗，冬曰烝。

---

[17] 〔清〕陳立：《公羊義疏》卷一一，頁二六四。

〔解詁〕天子之牲角（搔）〔握〕，諸侯角尺，卿大夫索牛。

〔疏〕皆指祭宗廟之牲也，仍不妨〈王制〉云：「祭天地之牛，角繭栗；賓客之牛，角尺」之文也。（卷五，頁二）

△宣三年：〔公羊傳〕三年，春，王正月，郊牛之口傷，改卜牛，牛死，乃不郊，猶三望。

〔疏〕即〈王制〉云：「祭天地之牛，角繭栗；宗廟之牛，角握；賓客之牛，角尺」是。（卷一五，頁六）

△僖三十一年：〔公羊傳〕三望者何？望祭也。

〔解詁〕禮：祭天，牲角繭栗；社稷、宗廟，角握；六宗、五嶽、四瀆，角尺；其餘山川，視卿、大夫。天，燎；地，瘞；日月星辰，布；山，縣；水，沉；風，磔；雨，升。燎者，取俎上七體與其珪寶在辨中，置於柴上燒之。

〔疏〕注「禮祭」至「大夫」。解云：皆〈王制〉與《禮說》文耳。「其餘山川視卿大夫」者，小山川之屬者，但牽牛而已。（卷一二，頁二〇）

《穀梁傳・僖公三十一年疏》：其用牲也，何休以為「郊天牛繭栗，三望之牛角尺」，其文出於《稽命徵》。（卷九，頁一五）

《禮記・王制》：祭天地之牛，角繭栗；宗廟之牛，角握；賓客之牛，角尺。（卷一二，頁二一）

《詩經・良耜》「有捄其角」，《毛傳》：「社稷之牛角尺」。（卷一九之四，頁一一）

《禮稽命徵》一一二：禮：祭天，牲角繭栗；社稷、宗廟，角握；六宗、五嶽、四瀆，角尺；

其餘山川視鄉大夫。

《禮緯》二五：天地之牛，角繭栗；宗廟之牛，角握；六宗、五岳、四瀆，角尺。

《禮記・禮器疏》：郊牛繭栗，宗廟角握，社稷角尺，各有所宜。（卷二三，頁一九）

考文：1.《稽命徵》之「鄉大夫」顯然為「卿、大夫」之訛。

2.《解詁》與《稽命徵》一一二皆以「天」、「社稷、宗廟」、「六宗、五嶽、四瀆」、「山川」為次，而〈王制〉、《禮緯》二五則無「社稷」之文，《禮器疏》又置「社稷角尺」於「宗廟角握」之後，《毛傳》同，是以孔穎達《良耜疏》云：「無社稷之文卑於宗廟，宜與賓客同尺也。《禮緯稽命徵》云：『宗廟、社稷，角握。』此〈箋〉不易《毛傳》，蓋以《禮緯》難信，不據以為正也。」⑱

釋義：「繭栗」謂牛角如蠶繭、栗子；「握」則合滿手一握之大小；「尺」則牛角長一尺。《繁露・郊事對》云：「郊重於宗廟，天尊於人也。《王制》曰：『祭天地之牛繭栗，宗廟之牛握，賓客之牛尺。』此言德滋美而牲滋微也。」可知郊祭中，牛角之大小，與身分地位成反比遞減也。

【二九】五嶽之祭視三公

⑱〔唐〕孔穎達《詩經正義》（臺北：藝文印書館）卷一九之四，〈良耜〉頁一一。

△隱八年：〔公羊傳〕諸侯皆有湯沐之邑。

〔疏〕五嶽視三公，四瀆視諸侯，其餘小者，或視卿大夫，或視伯子男矣。（卷三，頁一一）

《尚書大傳・禹貢》：五嶽視三公，四瀆視諸侯，其餘山川視伯，小者視子男。⑲

《禮記・王制》：五嶽視三公。四瀆視諸侯。諸侯祭名山大川之在其地者。（卷一二，頁一六）

《孝經援神契》九八：五岳視三公，四瀆視諸侯。

《詩含神霧》四九：五岳視三公，岱宗為之長，封禪往焉。

釋義：《說苑・辨物》云：「五嶽何以視三公？能大布雲雨焉，能大斂雲雨焉；雲觸石而出，膚寸而合，不崇朝而雨天下，施德博大，故視三公也。……四瀆何以視諸侯？能蕩滌垢濁焉，能通百川於海焉，能出雲雨千里焉，為施甚大，故視諸侯也。山川何以視男子也？能出物焉，能潤澤物焉，能生雲雨；為恩多，然品類以百數，故視子男也。」足為此文之解義也。⑳

【三〇】天子雩祭

△桓五年：〔公羊傳〕大雩者何？旱祭也。

---

⑲〔清〕陳壽祺：《尚書大傳輯校一》（收入《皇清經解》中，臺北：漢京文化事業公司），頁二一。

⑳〔漢〕劉向：《說苑》（臺灣：商務印書館）卷一八，頁六一六。

〔解詁〕使童男女各八人，舞而呼雩，故謂之雩。

〔疏〕解云：《論語》云：「冠者五、六人，童子六、七人。」與此異者，……《春秋說》云：「冠者七、八人，童子八、九人」者，蓋是天子雩也。（卷四，頁一五）

《春秋緯》四七：冠者五、六人，童子八、九人。

考文：徐《疏》作「冠者七、八人」，而趙在翰《七緯》則作「冠者五、六人」，似從《論語》而誤，黃奭《通緯》從之，非是也。

釋義：求雩祭舞之人數，董仲舒《春秋繁露》嘗有述說，〈求雨篇〉云：春旱求雨，小童八人，皆齋三日，服青衣而舞之。夏求雨，壯者七人，皆齋三日，服赤衣而舞。季夏禱山陵以助之，丈夫五人，皆齋三日，服黃衣而舞之，老者五人，亦齋三日，衣黃衣而立之。秋暴巫尪至九日，鰥者九人，皆齋三日，服白衣而舞之。冬舞龍六日，老者六人，皆齋三日，衣黑衣而舞之。㉑是小童八人、壯者七人、丈夫五人、鰥者九人、老者五或六人。《春秋說》或改易此說而成，故內容不盡相同。

【三二】社稷

△莊二十三年：〔公羊傳〕公如齊觀社。

〔解詁〕社者，土地之主；祭者，報德也。（卷八，頁七）

㉑〔漢〕董仲舒《春秋繁露》卷一六，頁三九九～四〇六。

《樂稽耀嘉》一〇七：社，土地之主，土地闊，不可以盡祭之，故封土以為社，所以報功也。

《孝經援神契》七五：社者，土地之主也；……土地廣博，不可徧敬，故封土為社，以報功也。

【三二】禘祫

△定八年：〔公羊傳〕從祀先公。從祀者何。順祀也。

〔疏〕何氏之意，以為「三年一祫，五年一禘」，謂諸侯始封之年，禘祫並作之。（卷二六，頁三）

△文二年：〔公羊傳〕大事者何？大祫也。

〔疏〕《春秋說》文云：「三年一祫，五年一禘。」《爾雅》云：「禘，大祭也。」孫氏云：「禘，五年大祭也。然則三年一祫，五年一禘，禮如然也。」（卷一三，頁五）

△僖三十一年：〔公羊傳〕禘、嘗不卜。

〔疏〕文二年「大事於大廟」之下，《傳》云「五年而再殷祭」，彼注云：「謂三年祫，五年禘。禘所以異於祫者，功臣皆祭也。祫猶合也；禘猶諦也；審諦無所遺失。」（卷一二，頁一九）

《禮稽命徵》一〇九：三年一祫，五年一禘。以衣服想見其容色，三日齋，思親志意，想見所好喜，然後入廟。

考文：讖緯之「禘祫」說，取自秦、漢經學通義，然而明、清緯書輯本誤收東漢初年張純奏疏所引之西漢禮制，致使讖緯定篇年代論斷失實，影響後人研究之準據，本書〈《白虎通》引讖說原舛論略〉之「輯本誤收」一節，已作考論，可作參閱。

【三三】天子特禘

△文二年：〔公羊傳〕大祫者何？合祭也。……五年而再殷祭。

〔解詁〕殷，盛也，謂三年祫，五年禘。禘所以異於祫者，功臣皆祭也。祫猶合也，禘猶諦也，審諦無所遺失。禮：天子特禘、特祫；諸侯禘則不礿，祫則不嘗；大夫有賜於君，然後祫其高祖。

〔疏〕注「禘所以」至「皆祭也」。解云：出《禮記》與《春秋說》文。注「禮天」至「特祫」。解云：《禮記》及《春秋說》文，即不主禘祫是也。注「諸侯」至「不嘗」。解云：即《禮記・王制》所云：「夏禘則不礿，秋祫則不嘗」是也。（卷一三，頁六）

考文：《禮記・王制》曰：「天子、諸侯宗廟之祭，春曰礿、夏曰禘、秋曰嘗、冬曰烝」，又曰：「天子犆礿，祫禘，祫嘗，祫烝。諸侯礿則不禘，禘則不嘗，嘗則不烝，烝則不礿。諸侯礿犆，禘一、犆一祫，嘗祫、烝祫。」[22]皆與徐《疏》不同，是則其所引《禮記》及〈王制〉，疑非小戴《禮記》也。陳立《公羊義疏》云：「舊疏云：『出《禮記》與《春秋說》文。』按：今《禮記》無此文，或《禮說》之譌。……即《禮

[22]〔唐〕孔穎達：《禮記注疏》卷一二，頁一八。

記・王制》所云……今〈王制〉亦無此語也。」㉓若然，則此處二條引文，又當作《禮緯》佚文矣，惟諸輯本皆未收入《禮緯》中。

【三四】帝牲三牢遞養

△宣三年：〔公羊傳〕帝牲在于滌三月。

〔解詁〕滌，宮名，養帝牲三牢處。……三牢者，各主一月，取三月一時，足以充其天牲。

〔疏〕解云：其「三牢」之文，出《春秋說》文。（公卷一五，頁七）

釋義：《禮記・郊特牲》：「帝牛必在滌三月」，《繁露・郊事對》亦云：「帝牲在滌三月，牲貴其肥潔，而不貪其大也。」可知三牢遞養，乃漢代通義。蔡邕《獨斷上》所言較為明晰，云：「帝牲牢三月，在外牢一月，在中牢一月，在明牢一月，謂近明堂也。三月一時，已足肥矣，徙之三月，示其潔也。」㉔

【三五】靈臺

△莊三十一年：〔公羊傳〕春，築臺于郎。

〔解詁〕禮：「天子有靈臺，以候天地；諸侯有時臺，以候四時。」

〔疏〕注「天子」至「四時」。解云：皆是《禮說》文也。文王受命之後，乃築靈臺，亦是

㉓ 〔清〕陳立：《公羊義疏》卷三八，頁九九二。

㉔ 〔漢〕蔡邕：《獨斷上》（收入〔明〕程榮：《漢魏叢書》中，吉林大學出版社，一九九二年），頁一八一。

天子曰靈臺之義。正以候天地，故以靈言之。諸侯候四時，故謂之時臺。（卷九，頁五）

△定二年：（公羊傳）夏，五月壬辰，雉門及兩觀災。（卷二五，頁八）

考文：《解詁》、徐《疏》皆云「候天地」，《洪範五行傳》、《五經異義》引《公羊說》則作「靈臺以觀天文」，當以「天文」為是。

釋義：許慎《五經異義》云：「《公羊說》：『天子三、諸侯二。天子有靈臺，以觀天文；有時臺，以觀四時施化；有囿臺，觀鳥獸魚鼈。諸侯當有時臺、囿臺。諸侯卑，不得觀天文，無靈臺。』」[25]然而劉向《洪範五行傳》云：「天子曰靈臺，諸侯曰時臺，所以觀天文之變。」[26]則諸侯亦可觀天文也。

【三六】臺觀

△昭二十五年：設兩觀。

（解詁）禮：天子、諸侯臺門，天子外闕兩觀，諸侯內闕一觀。

（疏）注「禮天子」至（「一觀」）（「臺門」）。解云：在《禮器》文。云「天子外闕兩觀，諸侯內闕一觀」者，《禮說》文也。（卷二四，頁七）

---

[25]（唐）孔穎達：《詩經正義》卷一六之五，〈靈臺〉頁二。

[26]（唐）徐堅：《初學記》（北京：中華書局，一九八九年）卷二四，〈居處部〉頁五七四。

釋義：《甘氏星經注》：「闕丘，闕外象魏也。天子謂之闕，諸侯謂之兩觀。」[27]雖言天文星象，亦可作藉以說明《禮說》之「觀」也。

【三七】桷楹之制

△莊二十三年：〔公羊傳〕秋，丹桓公楹。

〔解詁〕傳言「丹桓公」者，欲道天子、諸侯各有制也。禮：天子斲而礱之，加密石焉；諸侯斲而礱之，不加密石；大夫斲之；士首本。

〔疏〕注「禮天子」至「首本」。解云：皆《外傳・晉語》張老謂趙文子椽之制。《穀梁傳》曰：「天子之桷，斲之、礱之，加密石焉。諸侯之桷，斲之、礱之。大夫斲之。士斲本。」今此何氏於丹楹之下，摠言之矣。斲本者，正謂全以樹木而行斤斲之。（卷八，頁八）

《穀梁・莊二十四年傳》：二十有四年，春，王三月，刻桓宮桷。禮：天子之桷，斲之、礱之，加密石焉。諸侯之桷，斲之、礱之。大夫斲之。士斲本。刻桷，非正也。夫人所以崇宗廟也。取非禮與非正，而加之於宗廟，以飾夫人，非正也。刻桓宮桷，丹桓宮楹，斥言桓宮，以惡莊也。（卷六，頁六）

《穀梁傳注》：以細石礱之。非禮，謂娶讎女。非正，謂刻桷丹楹也。本非宗廟之宜，故曰加。言將親迎，欲為夫人飾，又非正也。（卷六，頁六）

---

[27] 〔唐〕釋悉達：《開元占經・甘氏外官》卷七〇，頁八。

《禮記・禮器鄭玄注》：宮室之飾，士首本，大夫達稜，諸侯斲而襲之，天子加密石焉。無畫山藻之禮也。（卷二三，頁一七）

《禮記・禮器疏》：云：「宮室之飾，士首本，大夫達稜，諸侯斲而襲之，天子加密石焉」者，此莊二十四年《穀梁傳》文，彼云：「大夫斲之，士斲本。」與此異。按《禮緯含文嘉》云「大夫達棱」，謂斲為四棱，以達兩端；「士首本」者，士斲去木之首本，令細與尾頭相應。《晉語》及《含文嘉》并《穀梁傳》，雖其文小異，大意畧同也。（卷二三，頁一七）

《禮含文嘉》a七八：大夫達稜謂斲，為四稜，以達兩端。士首本者，士斲去木之首本，令細與尾頭相應。

《禮含文嘉》a七九：宮室之飾，士首本，大夫達稜，諸侯斲而襲之，天子加密石焉。

考文：1.桷楹之制，既見於《穀梁傳》所引，其屬西漢以前經義無疑，故此條讖文當取自漢代通義而成者。

2.安居本a七八實取自孔穎達《禮記疏》，而誤以疏文「謂斲……兩端」、「者士……相應」為讖文。其句讀「謂斲，為四稜」有誤，以致文意滯澀，當改正。

3.安居本a七九條取自鄭玄《禮器注》，而彼《疏》又已明言：鄭《注》乃「莊二十四年《穀梁傳》文」。惟《禮器疏》文之字句略有改易。

4.諸家輯本除安居本外，皆未收錄此條，惟參酌孔氏《禮器疏》「《晉語》及《含文嘉》

并《穀梁傳》，雖其文小異，大意畧同」之語，可信《含文嘉》文實與《穀梁傳》文相近，故可藉安居本a七九為據，以說讖緯「桷楹之制」也。

【三八】宗廟之制

△成六年：〔公羊傳〕立武宮，非禮也。

〔解詁〕周家祖有功，尊有德，立后稷、文、武廟，至於子孫，自高祖已下而七廟；天子〔之〕卿、大夫三廟，元士二廟；諸侯之卿、大夫比元士二廟，諸侯之士一廟。（卷一七，頁一二）

《禮稽命徵》一〇七：天子之元士二廟，諸侯之上士亦二廟。中、下士一廟。一廟者，祖禰共廟。諸侯之士一廟。

考文：《解詁》未言其文出典，查《魏書・禮志》載：太常卿劉芳議喪服之制，引《禮稽命徵》此條[28]，「一廟者，祖禰共廟」疑非緯文。

釋義：廟數多寡，西漢以來輒有爭議，《禮記・王制》云：「天子七廟」、「諸侯五廟」、「大夫三廟」、「士一廟」，略與《公羊》、《禮緯》相近，可知讖所言，不離舊制。惟《解詁》所述較《禮緯》詳覈，是以陳立乃曰：「諸侯之卿大夫比天子元士，則諸

---

[28] 〔北齊〕魏收：《魏書》（北京：中華書局，一九八二年）卷一〇八之四，〈禮志四之四〉頁二七九三。

侯之士，亦宜降等，命數既殊，廟制應異。緯書與鄭君之義，似不及何注也。」[29]

【三九】城牆之制

△定十二年：〔公羊傳〕雉者何？五板而堵，五堵而雉，百雉而城。

〔解詁〕二萬尺。凡周十一里三十三步二尺，公侯之制也。禮：天子千雉，蓋受百雉之（比）〔城〕十。〔諸侯百雉，〕伯七十雉，子、男五十雉。天子周城，諸侯軒城。軒城者，缺南面以受過也。

〔疏〕注「二萬尺」至「制也」。解云：公、侯方百雉，《春秋說》文也。……云「禮天子千雉」者，《春秋說》文也。……云「伯七十雉，子、男五十雉」者，《春秋說》文。……云「天子周城，諸侯軒城」者，《春秋說》文。（卷二六，頁一一）

《春秋緯》五〇：禮：天子千雉，公、侯方百雉，伯七十雉，子、男五十雉。天子周城，諸侯軒城。

考文：陳立《公羊義疏》說《解詁》此條，云：「何《注》引《禮》或逸《禮》，《禮緯》亦有是語，蓋受百雉之城十，何氏申《春秋說》文也。」[30]然而詳覈諸家輯本，皆未見「天子千雉」云云於《禮緯》中，陳立之言，疑有誤也。

---

[29] 〔清〕陳立：《公羊義疏》卷五一，頁一三四七。

[30] 仝上，卷七一，頁一八六五。

【四〇】天子娶十二女

△成十年：〈公羊傳〉：齊人來媵。媵不書，此何以書？……婦人以眾多為侈也。

〈解詁〉唯天子娶十二女。

〈疏〉注「唯天子娶十二女」。解云：《保乾圖》文。（卷一七，頁一九）

釋義：讖緯言「天子娶十二女」者，唯此《保乾圖》一見。《白虎通・嫁娶篇》引或曰：「天子娶十二女，法天有十二月，萬物必生也。」㉛後漢荀爽承之，曰：「眾禮之中，婚禮為首，故天子娶十二，天之數也。諸侯以下，各有等差，事之降也。」㉜劉向《列女傳・賢明篇》載：「宋鮑女宗曰：『夫禮，天子十二，諸侯九，大夫三，士二。』」㉝皆用《公羊》說也。《春秋》從殷之質，故以一娶十二為正法。

【四一】諸侯一娶九女

△隱一年：〈公羊傳〉桓幼而貴，隱長而卑，其為尊也微，國人莫知。

〈疏〉古者一娶九女，一嫡二媵，分為左右，尊卑、權寵灼然。（卷一，頁一〇）

△莊十九年：〈公羊傳〉諸侯娶一國，則二國往媵之。……諸侯壹聘九女，諸侯不再娶。

㉛〈清〉陳立《白虎通疏證》卷一〇，頁四六九。

㉜〈劉宋〉范曄：《後漢書》（北京：中華書局，一九八二年）卷六二，〈荀爽傳〉頁二〇五四。

㉝收入《漢魏筆記小說》（河北教育出版社，一九九四年），頁四〇。

〔解詁〕九者，極陽數也。不再娶者，所以節人情，開媵路。（卷八，頁二）

△莊一年：〔公羊傳〕諸侯嫁女于大夫。

〔疏〕十九年傳下文云：「諸侯壹聘九女，諸侯不再娶。」然則既不得再娶，適夫人沒，無姪娣即是絕嗣之義，故云此。（卷六，頁四）

《白虎通・五行》：君一娶九女，何法？法九州，象天之施也。（卷四，頁一九七）

《白虎通・嫁娶》：天命不可保，故一娶九女。（卷一〇，頁四八一）

《河圖》a九八六：授嗣，正在九房。

考文：《河圖》a九八六條並非讖文，已見前文考論。又，《春秋緯》言「九女」者，如《感精符》一三九「九女竝譌后，后妃族悉」、《考異郵》一九「九女之妃，闕而不御」，可知天子一娶九女，見於讖緯中。

釋義：1.後漢劉瑜曰：「古者天子一娶九女，娣姪有序，《河圖》授嗣，正在九房。」李賢注引「《公羊傳》曰：『諸侯一聘三女，天子一娶九女』，夏、殷制也。」[34]以「天子娶九女、諸侯三女」，異於莊十九年《傳》，而同於《白虎通》，是以惠棟謂：「《公羊傳》無此文，逸禮《王度記》有之，未知章懷何據以為《公羊傳》也。」[35]陳立亦

---

[34]〔劉宋〕范曄：《後漢書》卷五七，〈劉瑜傳〉頁一八五七。

[35]〔清〕王先謙：《後漢書集解》（北京：中華書局，一九九一年）卷五七，頁一二引。

疑曰：「或《公羊》先師有如此說者。」㊱

2. 天子、諸侯之婚娶所以歷代異制，蔡邕《獨斷》嘗綜論其由，曰：「九嬪，夏后氏增以三三而九，合十二人；《春秋》『天子取十二』，夏制也。……天子一取十二女，象十二月，三夫人、九嬪；諸侯一取九女，象九州，一妻、八妾；卿大夫一妻、二妾；士一妻、一妾。」㊲

【四二】陽倡陰和

△莊一年：〔公羊傳〕諸侯嫁女于大夫，必使大夫同姓者主之。

〔解詁〕禮：尊者嫁女于卑者，必（持）〔待〕風旨，為卑者不敢先求，亦不可斥與之者，申陽倡陰和之道。（卷六，頁四）

《易乾鑿度》九八：陽圻九，陰圻六，……各有所繫焉，故陽唱而陰和，男行而女隨。

《易通卦驗》二一二：虹者，陰陽交接之氣，陽唱陰和之象。

《易是類謀》九四：陽唱陰和，男行女隨也。天道左旋，地道右周。

考文：《易緯》三言「陽唱陰和」之詞，惟考以《鄭風・丰・序》云：「昏姻之道缺，陽

㊱〔清〕陳立：《公羊義疏》卷二二，頁五五八。

㊲收入〔明〕程榮：《漢魏叢書》頁一八一。

倡而陰不和，男行而女不隨。」[38]可知此意早見西漢經義中，而《解詁》用「倡」字，同於《毛傳》、異於《易緯》，是何休用漢代經義抑讖緯說辭，亦由讀者自作評斷，似無公準也。

【四三】后有傅母

△襄三十年：〔公羊傳〕宋災，伯姬存焉，有司復曰：「火至矣，請出。」伯姬曰：「不可。吾聞之也，婦人夜出，不見傅母不下堂。」傅至矣，母未至也，逮乎火而死。

〔解詁〕禮：后夫人必有傅母，所以輔正其行，衛其身也。選老大夫為傅，選老大夫妻為母。

〔疏〕注「選老」至「為母」。解云：《春秋說》文作「時王之禮」。（卷二一，頁一五）

《春秋緯》五三：選老大夫為傅，選大夫妻為母。

考文：1.趙在翰《七緯》謂：「《解詁》文上云『禮：后夫人必有傅母，以輔正其行，衛其身也』，疑亦本緯文。」[39]惟諸家輯本並未收錄其文。

2.《解詁》作「選老大夫妻」，輯本缺「老」字，乃《七緯》始誤，而諸本循之也。

【四四】賻賵

△隱一年：〔公羊傳〕車馬曰賵，貨財曰賻，衣被曰襚。

[38] 〔唐〕孔穎達《詩經正義》卷四之四，頁一。

[39] 〔清〕趙在翰：《七緯》（收入《緯書集成》中，上海古籍出版社，一九九四年）卷三五，頁九。

〔解詁〕此（者）〔皆〕春秋制也。賵猶覆也，賻猶助也；皆助生送死之禮。襚猶遺也，遺是助死之禮。知生者賵賻，知死者贈襚。（卷一，頁一八）

《春秋說題辭》七五：知生則賻，知死則賵。賻之為言助也，賵之為言覆也。輿馬曰賵，貨財曰賻，玩好曰贈，決其意也。衣被曰襚，養死具也。贈之為言俑也，襚之為言遺也。

考文：賵賻之禮，在緯書之前，則《荀子．大略》引「《傳》曰」、《儀禮．既夕禮》、《說苑．修文》皆嘗述及，當屬漢代通義，而讖緯適取其文也。

【四五】飯含之禮

△文五年：〔公羊傳〕王使榮叔歸含且賵。含者何？口實也。

〔解詁〕孝子所以實親口也。緣生以事死，不忍虛其口。天子以珠，諸侯以玉，大夫以（碧）〔璧〕，士以（具）〔貝〕，春秋之制也。文家加飯以稻米。

〔疏〕注「天子」至「貝」。解云：皆《春秋說》文，故云「春秋之制」也。（卷一三，頁一一〇）

《禮記．檀弓疏》：《禮緯稽命徵》：「天子飯以珠，含以玉；諸侯飯以珠，含以璧；卿大夫飯以珠，含以貝。」此等或是異代禮，非周法也。（卷九，頁一六八）

《春秋說題辭》七二：口實曰含，緣生象食，孝子不忍虛其欲。

《春秋說題辭》七三：天子以珠，諸侯以玉，大夫以璧，士以貝。

《禮稽命徵》一一九：天子含用珠，諸侯用玉，大夫用璧，士用貝。

《禮稽命徵》一一八：天子飯以珠，含以玉；諸侯飯以珠，含以璧；卿大夫飯以珠，含以貝。

【四六】繹祭

△宣八年：〔公羊傳〕繹者何？祭之明日也。

〔解詁〕禮：繹繼昨日事，但不灌地降神爾。天子、諸侯曰繹，大夫曰賓尸，士曰宴尸。

〔疏〕注「天子諸侯」至「宴尸」。解云：《春秋說》文也。（卷一五，頁一七）

【四七】廟主

△文二年〔公羊傳〕丁丑，作僖公主。

〔解詁〕為僖公廟作主也。主狀正方，穿中央，達四方，天子長尺二寸，諸侯長一尺。

〔疏〕注「主狀」至「一尺」。解云：皆《孝經說》文也。卿大夫以下，正禮無主，故不言之。云云之說，備在《左氏》。（公卷一三，頁四）

《孝經緯》一六：主狀正方，穿中央，達四方，天子長尺二寸，諸侯長一尺。

考文：1.《禮記・曲禮下》「措之廟，立之主」，孔穎達《正義》引此文，作「《五經異義》」[40]，則為許慎之言，與徐《疏》不同。

2.《穀梁傳・文二年》范甯《集解》亦引此文，作「主蓋神之所憑依，其狀正方，穿中

---

[40] 〔唐〕孔穎達《禮記正義》（臺北：藝文印書館）卷四，頁二一。

央，達四方，天子長尺二寸，諸侯長一尺」㊶楊士勛《疏》云：「何休、徐邈並與范《注》同，云：『天子尺二寸，諸侯一尺，狀正方，穿中央，達四方。』」㊷皆未言與讖緯有關。

3. 杜祐《通典・禮八》論「天子皇后及諸侯神主」，引《五經異義》為說，言及《公羊傳》、《白虎通》、《春秋左氏傳》、《漢舊儀》諸書及此條文字㊸，亦未言與讖緯有關。

4. 《太平御覽・禮儀部十》引述文獻中言及「神主」者，取《五經要義》（當為「異義」之誤）此條說解，而無讖緯文字。

5. 上引五說皆作「天子尺二寸」，且古禮未有尺二寸之制，徐《疏》當據以改正。

6. 此條是否為讖緯，止能採信徐《疏》所言，徐《疏》若有誤，乃又添一則讖緯佚文誤輯例矣。

【四八】三不弔

△定十五年：〔公羊傳〕奔喪非禮也。

㊶〔唐〕楊士勛《穀梁傳注疏》（臺北：藝文印書館）卷一〇，頁二。

㊷仝上書，頁三。

㊸〔唐〕杜祐：《通典》（北京：中華書局，一九九六年）卷四八，頁一三四四。

〔解詁〕禮：有不弔者三，兵死、壓死、溺死。

〔疏〕云「禮有不弔者三，兵死、壓死、溺死」者，《春秋說》文。（卷二六，頁一九）

【四九】五日小斂

△定一年：〔公羊傳〕公之喪至自乾侯。

〔解詁〕禮：天子五日小斂，七日大斂；諸侯三日小斂，五日大斂；卿大夫二日小斂，七日大斂。

〔疏〕「禮云天子五日」云云者，何氏差約古禮而言之，欲道始死之禮，五日大斂而殯，殯訖成服。今欲示盡始死之禮，故云公之喪。（卷二五，頁五）

《禮含文嘉》a一〇六：天子五日，諸侯三日，大夫士三日而小斂。

考文：《解詁》引「禮」文，徐《疏》以為乃「差約古禮」而成，杜佑《通典．小斂》引《禮緯》曰：「天子五日，諸侯三日，大夫、士三日而小斂。」[44]可知《解詁》所引，與讖緯相同。《玉函山房輯佚書》輯入《含文嘉》中，未言所據，安居本從之，非是。

【五〇】五方帝之名

△宣三年：〔公羊傳〕養牲養二卜，帝牲不吉，則扳稷牲而卜之。

〔解詁〕帝，皇天大帝，在北辰之中，主摠領天地五帝群神也。

---

[44] 仝上書，卷八四，頁二二八三。

〔疏〕「在北辰之中」者，言其北辰之處紫微宮內也。云「摠領天地〔天地〕五帝群神」也者，摠領天地之內，五帝群〔臣〕〔神〕也。其五方之帝，東方青帝靈威仰之屬，是其五帝之名，《春秋緯文耀鉤》具有其文。（卷一五，頁七）

△宣三年：〔公羊傳〕王者則曷為必以其祖配？

〔解詁〕上帝五帝，在太微之中，迭生子孫，更王天下。

〔疏〕此「五帝」者，即靈威仰之屬。言在太微宮內，迭王天下。（卷一五，頁七）

《禮記正義：曲禮》：其五帝，則《春秋緯文耀鉤》云：「蒼帝曰靈威仰，赤帝曰赤熛怒，黃帝曰含樞紐，白帝曰白招矩，黑帝曰汁光紀。」（卷五，頁一八）

《春秋合誠圖》五：天皇大帝，北辰星也，含元秉陽，舒精吐光，居紫宮中，制御四方，冠有五采。

《春秋元命包》八二：天生大（原註：下疑有闕文），列為中宮大極星。星其一明者大一帝，居傍兩星，巨辰子位，故為北辰，以起節度。亦為紫微宮，紫之言中，此宮之中，天神圖法。

【五一】三正月及所尚色

△〔公羊傳〕王正月也。

〔解詁〕夏以斗建寅之月為正，平旦為朔，法物見，色尚黑。殷以建丑之月為正，鷄鳴為朔，法物牙，色尚白。周以斗建子之月為正，夜半為朔，法物萌，色尚赤。

〔疏〕凡草物皆十一月動萌而赤，十二月萌牙始白，十三月萌牙始出而黑，故各法之。（卷一，頁八）

《尚書大傳·略說》：「夏以孟春為正，殷以季冬為正，周以仲冬為正。夏以十三月為正，色尚黑，以平旦為朔。殷以十二月為正，色尚白，以雞鳴為朔。周以十一月為正，色尚赤，以夜半為朔。」（陳壽祺《輯校三》頁七）

《繁露·三代改制質文》：三正以黑統初。正日月朔於營室，斗建寅。天統氣始通化物，物見萌達，其色黑。……正白統者，歷正日月朔於虛，斗建丑。天統氣始蛻化物，物始芽，其色白。……正赤統者，歷正日月朔於牽牛，斗建子。天統氣始施化物，物始動，其色赤。（卷七，頁一七五）

《春秋元命包》a一八九：正朔三而改，夏白帝之子，金精法正，故以十三月為正，物見色黑。

《春秋元命包》a五一：黑帝之子，以十二月為正，物牙色白。周，赤帝之子，以十一月為正，法陽氣始萌，色赤。

《春秋感精符》六二：十一月建子，天始施之端，謂之天統，周正，服色尚赤，襐物萌色赤也。十二月建丑，地始化之端，謂之地統，殷正，服色尚白，襐物牙色白。正月建寅，人始化之端，謂之人統，夏正，服色尚黑，襐物生色黑也。

考文：《解詁》、徐《疏》皆未申言其說與讖緯有關，而《春秋緯》佚文與之相類者三條，覈陳立《白虎通・三正疏證》謂：「《公羊・隱元年注》：『夏以斗建寅之月為正，平旦為朔，法物皆見，色尚黑。殷以斗建丑之月為正，雞鳴為朔，法物牙，色尚白。周以斗建子之月為正，夜半為朔，法物萌，色尚赤。』蓋皆本《禮緯》、《書大傳》為說也。」㊺今偏考輯本《禮緯》部分，未見此條佚文，陳立說未言所據，或有誤也。

【五二】三正若循環

△隱一年：〔公羊傳〕王正月也。

〔疏〕故《書傳略說》云：「周以至動，殷以萌，夏以牙。」注云：「謂三王之正也。至動，冬日至，物始動也。物有三變，故正色有三，天有三生三死，故士有三王，（生）〔王〕特一生死。是故周人以日至為正，殷人以日至三十日為正，夏以日至六十日為正，是故三統三王若循連環，周則又始，窮則反本」是也。（卷一，頁八）

《尚書大傳・略說》：「天有三統，物有三變，故正色有三，天有三生三死，故土有三王，王特一生死。」（陳壽祺《輯校三》頁七）

《尚書大傳・略說》：「周以至動，殷以萌，夏以牙。物有三變，故正色有三，天有三生三死，故土有三王，王特一生死。是以周人以日至為正，殷人以日至三十日為正，夏以日至六十日為正，是故三統、三正若循連環，周則又始，窮則反本。」（陳壽祺《輯校三》

㊺〔清〕陳立：《白虎通疏證》卷八，頁三六三。

頁七）

《禮稽命徵》一四二：天有三統，物有三變，故正色有三，天有三生三死，故土有三王，王特一生死。周以至動，殷以萌，周以牙。

《尚書緯》a二六二：周以至動，殷以萌，夏以牙。

考文：1.徐《疏》所引《書傳略說》，實即伏生《尚書大傳‧略說》文句。

2.孔穎達《禮記‧檀弓疏》引《書傳略說》，即《禮稽命徵》之出處也，末句與徐《疏》同。安居本《禮稽命徵》亦輯此條，文下自注云：「《禮疏》『周』以下不為緯文。」是不以徐《疏》所引之《書傳略說》為讖緯也。

3.安居本《尚書緯》a二六二條出自喬松年《緯攟》，文下並附「注云……是也」作讖文之注。覆查《緯攟》於該條佚文下，喬氏自注曰：「《公羊》『春王正月』《疏》引《尚書說》。」[46]今由上引徐《疏》可知此文原作《書傳略說》，並非《尚書說》。

4.兩條讖緯佚文，實皆出自唐代學者所引《尚書大傳》，並非取讖緯以解經義。清人取其文作輯本佚文，致使學者誤認東漢圖讖有此文句，於讖緯內容之論斷，易生混淆，應作釐清也。

【五三】三正之帛色

---

[46] 〔清〕喬松年：《緯攟》（收入《緯書集成》中，上海古籍出版社，一九九四年）卷二，頁一八。

△隱八年：〔公羊傳〕天子有事于泰山。

〔疏〕帛必三者，高陽之後用赤繒，高辛氏之後用黑繒，其餘諸侯皆用白繒。周禮改之為纁也。（卷三，頁一二）

《尚書中候・勑省圖》一九六：高陽氏尚赤，以十一月為正，薦玉以赤繒。高辛氏尚黑，以十三月為正，薦玉以黑繒。陶唐氏尚白，以十二月為正，薦玉以白繒。有虞氏尚赤，以十一月為正。

《禮稽命徵》一四三：天子、三公、諸侯，皆以三帛薦玉。三帛者，高陽氏之後用赤繒，高辛氏之後用黑繒，其餘用白繒。

考文：讖文所言，實承襲《尚書大傳》及《淮南子》內容，此亦漢代今文家融會陰陽五行說，而成之學說也。

【五四】四季

△隱一年：〔公羊傳〕「春」者何？歲之始也。

〔解詁〕春者，天地開辟之端，養生之首，法象所出，四時本名也。昏斗指東方曰春，指南方曰夏，指西方曰秋，指北方曰冬。

〔疏〕「昏斗」至「冬也」，皆《春秋說》文也。……《易說》云：「孔子曰：『《易》始於大極，大極分而為二，故生天地。天地有春、夏、秋、冬之節，故生四時也。』」言天地開辟，分為四時，春先為端始也。（卷一，頁六）

△哀十四年：〔公羊傳〕何以終乎哀十四年？曰：「備矣。」

〔解詁〕春者，歲之始，能常法其始，則無不終竟。〔卷二八，頁一三〕

《易乾鑿度》三二～三五：孔子曰：「《易》始於太極。大極分而為二，故生天地。天地有春、秋、冬、夏之節，故生四時。四時各有陰陽剛柔之分，故生八卦。」

《春秋元命包》〇六～〇七：子夏問：「夫子作《春秋》，不以初哉首基為始，何？」據春者，歲之始也，神明推移，精華結紐。

考文：此組當有三條讖文，一為昏斗指向以定四季之分，《春秋緯》如此。二為《易說》，實摘自《易乾鑿度上》；三為「歲之始」云云，與《元命包》相同，當屬《春秋》五始之義，惟緯書雖嘗道及「五始」一詞，卻未收錄其實際之內容，此處僅得一句，考其源，當是緯書取《傳》文而成者，《解詁》此處乃取《隱元年傳》文以解《哀十四年》文義，所言「能常法……」云云，不見讖文所有，是以此處當非《解詁》引讖以說《傳》也。

【五五】東方震卦

△隱一年：〔公羊傳〕「春」者何？歲之始也。

〔疏〕《乾鑿度》云：「震生萬物於東方。夫萬物始生於震，震，東方之卦也，陽氣施生，愛利之道，故東方為仁矣。」故言「養生之首」，言是養生萬物之初首。〔卷一，頁六〕

《易乾鑿度》四二：孔子曰：「……夫萬始出於震，震，東方之卦也，陽氣始生，受形之道也，故東方為仁。」

考文：《乾鑿度》四二之「受形」，清初《四庫》本同，而徐《疏》引之作「愛利」，疑抄胥以形近致誤。

【五六】曆法

△僖十六年：〔公羊傳〕《春秋》不書晦也。

〔疏〕即桓十七年二月丙午，及邾婁儀父盟于趡，《春秋說》以為「二月晦」矣。五月丙午，及齊侯戰于奚，《春秋說》以為「五月之朔」也。（卷一一，頁一四）

《春秋緯》七四：二月晦。

《春秋緯》七五：五月朔日。

【五七】救日食

△莊二十五年：〔公羊傳〕日食，則曷為鼓用牲于社？求乎陰之道也。以朱絲營社，或曰「脅之」。

〔解詁〕社者，土地之主也；月者，土地之精也。上繫于天而犯日，故鳴鼓而攻之，脅其本也。朱絲營之，助陽抑陰也。（卷八，頁一三）

《春秋感精符》二四：立推度以正陽，日食則鼓，用牲於社，朱絲營社，鳴鼓脅之。

《春秋感精符》一一九：日蝕大水，則鼓，用牲於社，社者，陰之主。朱絲縈社，鳴鼓脅之也。

【五八】月生三日成魄

△莊二十四年：〈公羊傳〉曹伯曰：「三諫不從，遂去之。故君子以為得君臣之義也。」

〈解詁〉諫必三者，取月生三日而成魄，臣道就也。

〈疏〉〈鄉飲酒義〉云：「讓之三也，象月之三日而成魄」是也。（卷八，頁一一）

《禮記・鄉飲酒義》：賓主，象天地也；介僎，象陰陽也；三賓，象三光也。讓之三也，象月之三日而成魄也；四面之坐，象四時也。（卷六一，頁一五）

《孝經援神契》一四九：月三日而成魄，三月而成時。

【五九】北極星

△昭十七年：〈公羊傳〉大辰者何？大火也。大火為大辰，伐為大辰，北辰亦為大辰。

〈解詁〉北辰，北極天之中也，常居其所，迷惑不知東西者，須視北辰，以視心伐所在。

〈疏〉謂之「極」者，取於居中之義矣。而《春秋說》云：「北者，高也；極者，藏也。言大一之星，高居深藏，故名北極也」者，與先儒說違。其何氏兩解乎？云「常居其所」者，謂常居紫微宮所矣。（卷二三，頁九）

【六〇】房宿象徵

△哀十三年：〈公羊傳〉冬，十有一月，有星孛于東方。

〈解詁〉周十一月、夏九月，日在房、心。房、心，天子明堂，布政之庭。

〈疏〉注「周十一月、夏九月，日在房、心」。解云：《堪輿》云：「九月，日體在大火。」

故曰「日在房、心」也。云「房、心，天子明堂，布政之庭」，出《堪輿》；《星經》亦云也。（卷二八，頁七）

△昭十七年：〈公羊傳〉何以書？記異也。

〔解詁〕心者，天子明堂，布政之宮。

〔疏〕注「心者」至「之宮」。解云：《春秋說》、《星經》亦云云。（卷二三，頁九）

考文：哀公十三年徐《疏》明舉《堪輿》、《星經》為對，而昭公十七年又舉《春秋說》、《星經》，可知此條文意已見於漢初《星經》，《解詁》之文，亦取自漢代通識也。

釋義：二十八宿中，房宿、心宿屬東方星宿，所對應之人事為「天子明堂」，亦即關涉朝廷布政大事，秦、漢天文書如《史記‧天官書》多所言及，讖緯亦取以為說，如《春秋文耀鉤》「房、心為天帝之明堂，布政之所出」、《說題辭》「房、心為明堂，天王布政之宮」、《元命包》「房四星，心三星，五度有天子明堂布政之宮」、《尚書璇璣鈐》「房為明堂，主布政」、《雒書靈準聽》「心為明堂」。

【六一】星孛賊起

△昭十七年：〈公羊傳〉何以書？記異也。

〔解詁〕（心宿）亦為孛彗者，邪亂之氣掃，故置新之象，是後周分為二，天下兩主，宋南里以亡。

〔疏〕解云：言「周分為二，天下兩主」者，謂敬王在成周，王猛居王城。……故云「周分

為二，天下兩主」也。是以《運斗樞》云：「星孛賊起，守大辰於五堂，亂兵填門，三王爭，周以分」是也。（卷二三，頁九）

考文：徐《疏》所引《春秋運斗樞》之星辰占異，《演孔圖》第七八條亦略述及：「彗星賊起入大辰，天帝謀易王。」而《感精符》第一三四條言之較詳：「孛星賊起，光入大辰者，將有陰謀，以邪犯正，與天子爭勢，居位者大臣謀主，兩王竝立，周分之異也。」與今文《公羊》說相同。

釋義：讖文曰「三王爭，周以分」，乃謂王猛、子朝相繼篡位，居王城，與成周之敬王相拒不下，是此三王使周分為二國也。

【六二】螽死之異

△文三年：〔公羊傳〕雨螽于宋。雨螽者何？死而墜也。

〔解詁〕螽猶眾也，眾死而墜者，群臣將爭彊相賊之象。是後大臣比爭鬭相殺，司城驚逃。

（卷一三，頁八）

《穀梁·文公三年疏》：「《公羊》與《考異郵》皆云「螽死而墜於地也」，故何休云：「螽猶眾也，死而墜者眾，宋群臣相殘害也」云云，上下異之云爾。今《穀梁》直云「茅茨盡矣，著於上，見於下，謂之雨」，與讖違，是謂短。」（卷一〇，頁五）

考文：今本《解詁》止作「眾死而墜」，與《穀梁疏》不甚相同；唯《穀梁疏》視何休語為讖，則無需疑也。惟此類難以斷定是否真為讖文之字句，於《公羊注疏》中不為少數。

【六三】螽蟲冬蛹

△哀十二年：〔公羊傳〕冬，十有二月，螽。

〔解詁〕螽者與陰殺俱藏，周十二月，夏之十月，不當見，故為異。……自是之后，天下大亂，莫能相禁，宋國以亡，齊并於陳氏，晉分為六卿。

〔疏〕《春秋說》云：「陳氏篡齊三年，千人合葬。故螽蟲冬踊」者，是其螽為齊亡之一隅也。（卷二八，頁三）

【六四】霣霜不殺草

△僖三十三年：〔公羊傳〕霣霜不殺草，李梅實。

〔解詁〕周之十二月，夏之十月也。《易中孚記》曰：「陰假陽威之應也。」早霣霜而不殺萬物，至當霣霜之時，根生之物復榮不死，斯陽假與陰威，陰威列索，故陽自霣霜而反不能殺也人此祿去公室，政在公子遂之應也。（卷一二，頁二四）

《春秋考異郵》一七：魯僖公即位，隕霜不殺草，臣威強也。李梅實，梅李大樹，比草為貴，是君不能伐也。

考文：1.後漢楊賜奏疏引《中孚經》，李賢注云：「《易稽覽圖中孚經》之文也。」並引鄭玄注明之[47]，可證《易緯》中有《中孚經》篇名。

---

[47] 〔劉宋〕范曄：《後漢書·郎顗傳》卷五四，頁一七八一。

2. 孫志祖《讀書脞錄續編・公羊注引緯》[48]取《易中孚記》為《易緯》文，陳立《公羊義疏》亦謂「《易中孚記》者，《易緯》篇名」[49]。其後田中麻紗巳〈《春秋公羊解詁》緯書關連個所〉[50]、張廣慶〈何休《春秋公羊解詁》研究〉[51]，皆循而錄以為《易緯》。雖則後漢郎顗於奏疏中嘗引「《易中孚傳》曰：『陽感天不旋日。』」[52]，然而同一奏疏中又有「《易傳》曰：『陽無德則旱，陰僭陽亦旱。』」[53]細繹其文，實為泛論陰陽消長之應，《京房易傳》多言之，與《中孚記》「陰假陽威之應」相同。今考各種緯書輯本，皆未收錄《解詁》此條，雖與讖緯災異占驗相類，名之《易緯》，或待商榷也。

3. 《春秋考異郵》第十七條，作僖公初即位之事，《解詁》所言，則在即位三十三年之時，二者並不相同。

4. 此條讖文，當著重在「不殺草、李梅實」草妖之異。

---

[48] 《皇清經解》（臺北：漢京文化事業公司）冊一八，頁一三一三二。

[49] 〔清〕陳立：《公羊義疏》卷三七，頁九二七。

[50] 田中麻紗巳〈《春秋公羊解詁》緯書關連個所〉，收入中村璋八編《緯學研究論叢》（東京都：平河出版社，一九九三年），頁五八。

[51] 張廣慶：〈何休《春秋公羊解詁》研究〉（國立師範大學國文研究所集刊，民國七十九年），頁一五五。

[52] 〔劉宋〕范曄：《後漢書・郎顗傳》卷三〇，頁一〇五八。

[53] 仝上書，卷三〇，頁一〇七四。

釋義：「陰假陽威」乃指君王積弱。后妃、強臣擅權，說者因假天象以對應人事也。

【六五】上天昭明可畏

△僖十六年：〔公羊傳〕五石六鷁，何以書？記異也。

〔解詁〕宋襄欲行霸事，…事事耿介自用，卒以五年見執，六年終敗，如五石、六鷁之數。

天之與人，昭昭著明，甚可畏也。

〔疏〕注「天之與人」至「畏也者」。解云：《春秋說》文也。（卷一一，頁一四）

【六六】三命

△襄二十九年：〔公羊傳〕尚速有悔於予身。

〔疏〕案：成十七年《左氏傳》云「晉士燮祈死」下，何氏作《膏肓》難之曰：「休以為人生有三命，有大壽命以保度，有隨命以督行，有遭命以摘暴，未聞死可祈也。」（卷二一，頁一〇）

《白虎通．壽命》：命者，何謂也？人之壽也，天命已使生者也。命有三科，以記驗。有壽命以保度，有遭命以遇暴，有隨命以應行。（卷八，頁三九一）

《孝經援神契》一七〇：命有三科，有受命以任慶，有遭命以謫暴，有隨命以督行。

考文：《援神契》作「受命、任慶」，《白虎通》作「壽命、保度」，徐《疏》引何休同於《白虎通》而多「大」字。讖文之「謫暴」，《白虎通》作「遇暴」，何休作「摘暴」。讖緯先出，《白虎通》與何休所言，或有引其文意而作改易處，惟「受命」乃讖文之常言，較之「壽命」，其受於天命之文意亦更明確也。

【六七】元氣無形有形

△隱一年：〔公羊傳〕元年者何？君之始年也。

〔解詁〕年者，十二月之摠號，《春秋》書十二月稱年是也。變一為元，元者氣也，無形以起，有形以分，造起天地，天地之始也，故上無所繫，而使春繫之也。

〔疏〕《春秋說》云：「元者，端也；氣，泉。」注云：「元為氣之始，如水之有泉，泉流之原。」「無形以起，有形以分，窺之不見，聽之不聞。」宋氏云：「無形以起，在天成象；有形以分，在地成形也。」然則有形與無形，皆生乎元氣而來，故言「造起天地，天地之始」也。（卷一，頁六）

【六八】王氣正天端

《春秋元命包》〇三：元者，端也；氣，泉。無形以起，有形以分，窺之不見，聽之不聞。

△隱一年：〔公羊傳〕元年者何？君之始年也。

〔解詁〕天之所命，故上繫天端。

〔疏〕天端即春也，故《春秋說》云：「以元之深，正天之端；以天之端，正王者之政」是也。（卷一，頁七）

△隱一年：〔公羊傳〕公何以不言即位？

〔解詁〕上無所繫，而使春繫之。

〔疏〕《春秋說》云：「王不上奉天文以立號，則道術無原。故先陳春，後言王。天不深正其元，則不能成其化，故先起元，然後陳春矣。」是以推「元」在「春」上，「春」在「王」上矣。（卷一，頁六）

〔解詁〕据文公言即位也。即位者，一國之始，政莫大於正始。故《春秋》「以元之氣，正天之端；以天之端，正王之政」，以王之政，正諸侯之即位；「以諸侯之即位，正竟內之治。諸侯不上奉王之政，則不得即位」，故先言正月，而後言即位；「政不由王出，則不得為政」，故先言王，而後言正月也；「王者不承天以制號令，則無法」，故先言春，而後言王；「天不深正其元，則不能成其化」，故先言元，而後言春。五者同日並見，相須成體，乃天人之大本，萬物之所繫，不可不察也。（卷一，頁九）

《繁露・二端》：《春秋》之道，以元之深正天之端，以天之端正王之政，以王之政正諸侯之即位，以諸侯之即位正竟內之治，五者俱正而化大行。（卷六，頁一四五）

《繁露・玉英》：《春秋》之道，以元之深正天之端，以天之端正王之政，以王之政正諸侯之即位，以諸侯之即位正竟內之治。五者俱正，而化大行。（卷三，頁五四）

《禮記・中庸疏》：《元命包》云：「諸侯不上奉王之正，則不得即位；正不由王出，不得為正；王不承於天以制號令，則無法。天不得正其元，則不能成其化也。」（卷五三，頁一五）

《春秋元命包》〇五：以元之深，正天之端；以天之端，正王者之政。

《春秋元命包》○四：諸侯不上奉王之正，則不得即位；正不由王出，不得為正；王不承於天以制號令，則無法；天不得正其元，則不得成其元也；王不上奉天文以立號，則道術無原，故先陳春，後言王。天不深正其元，則不能成其化，故先起元，然後陳春矣。

考文：1.《解詁》「諸侯不上奉……」引文，雖未言明出處，覈以《中庸疏》，知為《春秋元命包》無疑。

2.《元命包》「不得成其元」，覈以《解詁》、《中庸疏》，當作「不能成其化」。

3.取徐《疏》所引《春秋說》置於《元命包》「成其元也」之下，始見於《七緯》，然未見趙在翰說明。陳立《公羊義疏》摘錄《元命包》此條，而作「《禮記疏》引《元命包》」（卷一，頁二三），當屬鈔用《七緯》致誤也。

釋義：《春秋緯》意，蓋取自漢代《公羊》學說，除《繁露》可證之外，董仲舒《對策一》亦言其說之大要，云：「臣謹案《春秋》之文，求王道之端，得之於正。正次王，王次春。春者，天之所為也；正者，王之所為也。其意曰：上承天之所為，而下以正其所為，正王道之端云爾。……《春秋》深探其本，而反自貴者始。故為人君者，正心以正朝廷，正朝廷以正百官，正百官以正萬民，正萬民以正四方。四方正，遠近莫敢不壹於正，而亡有邪氣奸其間者。」[54]

---

[54] 〔漢〕班固：《漢書》卷五六，〈董仲舒傳〉頁二五○二。

【六九】王者謂文王

△隱一年：〔公羊傳〕王者孰謂？謂文王也。

〔解詁〕以上繫王於春，知謂文王也。文王，周始受命之王，天之所命，故上繫天端；方陳受命制正月，故假以為王。法不言謚者，法其生不法其死，與後王共之，人道之始也。

〔疏〕春者，端始；文王者，周之始。受命制法之王，理宜相繫，故見其繫春，知是文王，非周之餘王也。問曰：《春秋》之道，今有三王之法，所以通天三統，是以《春秋說》云：「王者孰謂？謂文王也。疑三代，謂疑文王。」而《傳》專云「文王」不取三代，何？荅曰：大勢《春秋》之道，實兼三王，是以《元命包》上文摠而疑之。而此《傳》專云「謂文王」者，以見孔子作新王之法。當周之世，理應權假文王之法，故偏道之矣。故彼宋氏注云：「雖大略据三代，其要主於文王」者，是也。（卷一，頁七）

《春秋元命包》一四：王者孰謂？文王也。疑三代，謂疑文王。

釋義：1.疑，擬也，以徐《疏》「《春秋》之道，實兼三王」，可知《元命包》謂孔子作《春秋》，於隱公元年著「王正月」，乃自比擬於文王之地位也。意謂孔子以王者自居也。

2.《解詁》以「謂文王」論定《隱元年》之「正」字為周文王所改，此即周受命於天，改正朔、易服色之證明也。杜預《左傳注》謂：「正」是時王所建，故以「王」字冠之，言是「今王之正月」也。55緯書則以「文王」指孔子，所作《春秋》即受命制法為王之徵也，云「聖人不空生，必有所制」（《演孔圖》）、「黑孔生，為赤制」（《感精符》），並取以與伏羲、文王二王並列：「蒼牙通靈，昌之成運，孔演命，明道經。」（《易坤靈圖》）蓋為提高孔子之地位，乃指孔子為文王，謂孔子作《春秋》，制法文王，以俟赤漢備用也。陳立《公羊義疏》取「文王既沒，文不在茲乎」、子思述祖德，篇末兩引〈文王〉之詩，以證「仲尼一文王也」56。可知此《傳》之「文王」歸屬，於經義確有重大影響。

【七〇】三世異辭

△隱一年：〔公羊傳〕遠也。所見異辭，所聞異辭，所傳聞異辭。

〔解詁〕所見者，謂「昭、定、哀」，己與父時事也；所聞者，謂「文、宣、成、襄」，王父時事也；所傳聞者，謂「隱、桓、莊、閔、僖」，高祖、曾祖時事也。

〔疏〕解云：孔子親仕之定、哀，故以定、哀為己時。定、哀既當於己，明知昭公為父時事。知「昭、定、哀」為所見，「文、宣、成、襄」為所聞，「隱、桓、莊、閔、僖」為所傳聞者，《春秋緯》文也。（卷一，頁二四）

---

55 〔唐〕杜預：《春秋左傳注疏》（臺北：藝文印書館）卷一，頁五。

56 〔清〕陳立：《公羊義疏》卷一，頁二四。

△哀十四年：〔公羊傳〕祖之所逮聞也，所見異辭、所聞異辭、所傳聞異辭。

〔解詁〕託記高祖以來，事可及問聞知者，猶曰：「我但記先人所聞，辟制作之害。」

〔疏〕假託云「道我記高祖以來事」者，謂因己問父，得聞昭、定、哀之事；因父問祖，得聞文、宣、成、襄之事；因祖問高祖，得聞隱、桓、莊、閔、僖之事。（卷二八，頁一三）

△《公羊傳》何休〈序〉：倍經任意。

〔疏〕《春秋》有三世異辭之言，顏安樂以為：從襄二十一年之後，孔子生訖，即為所見之世，是任意。任意者，凡言見者，目覩其事，心識其理，乃可為見，故《演孔圖》云：「文、宣、成、襄，所聞見之世也。」而顏氏分張一公，而使兩屬，是其任意也。（〈序〉，頁二）

△文九年：〔公羊傳〕楚子使椒來聘。

〔解詁〕入文公，所聞世，見升平，法內諸夏，以外夷狄也。

〔疏〕知文公為所聞之世者，《春秋說》云「文、宣、成、襄，所聞之世」是也。言見治升平者，升，進也，欲見其治稍稍上進，而至于平也。（卷一三，頁一八）

△襄二十三年：〔公羊傳〕何以書？以近書也。

〔解詁〕「所傳聞世」見治始起，外諸夏，錄大略小，大國有大夫，小國略稱人。「所聞之世」內諸夏，治小如大，廩廩近升平，故小國有大夫，治之漸也。（卷二〇，頁一四）

《繁露．楚莊王》：春秋分十二世以為三等：有見，有聞，有傳聞。有見三世，有聞四世，有傳聞五世。故哀、定、昭，君子之所見也。襄、成、文、宣，君子之所聞也。僖、閔、莊、桓、隱，君子之所傳聞也。所見六十一年，所聞八十五年，所傳聞九十六年。（卷一，頁八）

考文：徐彥《疏》隱元年，謂三世異辭乃《春秋緯》，《疏》何休之〈序〉文，又謂「所見之世」為《演孔圖》，則三世之說，當屬之《演孔圖》也。惟其文義，早已見於《繁露》中，可知此乃漢代《公羊》學通義，並非讖緯獨具者也。

【七二】一世八十一年

△隱一年：〈隱公〉卷第一。

〈疏〉問曰：鄭氏云：「九者，陽數之極；九九八十一，是人命終矣。故《孝經援神契》云：『《春秋》三世，以九九八十一為限。』然則隱元年盡僖十八年為一世，自僖十九年盡襄十二年又為一世，自襄十三年盡哀十四年又為一世，所以不悉八十一年者，見人命參差，不可一齊之義。」又顏安樂以襄二十一年孔子生後，即為所見之世。顏、鄭之說，實亦有途，而何氏見何文句，要以「昭、定、哀」為所見之世，「宣、文、成、襄」為所聞之世，「隱、桓、莊、閔、僖」為所傳聞之世乎？（卷一，頁三）

〈疏〉何氏所以不從之者，以為凡言見者，目覩其事，心識其理，乃可以為見。孔子始生，未能識別，寧得謂之所見乎？故《春秋說》云：「文宣成襄，所聞之世」，不分疏。二十一年已後，明為一世矣。……鄭氏雖依《孝經說》文，取襄十二年之後，為所見之世，爾時孔子未生，焉得謂之所見乎？故不從之。（卷一，頁四）

〔疏〕問曰：《孝經說》文實有「九九八十一為限」之言，《公羊》信緯，可得不從乎？荅曰：《援神契》者，自是《孝經緯》，橫說義之言，更作一理，非是正解《春秋》之物。故何氏自依《春秋說》為正解，明矣。（卷一，頁四）

《孝經援神契》一〇九：春秋三世，以九九八十一為限。

《孝經援神契》三二九：春秋三世，以九九八十一為限。隱元年盡僖十八年，為一世；自僖十九年盡襄十二年，又為一世；自襄十三年盡哀十四年，又為一世。所以不悉八十一年者，見人命參差不可齊之義。

【七二】三科九旨

△隱一年：〈隱公〉卷第一。

〔疏〕問曰：《春秋說》云：「《春秋》設三科、九旨。」其義如何？荅曰：何氏之意，以為「三科、九旨」正是一物：若摠言之，謂之「三科」，科者，段也；若析而言之，謂之「九旨」，旨者，意也。言三个科段之內，有此九種之意。故何氏作《文謚例》云：「三科、九旨者，『新周、故宋、以春秋當新王』，此一科三旨也。」又云：「所見異辭、所聞異辭、所傳聞異辭，二科六旨也。又內其國而外諸夏，內諸夏而外夷狄，是三科九旨也。」問曰：案：宋氏之注《春秋說》：「『三科』者，一曰張三世，二曰存三統，三曰異內外，是三科也；『九旨』者，一曰時，二曰月，三曰日，四曰王，五曰天王，六曰天子，七曰譏，八曰貶，九曰絕。時與日、月，詳略之旨也；王與天王、天子，是錄遠近親疎之旨也；譏與貶、絕，則輕重之旨也。」如是三科、九旨，聊不相干，何故然也？荅曰：《春秋》之內，具斯二種理，故宋氏又有此說，賢者擇之。（卷一，頁四）

《孝經援神契》a三一二：《春秋》設三科、九旨。三科，一曰張三世，二曰存三統，三曰異外內，是三科也；九旨，一曰時，二曰月，三曰日，四曰王，五曰天王，六曰天子，七曰譏，八曰貶，九曰絕。

考文：1.何休《文謚例》與宋均注《春秋說》所言之「三科九旨」不同，宋均注文未見於輯本佚文引錄，可知並非東漢讖緯所有。

2.喬松年《緯攟》始輯宋均注為《孝經援神契》佚文，顯然非是，而安居本從之，實屬失察。

【七三】七等宣化及五始說

△莊十年：〔公羊傳〕州不若國，國不若氏、氏不若人，人不若名，名不若字，字不若子。

〔解詁〕爵最尊。春秋假行事以見王法，聖人為文辭孫順，善善惡惡，不可正言其罪，因周本有奪爵、稱國、氏、人、名、字之科，故加州，文備七等以進退之。

〔疏〕所以必備七等之法者，正以北斗七星主賞罰，示法。《春秋》者，賞罰之書，故則之。

故《說題辭》曰：「北斗七星有政，《春秋》亦以七等宣化。」《運斗樞》曰：「《春秋》設七等之文，以貶絕錄行，應斗屈伸」是也。（卷七，頁一〇）

△莊十年：〔公羊傳〕曷為不言其獲？不與夷狄之獲中國也。

〔解詁〕夷狄謂楚。不言楚，言荊者，楚彊而近中國，卒暴責之，則恐為害深，故進之以漸從。此七等之治也。

〔疏〕所以抑楚言荊，不抑吳言楊者，正以楚近中國，恐為中國之害，故欲進之，以漸先從卑稱進之。若先得貴名，而後退之，則死害於諸夏故也。《運斗樞》曰：「抑楚言荊，不使夷狄主中國」者，義亦通於此。戴氏云：「荊、楚一物，義能相發；吳、楊異訓，故不得州名也。」與何氏異。《穀梁傳》曰：「荊者楚也，何為謂之荊？狄之也。何為狄之？聖人立，必後至；天子弱，必先叛。故曰『荊，狄之也』。」與此異，不得合也。（卷七，頁一一）

〔疏〕問曰：〈文謚例〉云：「此《春秋》五始、三科、九旨、七等、六輔、二類之義，以矯枉撥亂，為受命品道之端，正德之紀也。」然則三科、九旨之義，已蒙前說，未審五始、六輔、二類、七等之義如何？荅曰：案：《文謚例》下文云：「五始者，『元年春王正月，公即位』是也。七等者，『州、國、氏、人、名、字、子』是也。六輔者，『公輔天子、卿輔公、大夫輔卿、士輔大夫、京師輔君、諸夏輔京師』是也。二類者，『人事與災異』是也。」（一，頁四）

考文：何休謂《春秋》有五始、三科、九旨、七等、六輔、二類之義。「七等」已見上文所述，「五始」則僅引名詞，未見說解，「六輔、二類」，則未見於輯本佚文言之。

【七四】七缺

△隱一年：〈隱公〉卷第一。

〔疏〕問曰：《春秋說》云：「《春秋》書有七缺。」（卷一，頁四）

《春秋緯》一三：《春秋》有七缺、八缺之義。

考文：「七缺、八缺」之詞，僅此一見，未有讖文專事說解之。

釋義：「七缺」之義，徐彥《公羊疏》云：「惠公妃匹不正，隱、桓之禍生，是為夫之道缺也。文姜淫而害夫，為婦之道缺也。大夫無罪而致戮，為君之道缺也。臣而害上，為臣之道缺也。僖五年晉侯殺其世子申生，襄二十六年宋公殺其世子痤，殘虐枉殺其子，是為父之道缺也。文元年楚世子商臣弒其君髡，襄三十年蔡世子般弒其君固，是為子之道缺也。桓八年正月己卯烝，桓十四年八月乙亥嘗，僖三十一年夏四月四卜郊，不從，乃免牲，猶三望；六祀不脩，周公之禮缺。是為『七缺』也矣。」[57]至若「八缺」之義，古無闡述，清趙在翰《七緯》嘗試解之，曰：「余謂隱元年不書即位，君道缺；祭伯來，王命，臣道缺；鄭伯克段，兄弟道缺；書惠公仲子，夫婦道缺、父子

57 〔唐〕徐彥《公羊傳注疏》卷一，頁四。

道缺矣。其八缺之義與！」[58]

【七五】伏羲畋漁

△桓四年：〔公羊傳〕狩者何？田狩也。春曰苗，秋曰蒐，冬曰狩。

〔解詁〕古者肉食、衣皮服、捕禽者，故謂之田。取獸於田，故謂之狩。

〔疏〕《下繫辭》云：「黃帝、堯、舜垂衣裳而天下治。」彼注云：「始去羽毛。」故鄭注《易說》云：「古者田漁而食之，因衣其皮，先知蔽前，後知蔽後。後王易之以布帛，而猶存其蔽前者，重古道不忘本。」以此言之，則黃帝以後，始有火，化而去毛羽，則此古者，三皇時可知。（卷四，頁一一）

《易乾鑿度》二九：伏羲氏之王天下也，始作八卦，結繩而為罔罟，以畋以漁，蓋取諸離，質者無文，以天言，此《易》之意。

考文：孔穎達《左傳・桓公二年疏》，引《易緯乾鑿度注》文同於徐《疏》《易說》，其讖緯本文未見摘錄，疑即《易乾鑿度》第二九條之鄭注，尚待備考。又，《易繫辭下》曰：「包犧氏之王天下也，作為網罟，以佃以漁。」可知《乾鑿度》此條實取經文而演化者。

【七六】五帝三王

---

58 〔清〕趙在翰：《七緯》卷二五，頁二。

△宣三年：王者則曷為必以其主配？

〔解詁〕上帝五帝，在太微之中，迭生子孫，更王天下。

〔疏〕此「五帝」者，即靈威仰之屬。言在太微宮內，迭王天下，即《感精符》云：「蒼帝之始，二十八世，滅蒼者翼也。」彼注云：「堯，翼之星精，在南方，其色赤。」「滅翼者斗。」注云：「舜斗之星精，在中央，其色黃。」「滅斗者參。」注云：「禹，參之星精，在西方，其色白。」「滅參者虛。」注云：「湯，虛之星精，在北方，其色黑。」「滅虛者房。」注云：「文王，房星之精，在東方，其色青。」「五星之（謀）〔精〕」是其義。（卷一五，頁八）

《春秋演孔圖》三三：天子皆五帝之精寶，各有題敘，以次運相據，起必有神靈符紀，使開階立隧。

【七七】湯禱山川

△桓五年：〔公羊傳〕大雩者何？旱祭也。

〔解詁〕君親之南郊，以六事謝過自責，曰：「政不一與？民失職與？宮室榮與？婦謁盛與？苞苴行與？讒夫倡與？」使童男女各八人，舞而呼雩，故謂之雩。（卷四，頁一五）

△僖三十一年：〔公羊傳〕唯泰山爾，河海潤于千里。

〔解詁〕亦能通氣致雨，潤澤及于千里。《韓詩傳》曰：「湯時大旱，使人禱于山川」是也。（卷一二，頁二一）

《穀梁・桓公五年疏》：釋曰：何休云：「祭言大雩，大旱可知也。君親之南郊，以六事謝過自責，曰：『政不一與？民失職與？宮室榮與？婦謁盛與？苞苴行與？讒夫倡與？』使童男女各八人，舞而呼雩，故謂之雩。」（卷三，頁一一）

《春秋緯》四八：湯遭大旱，以六事謝過，其一云「女謁行與？」

考文：《春秋緯》出自《詩・十月之交正義》[59]，味其文意，乃泛述《春秋緯》有「女謁行與」之文，並非全句皆屬讖文。惟嚴以《解詁》言，「君親之南郊」云云，或與《春秋緯》原文近似也。

【七八】后稷感生說

△宣三年：〔公羊傳〕王者則曷為必以其祖配？自內出者，無匹不行。

〔解詁〕祖謂后稷，周之始祖，姜嫄履大人迹所生。

〔疏〕即《詩》云「履帝武敏歆」文。《周本紀》云：有邰氏女曰姜嫄，為帝嚳元妃，出野，見巨人迹，心忻然說，欲踐之，身動如孕者，居期而生子。以為不祥，棄之隘巷，或棄山林、寒冰之上云云。姜嫄以為神，遂收養長之。初欲棄之，因名棄，是也。（卷一五，頁七）

《禮緯》一六：祖以履大人跡而生。

---

[59] 〔唐〕孔穎達：《詩・十月之交正義》卷一二之二，頁七。

《春秋元命包》二一五：周先姜嫄履大人跡，生后稷扶桑。

《河圖握矩紀》六八〇：姜原履大人之迹，生后稷。太姒夢大人死，而生文王。

《春秋元命包》二一六：姜嫄遊閟宮，其地扶桑，履大人跡而生稷。

《春秋元命包》三八七：姜嫄遊閟宮，其地扶桑，履大人蹟而生男，以為不祥，棄之，牛羊不踐；又棄之山中，會（代）〔伐〕木者薦覆之；又取而置寒冰上，大鳥來，以一翼藉覆之。以為異，乃收養焉，名之曰棄。相於吳，是為稷。

考文：「感生說」乃創始神話中常見之議題，讖緯言及三皇、五帝、三王之感生傳說，實不勝枚舉，多取材自先秦文獻。此處僅舉讖文五例，以見后稷感生說，可知徐《疏》雖取《史記》，而讖緯亦有類似說辭。

【七九】文王事蹟

△隱一年：王孰謂？謂文王也。

〔疏〕即《我應瑞》云：「季秋之月甲子，赤雀銜丹書，入豐，止于昌戶，昌再拜稽首受之。」又《禮說》云：「文王得白馬、朱鬣、大貝、玄龜」是也。（卷一，頁七）

《尚書帝命驗》一一九：季秋之月甲子，赤雀銜書入酆，止昌戶，昌拜稽首，至於磻溪之水，呂尚釣涯，王下趣拜，曰：「公望七年，乃今見光景於斯。」答曰：「望釣得玉璜，刻曰：『姬受命，呂佐旌。』」遂置車左，王躬執驅，號曰「師尚父」。

《尚書中候‧我應》二八九：周文王為西伯，季秋之月甲子，赤雀銜丹書入豐，止於昌戶，王再拜稽首，最曰：「姬昌，蒼帝子，亡殷者紂也。」

《禮斗威儀》二二二：周王得白馬朱鬣。

《禮緯》a二八九：文王得白馬朱鬣、大貝玄龜。

《孝經援神契》三三一：貴人而賤馬，則白馬朱鬉並集，任用賢良則見。

【八〇】褒賞儀父

△隱一年：〔公羊傳〕「儀父」者何？邾婁之君也。何以名？字也。

〔解詁〕以當褒知為字。

〔疏〕《春秋》以隱新受命而王，儀父慕之，故知當褒。是以《春秋說》云：「褒儀父，善趣聖」者，是也。（卷一，頁一三）

《春秋說題辭》a一四五：褒儀父，善趣聖者。

考文：此條佚文，喬松年《緯攟》取入《春秋說題辭》中，注其出典為「《公羊》邾儀父《傳》」[60]，實為臆斷，其「者」字本非讖文，安居本循之而誤，失考。

釋義：1.《春秋》內魯，隱公既即位，邾婁之君儀父能親賢慕義，於法當褒也，故《繁露・王道》云：「諸侯來朝者得褒，邾婁儀父稱字，滕薛稱侯，荊得人，介葛盧得名。」是朝魯者，《春秋》皆升等一級以褒賞之。又，《繁露・觀德》謂：「諸侯與盟者眾

60 〔清〕喬松年：《緯攟》卷六，頁二一。

矣，而儀父獨漸進。」亦言此事也。何休云：「有土加之曰褒，無土建國曰封。」[61]黃奭本《尚書中候立象》第二四九〇條、安居本《考河命》第a四八七條皆曰：「褒賜群臣，賞爵有分，稷、契、陶益土地。」是則「褒」當有「益之土地」之意也。惟平帝詔師丹曰：「夫褒有德，賞元功，先聖之制，百王不易之道。」[62]是漢代通義又以言辭嘉賞為「褒」也。前條讖文以「土地」為褒賞，此條又以言辭為意，是用字並無定規也。

【八一】楚僭王號

△桓三年：〈公羊傳〉秋七月壬辰朔，日有食之，既。

〈解詁〉光明滅盡也。是後楚滅鄧、穀，上僭稱王，故尤甚也。

〈疏〉解云：《春秋說》云：「桓三年秋七月壬辰朔，日有食之，既。其後楚僭號稱王，滅穀、鄧，政教陵遲」是也。（卷四，頁九）

【八二】龍門之戰

△桓八年：〈公羊傳〉冬十月，雨雪。

〈解詁〉周之十月，夏之八月，未當雨雪，此陰氣大盛，兵象也。是後有郎師，龍門之戰，

---

[61] 〔唐〕孔穎達：《詩經・崧高正義》引，卷一八之三，頁一。

[62] 〔漢〕班固：《漢書》卷八六，頁三五一〇。

沴血尤深。

〔疏〕其龍門之戰者，即下十三年公會紀侯、鄭伯，己巳及齊侯、宋公、衛侯、燕人戰云云是也。《春秋說》云：「龍門之戰，民死傷者滿溝。」故此注云「沴血尤深」也。（卷五，頁四）

△桓十年：〔公羊傳〕其言來戰于郎，何？

〔解詁〕公敗宋師不言戰，龍門之戰，不舉地也。

〔疏〕解云：即下十三年春，公會紀侯、鄭伯，己巳及齊侯、宋公、侯、燕人戰云云。依《春秋說》云，是「龍門之戰」，而不言「戰於龍門」是也。（卷五，頁七）

△桓十三年：郎何以地？

〔解詁〕今親戰龍門，兵攻城池，尤危，故恥之。

〔疏〕解云：《春秋說》云：「龍門之戰，民死傷者滿溝」也者，主說此經，故知之。（卷五，頁一二）

△桓十三年：〔公羊傳〕夏大水。

〔解詁〕為龍門之戰，死傷者眾，民悲哀之所致。（卷五，頁一三）

△桓十四年：〔公羊傳〕御廩災，何以書？記災也。

〔解詁〕火自出燒曰災。先是龍門之戰，死傷者眾，桓無惻痛於民之心，不重宗廟之尊，逆天危先祖，鬼神不饗，故天應之災御廩。（卷五，頁一四）

《春秋感精符》四六：強傑竝侵，戰兵雷合，龍門溺驂。
《春秋合誠圖》五五：戰龍門之下，涉血相創。
《春秋考異郵》五七：時戰在魯之龍門。
《春秋考異郵》五八：龍門之下血如江。
《春秋考異郵》五九：是「龍門之戰」，而不言「戰於龍門」。
《春秋考異郵》六〇：龍門之戰，民死傷者滿溝。

考文：1.徐《疏》引《春秋說》三條，即黃奭本《考異郵》第五九、六〇條。桓公十三、十四年《解詁》言「龍門之戰，死傷者眾」，亦同《考異郵》第六〇條。

2.《考異郵》第五九條，典出桓公八年徐《疏》，趙在翰《七緯》始將之輯入此篇中，然而由《疏》文可知，此句乃徐彥說辭，並非《春秋緯》也。應當刪除。

【八三】榮奢改葬

△莊三年（公羊傳）五月，葬桓王。此未有言崩者，何以書葬？蓋改葬也。

〔解詁〕榮奢改葬爾，故惡錄之。

〔疏〕《傳》必知改葬者，正見《春秋說》云：「恒星不見（夜明）。周人榮奢改葬桓王冢，死尸復擾，終不覺」之文，故也。注「改葬」至「錄之」。言時無非常之變者。即決禮有非常之變者，將亡牛尸柩之時改葬也。言榮奢改葬者，即《春秋說》云：「恒星不見夜明。周人榮奢改葬桓王冢，死尸復擾，終不覺」之文也。若然，案《春秋說》改葬在恒星不見之後，即宜在七年之末，而在三年者，宋氏云：「由三年改葬，故七年恒星不見夜明者，正由今日榮奢改葬故也。」云「故惡錄之」者，謂由此之故惡而深錄之也。（卷六，頁八）

《春秋感精符》四〇：恒星不見夜中，星隕如雨，而王不懼，使榮叔改葬桓王冢，奢麗太長。

《春秋感精符》四一：恒星不見夜明，周人榮奢改葬桓王冢，死尸復擾，終不覺之。

【八四】鄭瞻惑魯

△莊十七年：〔公羊傳〕秋，鄭瞻自齊逃來。何以書？書甚佞也。

〔解詁〕蓋痛魯知而受之，信其計策，以取齊淫女，丹楹刻桷，卒為後敗也。

〔疏〕知「取齊淫女是鄭瞻之計」者，《春秋說》文云。（卷七，頁一九）

△莊十七年：〔公羊傳〕冬，多麋。何以書？記異也。

〔解詁〕麋之為言猶迷也。象魯為鄭瞻所迷惑也。

〔疏〕注「象魯」至「惑也」。解云：《感精符》文。（卷七，頁一九）

《春秋感精符》四二：麋之猶言迷也，象魯為鄭瞻所迷惑也。

《春秋感精符》四三：取齊淫女，是鄭瞻之計。

考文：劉向謂「麋色青，近青祥也，麋之為言迷也」[63]，《解詁》說麋當取此意。考讖緯

63 〔漢〕班固：《漢書・五行志》卷二七，頁一三九六。

「麋」字五見，如「諸侯射麋」（《禮含文嘉》）、「麒似大麋」（《尚書中候》）、「神皇駕六飛麋」（《春秋命歷序》）、「瑤光星散為麋」（《運斗樞》）、「麋解角」（《易通卦驗》），皆未言「麋」具有隱喻，趙在翰《七緯》始將「麋之猶言迷也」輯作讖文，又將「取齊淫女」輯入《感精符》中，皆未言所據，其說尚待考覈。

釋義：陸賈《新語・輔政》云：「鄭儋亡齊而歸魯，齊有九合之名，而魯有乾時之恥。夫據千乘之國，而信讒佞之計，未有不亡者也。」是鄭瞻惑魯，漢初已見其說。

【八五】僖公飭過得澍雨

△僖三年：〔公羊傳〕夏四月，不雨。何以書？記異也。

〔解詁〕當滿一時乃書，一月書者，時僖公得立欣喜，不恤庶眾。比至三〔年〕〔旱〕，即能退辟正殿，飭過求己，循省百官，放佞臣郭都等，理冤獄四百餘人。精誠感天，不雩而得澍雨。故一月即書。善其應變改政，旱不從上發。

〔疏〕注「即能」至「澍雨」。解云：皆《感精符》文。（卷一〇，頁一一）

△僖三年：〔公羊傳〕六月雨。其言六月雨，何？上雨而不甚也。

〔解詁〕所以詳錄賢君精誠之應也。僖公飭過求己，六月澍雨。宣公復古行中，其年穀大豐。明天人相與，報應之際，不可不察其意。（卷一〇，頁一一）

按：述及「僖公謝過」之讖文凡六條，皆列入《春秋緯》中，其文句繁雜，難於卒讀，故列為四欄以利比對。

《春秋考異郵》四〇
僖公三年，
春夏不雨。
於是僖公憂閔，
元服避舍，
釋更徭役之逋，
罷軍寇之誅，
去苛刻峻文慘毒之教，
所蠲浮令四十五事，
曰：「
方今天旱，
野無生稼，
寡人當死，
百姓何辜？
不敢煩人請命，
願撫萬人害，
以身塞無狀。」
禱已，舍齊東郊，
雨大澍也。

《春秋考異郵》四一
僖公之時，
雨澤不澍，比於九月，
公大驚懼，
率群臣禱山川，
以六過自讓，
絀女謁，放下讒佞
郭都之等十三人，
誅領人之吏受貨賂
趙祝等九人，
曰：「辜在寡人。
方今天旱，
野無生稼，
寡人當死，
百姓何謗？
請以身塞無狀也。」

《春秋考異郵》三九
僖公三時
不雨，
帥群臣禱山川，
以過自讓。

《春秋考異郵》四二
禱請山川詞，云：
「方今大旱，
野無生稼，
寡人當死，
百姓何依？
不敢煩民請命，
願撫萬民，
以身塞無狀。」

《春秋感精符》四四
僖公得立欣喜，
不恤庶眾，比致三旱，
即能退避正殿，
飭過求己，
循省百官，
放佞臣郭都等，
理冤獄四百餘人，
《春秋漢含孳》a二七
雩祭禱曰：
「萬國今大旱，
野無生稼，
寡人當死，
百姓何謗？
不敢煩民請命，
願撫百姓，
以身塞無狀。」
精誠感天，
不雩而得澍雨。

考文：1.《解詁》所引之《感精符》為第四欄，似可與安居本《漢含孳》a二七條合為一組，然而詳味其文意，安居本佚文實屬其餘四條《考異郵》之類型。《考異郵》第三九、四二條可合為一組，與四〇、四一條相互參校；《漢含孳》則與《考異郵》第四二條相似。

2.第四〇條之「三年」，三九條改作「三時」，四一條訛「三」為「之」，或乃抄胥之誤。

3.第四〇條「去苛刻……四十五事」，四一條作「放郭都、誅趙祝」，四四條則作「放郭都、理冤獄」。

4.第三九、四一條「禱山川、自讓」，四〇條作「避舍、釋逋」，四四條作「避殿、飭過」。

5.禱辭之「方今大旱」，《漢含孳》誤作「萬國今大旱」，或因抄胥認「方」為「万」，乃改成「萬」字，更加「國」字以順文氣。

6.《解詁》「比至三年」，依明葛鼒《公羊傳》校訂，當作「三旱」為是[64]，可知讖緯作「三旱」者不誤。

7.各佚文出典，《感精符》第四四條出自《公羊傳・僖公三年解詁》、《考異郵》第四

[64] 葛鼒校訂，見永懷堂本《春秋公羊傳》（臺北：新興書局，民國八十一年），卷十，頁六四。

○條出自《後漢書・郎顗傳注》、四一條出自同書〈黃瓊傳注〉、四二條出自《穀梁傳・成公八年疏》、三九條出自《禮記・月令正義》、《漢含孳》a二七條出自《古微書》，以此可證：讖緯佚文經由歷代多方傳抄、迻錄，引用者輒依所須任意改作，致使字句變改，已非東漢原貌矣。

8. 《漢含孳》所言，同於《考異郵》第四二、四○條，其文既首見於《古微書》，疑為孫瑴輯佚時之錯置，或非東漢原有者。

9. 細覈《感精符》文句，頗異於其他五條，既出自漢末何休之手，徵實信當高於李唐之世。或僖公謝罪之事，讖緯原本即有兩種稍異之說辭。

10. 六條佚文可分為兩類，《考異郵》四條及《漢含孳》為一類，以《考異郵》四○最為完整，惟亦不免字句之漏敓、異同；其次則《感精符》自為一類，既出自《解詁》，文句當最接近讖文原貌。

【八六】僖公嫡媵

△僖八年：〈公羊傳〉其言以妾為妻，奈何？蓋脅于齊媵女之先至者也。

〈解詁〉僖公本聘楚女為嫡，齊女為媵。齊先致其女，脅僖公，使用為嫡。

〈疏〉注「僖公」至「為媵」。解云：《春秋說》文。（卷一一，頁二）

△僖二十年：〈公羊傳〉西宮災。何以書。記異也。

〈解詁〉是時僖公為齊所脅，以齊媵為嫡，楚女廢在西宮而不見恤，悲愁怨曠之所生也。言

西宮不繫於小寢者，小寢，夫人所統，妾之所繫也。天意若曰：「楚女本當為夫人，不當繫於齊女。」（卷一一，頁二〇）

△僖十年：〔公羊傳〕冬，大雨雹。何以書？記異也。

〔解詁〕夫人專愛所生也。

〔疏〕解云：蔽障楚女，而專取君愛，故生此雹灾。（卷一一，頁八）

《春秋考異郵》二一：僖公二十有九年秋，昭三年冬，竝大雨雹。時僖公專樂齊女，綺畫珠璣之好，掩月光，陰陽凝為災異。

《春秋佐助期》六二：僖公〔二十〕九年秋，〔昭〕三年冬，竝大雹。時僖公專樂齊女，綺畫珠璣之好，黑掩月光，陰精疑為災異。

【八七】梁亡如魚爛

△僖十九年：〔公羊傳〕梁亡。此未有伐者，其言梁亡何？自亡也。其自亡奈何？魚爛而亡也。

〔解詁〕梁君隆刑峻法，一家犯罪，四家坐之。一國之中，無不被刑者。百姓一旦相率俱去，狀若魚爛。魚爛從內發，故云爾者。其自亡者，明百姓得去之，君當絕者。

〔疏〕注「梁君」至「絕者」。《史記》、《春秋說》有此文也。（卷一一，頁一九）

《繁露・王道》：梁內役民無已，其民不能堪，使民比地為伍，一家亡，五家殺刑。其民曰：「先亡者封，後亡者刑。」君者，將使民以孝於父母，順於長老，守丘墓，承宗廟，世世祀其先。今求財不足，行罰如將不勝，殺戮如屠，仇仇其民，魚爛而亡，國中盡空。《春秋》曰：「梁亡。」亡者自亡也，非人亡之也。（卷四，頁一〇三）

《左傳・桓公十九年》：梁亡，不書其主，自取之也。初，梁伯好土功，亟城而弗處，民罷而弗堪，則曰：「某寇將至，乃溝公宮。」曰：「秦將襲我。」民懼而潰，秦遂取梁。（卷一四，頁二三）

考文：《繁露》「一家亡，五家刑殺」、「魚爛而亡」，類似《解詁》之言，當為《公羊》學如此也。《史記・晉世家》（卷三九，頁一六五五）本《左傳》為說，與《春秋說》云云者並不相同，是則徐《疏》之「史記」當非史遷之《史記》，而是魯史《春秋》之類者也。

【八八】晉文公踐土之盟

△僖二十八年：〈公羊傳〉公朝于王所，曷為不言公如京師？天子在是也。

〈解詁〉時晉文公年老，恐霸功不成，故上白天子曰：「諸侯不可卒致，願王居踐土。」下謂諸侯曰：「天子在是，不可不朝。」迫使正君臣。明王法雖非正，起時可與，故書「朝」，因正其義。不書「諸侯朝」者，外小惡不書，獨錄內也。

〈疏〉注「時晉」至「錄內也」。解云：皆《春秋說》文及《史記》文。云「明王法雖非正，起時可與」者，言明王之法，雖以為非正，欲見當時事，勢不得不然。是故遂書其朝，云「公朝于王所」。言「因正其義」者，欲道臣無召君之義，故不言王之所在。言「不書」（至不書）者，正以諸侯朝王，不在京師，亦是其惡，但非大惡，當「所傳聞之世」，見在不錄之限，是以特書「公朝」。（卷一二，頁一二）

【八九】衛侯復歸

△僖二十八年：〔公羊傳〕六月，衛侯鄭自楚復歸于衛。

〔解詁〕言「復歸」者，天子有命歸之。名者，刺天子歸有罪也。言「自楚」者，為天子諱也。

〔疏〕注「言復歸」至「歸之」。解云：《春秋》文。是以《傳》云：「然後為踐土之會，治反衛侯。」（卷一二，頁一三）

《春秋緯》六四：言「復歸」者，天子有命歸之。

考文：趙在翰《七緯·春秋緯》收此條，下注「《疏》云：『《春秋說》文。』」[65]陳立《公羊義疏》此條下亦注：「舊疏云：『《春秋說》文。』」[66]考《七緯》撰成於嘉慶九年，刊於十四年，較阮元《十三經注疏》刊於嘉慶二十年為先，所見當較正確，則此處徐《疏》應作「《春秋說》文」，乃何休引讖之例也。

【九〇】長人百尺

---

[65] 〔清〕趙在翰：《七緯》卷三五，頁一〇。

[66] 〔清〕陳立：《公羊義疏》卷三五，頁九〇二

△文十一年：〔公羊傳〕狄者何？長狄也，兄弟三人，一者之齊，一者之魯，一者之晉。

〔疏〕何氏蓋取《關中記》云：「秦始皇二十六年，有長人十二，見於臨洮，身長百尺，皆夷狄服。天誡若曰：『勿大為夷狄行，將滅其國。』始皇不知，反喜。是時初併六國，以為瑞，乃收天下兵器，鑄作銅人十二象之」是也。其文，《穀梁》、《左氏》與此長短不同者，不可強合。（卷一四，頁一）

《穀梁・文公十一年疏》：釋曰：《春秋考異郵》云：「兄弟（二）〔三〕人，各長百尺，別之國，欲為君。」何休云「長百尺」，范云「五丈四尺」者，讖緯之書，不可悉信。以此《傳》云「身橫九畝」，故知是「五丈四尺」也。（穀卷一一，頁三）

【九一】亡國三十二

△成五年：〔公羊傳〕梁山崩，壅河三日不沂。

〔解詁〕記「山崩、壅河」者，此象諸侯失勢，王道絕，大夫擅恣，為海內害。自是之後，六十年之中，弒君十四，亡國三十二。

〔疏〕注「自是之後」至「亡國三十二」，《春秋說》文。若對《經》數之，從今以後，訖於六十年，則不及於此數。何者？自今以後盡昭十六年，弒君止有十，亡國止有九。（卷一七，頁一一）

《春秋緯》六五：梁山崩，自是之後，六十年之中，弒君十四，亡國三十二。

【九二】華元見譖

△成十五年：〔公羊傳〕宋華元自晉歸于宋。

〔解詁〕不省文復出宋華元者，朱公卒，子幼，華元以憂國為大夫山所譖，出奔晉，晉人理其罪，宋人反華元、誅山，故繫文大之也。言歸者，明出入無惡也。

〔疏〕言「華元以憂國，為大夫山所譖，出奔晉」，皆《春秋說》文也。（卷一八，頁六）

△襄二十三年：〔公羊傳〕陳侯之弟光，自楚歸于陳。

〔解詁〕宋大夫山譖華元貶，此不貶者，殺二慶而光歸，譖光可知。

〔疏〕云「宋大夫山譖華元貶」者，即成十五年秋，宋華元出奔晉。宋華元自晉歸于宋，宋殺其大夫山，何氏云「不氏」者，見殺在華元歸後，嫌直自見殺者，故貶之，明以譖華元故。今此殺二慶之後，光乃歸者，出入無惡之文，則知譖光明矣。（卷二〇，頁一五）

【九三】晉厲公死

△成十六年：〔公羊傳〕六月丙寅朔，日有食之。

〔解詁〕是後楚滅舒、庸，晉厲公見餓殺尤重，故十七年復食。

〔疏〕十八年春王正月庚申，晉弒其君州蒲是也。《春秋說》以為：「厲公猥殺四大夫，臣下人人恐見及。正月幽之，二月而死。」故此注云「見餓殺」也。（卷一八，頁九）

【九四】陳火

△昭九年：〔公羊傳〕夏四月，陳火。陳已滅矣，其言陳火何？存陳也。

〔解詁〕陳已滅，復火者，死灰復然之象也。此（大）〔天〕意欲存之，故從有國記灾。

〔疏〕注「陳巳」至「記灾」。解云：即《考異郵》：「不陳火之類，未當誅絕，天曉其君，死灰更然之意」是也。（卷二二，頁一五）

《春秋考異郵》五〇：人火為火，天火為災。

《春秋考異郵》五一：陳火之類，未當誅絕，天曉其君，死灰更燃之意。

【九五】季孫負捶謝過

△昭三十一年〔公羊傳〕三十有一年，春，王正月，公在乾侯。季孫隱如會晉荀櫟于適歷。

〔解詁〕時晉侯使荀櫟責季氏不納昭公，為此會也。季氏負捶謝過，欲納昭公，昭公創惡季氏，不敢入，公出奔在外，無君命，所以書會，以殊外。

〔疏〕注「季氏負箠」至「不敢入者」。解云：《春秋說》文。彼注云：「負捶者，聽刑禮也。昭公創惡季氏，不敢入」者，《左傳》亦有其文也。（卷二四，頁一六）

釋義：《春秋緯》謂昭公惡季氏，不敢歸國。《左傳》則謂「公在乾侯，言不能外內也」，是其孤弱不能自處，子家子說公以一乘入魯，則季氏願君之歸國矣，然而「公欲從之，眾從者脅公，不得歸」[67]，是昭公未惡季氏，徒受阻於從者故也。徐《疏》云「《左傳》亦有其文」，實二說之褒貶並不相同。

【九六】子胥復讎

[67] 〔唐〕杜預：《春秋左傳注疏》卷五三，頁一九。

△定四年：〔公羊傳〕復讎不除害。

〔解詁〕取讎身而已，不得兼讎子，復將恐害己而殺之。時子胥因吳之眾，墮平王之墓，燒其宗廟而已。昭王雖可得殺不除云。

〔疏〕注「時子胥」至「而已」。解云：《春秋文》也。彼文又云：「鞭平王之尸，血流至踝。」此注不言之者，省文也。案：昭二十六年秋九月楚子居卒，至今十餘年矣，而言「血流至踝」者，非常之事，寧可常理言之？或者蓋以子胥有至孝之至，精誠感天，使血流所以快孝子之心也。（卷二五，頁一六）

【九七】季孫墮城

△定十年：〔公羊傳〕季孫斯、仲孫何忌帥師墮費。

〔解詁〕郈，叔孫氏所食邑；費，季氏所食邑。二大夫宰吏數叛，患之，以問孔子，孔子曰：「陪臣執國命，采長數叛者，坐邑有城池之固，家有甲兵之藏故也。」季氏說其言而墮之。

〔疏〕注「以問」至「墮之」。解云：《春秋說》及《史記》皆有此言。（卷二六，頁一一）

【九八】黃池之會

△哀四年：〔公羊傳〕蒲社災。

〔解詁〕戒社者，先王所以威示教戒諸侯，使事上也。災者，象諸侯背天子。是後宋事〔彊〕〔彊〕吳，齊、晉前驅，滕、薛俠轂，魯、衛驂乘，故天去戒社，若曰王教絕滅云爾。

〔疏〕注「是後」至「驂乘」。解云：《春秋說》文，謂下十三年黃池之會時也。（卷二七，頁九）

△哀十三年：〔公羊傳〕公會晉侯及吳子于黃池。吳何以稱子？吳主會也。

〔解詁〕以言及時也。時吳彊而無道，敗齊臨菑，乘勝大會中國，齊、晉前驅，魯、衛驂乘，滕、薛俠轂而趨。以諸夏之眾，冠帶之國，反背天子而事夷狄，恥甚，不可忍言，故深為諱辭，使若吳大以禮義會天下諸侯，以尊事天子，故進稱子。（卷二八，頁四）

〔疏〕云「齊、晉前驅，魯、衛驂乘，滕、薛俠轂而趨」者，《春秋說》文也。以下《傳》及《注》云「則天下盡會」，而《春秋說》特舉此六國陵為之役，故偏舉之，或言不盡意故也。（卷二八，頁四）

《春秋感精符》五〇：黃池之會重吳子，滕、薛扶轂，魯、衛驂乘。

《春秋考異郵》五二：（蒲社災）是後宋事彊吳，齊、晉前驅，魯、衛驂乘，滕、薛俠轂而趨。

考文：1.「黃池之會」見《文選・羽獵賦注》，作「《春秋感精記》」68；然而《北堂書鈔・車部下》作《春秋考異郵》，首無「重吳子」三字69，《御覽・車部五》亦同。

---

68 〔唐〕李善：《文選注》卷八，頁七。

69 〔隋〕虞世南：《北堂書鈔》（臺北：宏業書局，民國六十三年）卷一四一，頁四。

孫瑴《古微書》取《文選注》入《春秋考異郵》、趙在翰《七緯》則入《春秋感精符》中，黃奭《通緯》從《七緯》，可知輯本之歸附原無定準也。

2.《七緯》合哀公四、十三年《解詁》所引《春秋說》為一，並輯入《春秋考異郵》中，謂出自《解詁》[70]，顯然非實；句首又加「蒲社災」小字為注，易生混淆，惟黃奭《通緯》從之，乃似此條讖文原本分列二篇緯書中，其實非也。

【九九】麟鳳祥瑞

△哀十四年：〔公羊傳〕十有四年，春，西狩獲麟。

〔解詁〕狀如麕，一角而戴肉，設武備而不為害，所以為仁也。

〔疏〕《春秋說》云：「麟生於火，游于中土，軒轅大角之獸。」……又《鶡冠子》云：「麟者北方玄枵之獸，陰之精」者，正以五行相配言之。……注「狀如」至「是也」。解云：《釋獸》云：「麐，麕身、牛尾、一角。」（卷二八，頁八）

△哀十四年：〔公羊傳〕有以告者曰：「有麕而角者。」

〔解詁〕見采薪者獲麟，知為其出。何者？麟者，木精；薪采者，庶人，燃火之意。

〔疏〕注「何者」至「之意」。解云：《春秋說》云：「麟生於火，游於中土，軒轅大角之獸。」（卷二八，頁一〇）

---

[70] 〔清〕趙在翰：《七緯》卷二九，頁九。

△哀十四年：〔公羊傳〕麟者仁獸，有王者則至。

〔解詁〕《援神契》曰：「德至鳥獸，則鳳皇翔，麒麟臻。」（卷二八，頁九）

《白虎通・封禪》：德至鳥獸，則鳳皇翔，鸞鳥舞，麒麟臻，白虎到，狐九尾，白雉降，白鹿見，白烏下。

《春秋緯》五：麐生於火，遊於中土，軒轅大角之獸。

《論語摘衰讖》a七六：麟，北方玄枵之獸，西方之毛蟲，中央軒轅大角之神，麕身、牛尾。

《孝經援神契》二五六：德至鳥獸，則麒麟臻。

《孝經鉤命決》三九七：刑罰藏，頌聲作，鳳凰至，麒麟臻，封泰山，禪梁甫。

《尚書中候・摘雒戒》三二九：麒麟遊苑，鳳皇翔庭，成王於是援琴而歌。

考文：1.哀公十四年之徐《疏》二引《春秋說》，皆屬同一條讖文；《解詁》則引《援神契》一條。

2.徐《疏》除《春秋說》外，又引《鶡冠子》、《爾雅・釋獸》，安居本《論語讖》乃合三說為一條，成《摘衰讖》a七六之佚文，未言所據，諸家輯本未見收錄。由徐《疏》觀之，安居本此條並非讖文，應作刪除。《解詁》所引《援神契》，言麟、鳳之祥，《白虎通》所載八種鳥獸之祥，或即此條之全文，可作參校。然而與《援神契》類似之讖文，又見於《鉤命決》、《摘雒戒》中，實屬讖緯中之常言也。

【一〇〇】西狩獲麟

△哀十四年：〔公羊傳〕有以告者曰：「有麕而角者。」

〔疏〕「有以」至「角者」。即《孔叢》云：「叔孫氏之車子曰鉏商，樵于野而獲麟焉。眾莫之識，以為不祥，棄之五父之衢。冉有告孔子曰：『有麕肉角，豈天下之妖乎？』夫子曰：『今何在？吾將觀焉。』遂往，謂其御高柴曰：『若求之言，其必麟乎？』到視之，曰：『今宗周將滅，無主，孰為來哉？茲日麟出而死，吾道窮矣！』乃作歌曰：『唐虞之世麟鳳游，今非其時來何由？麟兮麟兮我心憂。』」是也。然則此此告者，其冉求也。若以《孔叢》合之，此《傳》則鄉云「薪采者」，還是「鉏商」也。而《春秋》不言之者，略微故也。不言為漢獲之者，微辭也。（卷二八，頁九）

按：言西狩獲麟事者，有《孝經緯》四條、《論語讖》二條，文句繁多，以表格方式排列如下，以利比對：

《孝經援神契》三二七	《孝經右契》四三	《孝經右契》四二	《孝經右契》a四〇二
魯哀十四年， 孔子夜夢三槐之間， 豐沛之邦，有赤烟氣起， 乃呼顏回、子夏往視之。 驅車到楚西北范氏街， 見芻兒捶麟， 傷其前左足，薪而覆之。	孔子夜夢三槐之間， 豐沛之邦，有赤氣起， 乃呼顏淵、子夏，侶往觀之。 驅車到楚北，范氏之廟， 見芻兒捶麟， 傷其前左足，束薪而覆之。	孔子夜夢 豐沛，邦有赤煙氣起， 顏回、子夏侶往觀之， 驅車到楚西北，范氏之街， 見芻兒捶麟， 傷其前左足，束薪而覆之。	魯哀公十四年， 孔子夜夢三槐之間， 豐、沛之邦，有赤煙氣起， 乃呼顏回、子夏侶往觀之。 驅車到楚北，范氏之街（一作廟）， 見前芻兒捶麟， 傷其前左足，束（一作取）薪

孔子曰：「兒來，汝姓為誰？」	孔子曰：「兒，汝來，汝姓為誰？」	孔子曰：「兒來！汝姓為誰？」	而覆之。 孔子曰：「兒，汝來，姓為誰？」
兒曰：「吾姓為赤誦，名子喬，字受紀。」	兒曰：「吾姓為赤松，名子喬，字受紀。」	兒曰：「吾姓為赤松子。」	兒曰：「吾姓為赤誦（一作松，下有子字），字時喬（一作僑），名受紀。」
孔子曰：「汝豈有所見耶？」	孔子曰：「汝豈有所見邪？」	孔子曰：「汝豈有所見乎？」	孔子曰：「汝豈有所見乎？」
兒曰：「見一禽，巨如羔羊，頭上有角，其末有肉。」	兒曰：「吾見一禽巨，一如麕，羊頭，頭上有角，其末有肉，方以是西走。」	「吾所見一獸，如麕羊頭，頭上有角，其末有肉，方以是西走。」	兒曰：「吾有所見，一禽（一作獸）如麕（一作麕，下有者字），羊頭，上有角，其末有肉方，以是西走。」
孔子曰：「天下已有主也，為赤劉，陳、項為輔。」 五星入井，從歲星。	孔子曰：「天下已有主矣，為赤劉，陳、項為輔，五星入井，從歲星。」		孔子曰：「天下已有主也，為赤劉，陳項為輔，五星入井，從歲星。」
兒發薪下麟，示孔子。	兒發薪下麟，示孔子，	兒發薪下麟，示孔子，	兒發薪下麟，視孔子，
孔子趨而往，麟蒙其耳，吐三卷圖，廣三寸，長八寸，	孔子趨而往，麟蒙其耳，吐三卷圖，各廣三寸，長八尺，	而麟向蒙其耳，吐三卷書， 孔子精而讀之。	孔子趨而往，茸其耳，吐書三卷，孔子精而讀之，圖廣三寸，長八寸，
每卷二十四字， 其言「赤劉當起，曰周亡， 赤氣起，火燿興， 元邱制命，帝卯金。」	每卷二十四字， 其言：「赤劉當起。」文曰：「周姬亡□□， 赤氣起□□□大耀興□□□， 玄邱制命，帝卯金。」		每卷二十四字， 其言「赤劉當起」，曰：「周亡， 赤氣起，火曜興， 元邱制命，帝卯金。」

《論語摘衰讖》a七五	《論語摘衰讖》四四	徐彥《公羊疏》：《孔叢》云：
叔孫氏之車子曰鉏商，樵于野而獲麟焉。	叔孫氏之車子曰鉏商，樵于野而獲麟焉。	「叔孫氏之車卒曰鉏商，樵于野而獲麟焉。
眾莫之識，以為不祥，棄之五父之衢。	眾莫之識，以為不祥，棄之五父之衢，	眾莫之識，以為不祥，棄之五父之衢，
冉有告夫子曰：「有麏而肉角，豈天下之妖乎？」	冉有告孔子曰：「有麏肉角，豈天下之妖乎？」	冉有告孔子曰：『有麏肉角，豈天下之妖乎？』
夫子曰：「今何在？吾將往觀焉。」	夫子曰：「今何在？吾將往觀焉。」	夫子曰：『今何在？吾將觀焉。』
遂往，謂其御高柴曰：「若求之言，其必麟乎。」	遂往，謂其御高柴曰：「若求之言，其必麟乎。」	遂往，謂其御高柴曰：『若求之言，其必麟乎？』
到視之，果信。言偃問曰：「飛者宗鳳，走者宗麟，為難致也。敢問今見，其誰應之？」子曰：「天子布德，將致太平，則麟鳳龜龍先為之祥。今宗周將滅，天下無主，孰為來哉？」	到視之， 曰：「今宗周將滅，天下無主，孰為來哉？	到視之， 曰：『今宗周將滅，無主，孰為來哉？
遂泣曰：「予之於人，猶麟之於獸也。麟出而死，吾道窮矣。」	茲日出而死，吾道窮矣。」	茲日麟出而死，吾道窮矣！』
乃歌曰：「唐虞之世麟鳳游，今非其時來何求？麟兮麟兮我心憂。」	乃作歌曰：『唐虞之世麟鳳游，今非其時來何由？麟兮麟兮我心憂。」	乃作歌曰：「唐虞之世麟鳳游，今非其時來何由？麟兮麟兮我心憂。』」是也。（卷二八，頁九）

考文：1.讖文六條、徐《疏》引《孔叢子》一條，皆言獲麟之事，可分作兩組。前半部分之《孝經緯》四條為一組，言孔子夢見芻兒赤松獲麟，麟吐圖三卷予孔子，其中預言周亡漢興；後半部分之《論語讖》二條及《孔叢子》又為一組，言車子鉏商獲麟，冉有以告知孔子，孔子乃使御者高柴駕車往視之，並作哀歌以自傷。兩組雖皆言獲麟之事，而敘述情節顯然不同；而同一組之佚文，字句亦有多寡之差。

2.第一組以《孝經右契》第四三條文字最全，所闕之八字，覈以其餘三條佚文，實未闕敚也。《右契》第四二條出自《初學記》所引《孝經古契》（當為「右契」之誤），可謂第四三條之刪節。《孝經援神契》第三一七條則為《古微書》由《宋書・符瑞志》輯出此文，又以洪适《隸釋・史晨碑》引「《孝經援神挈》曰：玄丘制命帝卯行」（卷一，頁二五），與此條末句合，是以編入《援神契》中。

3.第二組以安居本a七五文字最全，與黃奭本第四四條，皆承自《古微書》而來。然而《古微書》此條，實即徐彥《公羊疏》文。是以喬松年《緯攟・古微書訂誤》辨之曰：「此文見《孔叢子》，《公羊疏》亦引之，非緯也。孫氏摭作《論語緯》，又大妄也。」[71]是以此條雖見於諸家緯書輯本，實非讖緯佚文，當予刪除也。

4.徐彥《公羊疏》此處引文，已自標明為《孔叢》，雖其文與《孝經緯》相似，實乃後

---

[71] 〔清〕喬松年：《緯攟・古微書訂誤》卷一三，頁一三。

人誤輯，是以徐《疏》所云，並未摘取東漢圖讖佚文也。

【一〇一】孔子卜卦作《春秋》

△隱一年：〈隱公〉卷第一。

〔疏〕問曰：《春秋說》云：「孔子欲作《春秋》，卜得陽豫之卦。」宋氏云：「夏、殷之卦名也。」孔子何故不用《周易》占之乎？荅曰：蓋孔子見西狩獲麟，知周將亡；又見天命有改制作之意，故用夏、殷之《易》矣。（卷一，頁三）

《春秋演孔圖》一六：孔子修《春秋》，九月而成，卜之，得陽豫之卦。

考文：徐《疏》所引之《春秋說》，又見於《路史·炎帝紀》，引作《演孔圖》（《後紀三，頁四》），故知黃奭本所輯篇名無誤。

【一〇二】孔子得端門之命

△哀十四年：〔公羊傳〕君子曷為為《春秋》？撥亂世，反諸正，莫近諸《春秋》。

〔解詁〕得麟之后，天下血書魯端門，曰：「趍作法，孔聖沒；周姬亡，彗東出，秦政起；胡破術，書記散，孔不絕。」子夏明日往視之，血書飛為赤鳥，化為白書，署曰「演孔圖」，中有作圖制法之狀。

〔疏〕注「得麟」至「之狀」。解云：《演孔圖》文也。「疾作王者之法，孔氏聖人將欲沒矣。周王姬氏將亡，是以十三年冬，彗星出于東方矣。秦始皇名正，方欲起為天子，其子胡亥破先王之術，當爾之時，書契紀綱盡皆散亂，唯有孔氏《春秋》口相傳者，獨存而不絕。」孔子聞之，使子夏往視其血書，其血乃飛為赤鳥，其書乃化為白書，署之曰：「此是《演孔圖》中義理。」乃有訓作之象，制法之形狀矣。案：《秦本紀》云：「秦皇為無道，周人以舊典非之，乃用李斯之謀，欲以愚黔首。於是燔《詩》、《書》」云。然則始皇燔《詩》、《書》，而言「胡破術」者，謂始皇燔之不盡，胡亥亦燔之。科舉之亦何傷？（卷二八，頁一四）

△隱一年：〈隱公〉卷第一。

〔疏〕荅曰：《公羊》以為哀公十四年獲麟之後，得端門之命，乃作《春秋》，至九月而止筆。《春秋說》具有其文。（卷一，頁一）

△哀十四年：〈公羊傳〉《春秋》何以始乎隱？

〔解詁〕据得麟乃作。

〔疏〕解云：止以《演孔圖》云：「獲麟而作《春秋》，九月書成」，是也。而《揆命篇》云：「孔子年七十歲，知圖書，作《春秋》」者，何氏以為七十歲者，大判言不妨爾時年七十二矣。猶如「卜世三十，卜年七百」之類也。（卷二八，頁一二）

《春秋揆命篇》a一：孔子年七十，知圖書，作《春秋》。

《河圖揆命篇》a六九六：孔子年七十，知圖書，作《春秋》。

考文：徐《疏》引《揆命篇》，當屬《春秋緯》中，而喬松年《緯攟》乃分別輯入《春秋揆命篇》、《春秋河圖揆命篇》，安居本從之不改，皆屬失誤。鍾肇鵬謂：「《公羊疏》只云『《揆命篇》』，無《春秋》二字。喬氏輯入《河圖揆命篇》是，妄加《春秋》二字，輯入《春秋緯》則非。」[72]然而以緯書止見「經讖」引《河》、《雒》，未有《河》、《雒》引「經讖」之例[73]，且《公羊注疏》全書未嘗引用《河》、《雒》讖文，則鍾氏之言，殆未知讖文體例故也。

【一〇三】孔子得百二十國寶書

△隱一年：〈隱公〉卷第一。

〈疏〉閔因〈敘〉云：「昔孔子受端門之命，制《春秋》之義，使子夏等十四人求周史記，得百二十國寶書，九月經立。」《感精符》、《考異郵》、《說題辭》具有其文。

〈疏〉問曰：若言據百二十國寶書，以為《春秋》，何故《春秋說》云「据周史，立新經」乎？荅曰：閔因〈序〉云：「使子夏等十四人求周史記，得百二十國寶書。」以此言之，周為天子，雖諸侯史記，亦得名為周史矣。問曰：《六藝論》云：「六藝者，圖所生也。」然則《春秋》者，即是六藝也，而言依百二十國史以為《春秋》，何？荅曰：元本「河出圖，洛出書」者，正欲垂範於世也。王者遂依圖書以行其事，史官錄其行事以為《春秋》，夫子就史所錄刊而脩之。（卷一，頁一～二）

---

72 鍾肇鵬：《讖緯論略》（遼寧教育出版社，一九九一年）第二章，頁六八。

73 詳本書〈東漢《河圖》、《雒書》與「經讖」關係之探討〉之「誤收《河圖揆命篇》」節。

《繁露・俞序》：仲尼之作《春秋》也，……引《史記》，理往事，正是非，見王公。《史記》十二公之間，皆衰世之事，故門人惑。（卷六，頁一四九）

考文：1.「据周史，立新經」，即「求周史記……九月經立」之意，是以諸家輯本皆未收此《春秋說》六字為佚文。

2.司馬遷謂「（孔子）因《史記》作《春秋》，上至隱公，下迄哀公十四年，十二公」[74]《史記・陳杞世家》載：「孔子讀《史記》至楚復陳，曰：『賢哉楚莊王！輕千乘之國而重一言。』」[75]又，〈晉世家〉載：晉文公「使人言周襄王狩于河陽。壬申，遂率諸侯朝王於踐土。孔子讀《史記》至文公，曰『諸侯無召王』、『王狩河陽』者，《春秋》諱之也。」[76]可知孔子所求之「百二十國寶書」即「諸侯史記」也，讖緯欲神其事，乃虛造怪奇祥瑞之事以作附會。

釋義：徐《疏》所言「王者依圖書行事」，乃讖緯之常言，如《春秋演孔圖》三四「王者常置圖籙坐旁，以自立」、《春秋感精符》一一九「救日蝕，天子南面秉圖書，察九野」、《易乾鑿度》一〇一「堯、舜者，德聖明達，見能識圖書，為君德正」、《尚

[74] 〔漢〕司馬遷：《史記・孔子世家》（北京：中華書局，一九八二年）卷四七，頁一九四三。

[75] 仝上書，卷三六，頁一五八〇。

[76] 仝上書，卷三九，頁一六六八。

書璇璣鈐》一四〇「五帝之世受籙圖」。君王既依圖書行事，當合乎天命所有之規矩法度矣，而史官載錄此類合矩之行事，則成《春秋》。孔子依此類載事以成六藝，是以謂六藝出自圖書，又有何妨？是則讖文謂孔子得各國寶書，實乃揭示六藝之根源也。

【一〇四】聖人不空生

△隱一年：〈隱公〉卷第一。

〔疏〕夫子所以作《春秋》者，（戴宏）《解疑論》云：「聖人不空生，受命而制作，所以生斯民，覺後生也。西狩獲麟，知天命去周，赤帝方起，麟為周亡之異，漢興之瑞，故孔子曰：『我欲託諸空言，不如載諸行事。』又聞端門之命，有制作之狀，乃遣子夏等求周史記，得百二十國寶書，脩為《春秋》。」（卷一，頁二）

《繁露・俞序》：孔子曰：「吾因其行事，而加乎王心焉。」以為見之空言，不如行事博深切明。（卷六，頁一四九）

《春秋演孔圖》〇七：聖人不空生，必有所制，以顯天心，丘為木鐸，制天下法。

《孝經鉤命決》三三五：聖人不空生，必有所制，以顯天心，丘為木鐸，制天下法。

《孝經援神契》a一〇七：聖人不空生，生必有所制。

《春秋緯》一五：孔子曰：「我欲載之空言，不如見之於行事之深切箸明也。」

考文：1.《解疑論》「聖人不空生」之語，見於《春秋緯》及《孝經緯》，其意漢初已見於著述，陸賈《新語・思務》云：「孔子承衰而作功，聖人不空出，賢者不虛生。」[77]

2.「託諸空言」云云，除《繁露》已言之外，司馬遷〈太史公自序〉亦載：「子曰：『我欲載之空言，不如見之於行事之深切著明也。』」[78]可知《春秋緯》之意，西漢已見傳流。

【一〇五】孔子作《春秋》以授游夏

△昭十二年

〔解詁〕丘，孔子名。其貶、絕、譏、刺之辭，有所失者，是丘之罪。

、〔疏〕注「其貶」至「之罪」。解云：即《春秋說》云：「孔子作《春秋》一萬八千字，九月而書成，以授游、夏之徒，游、夏之徒不能改一字。」是也。（卷二二，頁二〇）

《春秋說題辭》一〇五：孔子作《春秋》一萬八千字，九月而書成，以授游夏之徒，游夏之徒不能改一字。

考文：徐《疏》之《春秋說》，《古微書》輯入《春秋說題辭》中，未言所據，歷代類書等文獻亦未見此條以《說題辭》名篇者，黃奭本既於《春秋緯》錄有此條，又於此篇中從《古微書》之誤，應屬失察之舉。

---

⑰〔漢〕陸賈：《新語》（北京：中華書局）卷下，頁一五七。

⑱〔漢〕司馬遷：《史記》卷一三〇，頁三二九七。

【一〇六】《春秋》釋名

△隱一年：《隱公》卷第一

〔疏〕問曰：案《三統歷》云：「春為陽中，萬物以生；秋為陰中，萬物以成，故名《春秋》。」賈、服依此以解《春秋》之義，不審何氏何名《春秋》乎？荅曰：《公羊》何氏與賈、服不異，亦以為欲使人君動作不失中也。而《春秋說》云：「始於春，終於秋，故曰《春秋》」者，道春為生物之始，而秋為成物之，故云「始於春，終於秋，故曰《春秋》」也。而舊云：《春秋說》云：「哀十四年春，西狩獲麟，作《春秋》，九月書成。以其〔書〕〔春〕作秋成，故云《春秋》也」者，非也。（卷一，頁二）

△哀十四年：〔公羊傳〕《春秋》何以始乎隱？

〔疏〕解云：止以《演孔圖》云：「獲麟而作《春秋》，九月書成」，是也。（卷二八，頁一二）

《春秋緯》一：始於春，終於秋，故曰《春秋》。

《春秋緯》二：哀十四年季春，西狩獲麟，作《春秋》，九月書成。

《春秋演孔圖》一五：獲麟而作《春秋》，九月書成。

《春秋演孔圖》a四〇：哀十四年春，西狩獲麟，作《春秋》，九月書成。以其春作秋成，故曰《春秋》也。

考文：徐《疏》凡引《春秋說》三條，黃奭本《春秋緯》第一、二條即取自前兩條，安居本a四〇取自第三條，所以輯入《演孔圖》，則以哀十四年徐《疏》引《演孔圖》，亦有「九月而成」一文，故作類推也。

釋義：《春秋》所以命名之故，劉歆《三統曆》以為萬物生於春、成於秋，故名。《春秋緯》則有二說，一說從《三統曆》，一說以為是書「春作、秋成」，故名。王充因謂：「春者，歲之始，秋者其終也；《春秋》之經，可以養終奉死，故號為《春秋》。」[79]徐《疏》亦取此說以釋名。

【一〇七】志在《春秋》

(1)志在《春秋》、行在《孝經》

△《公羊傳》何休〈序〉：昔者孔子有云：「吾志在《春秋》，行在《孝經》。」此二學者，聖人之極致，治世之要務也。

〈疏〉《孝經鉤命決》云：「孔子在庶，德無所施，功無所就，志在《春秋》，行在《孝經》」是也。所以《春秋》言「志在」，《孝經》言「行在」：《春秋》者，賞罰善惡之書，見善能賞，見惡能罰，乃是王侯之事，非孔子所能行，故但言「志在」而已；《孝經》者，尊祖愛親，勸子事父，勸臣事君，理關貴賤，臣子所宜行，故曰「行在《孝經》」也。（〈序〉頁一）

---

79 黃暉：《論衡校釋》（北京：中華書局，一九八八年）卷二八，〈正說〉頁一一四〇。

(2)《春秋》屬商、《孝經》屬參

△隱一年：《隱公》卷第一

〔疏〕荅曰：《孝經說》云：「孔子曰：『《春秋》屬商，《孝經》屬參。』」（卷一，頁三）

△哀十四年：〔公羊傳〕顏淵死，子曰：「噫，天喪予。」子路死，子曰：「噫，天祝予。」

〔解詁〕天生顏淵、子路，為夫子輔佐。

〔疏〕游、夏之徒，皆為夫子之輔佐。故《孝經說》云：「《春秋》屬商，《孝經》屬參」是也。（卷二八，頁一一）

《孝經鉤命決》三三六：孔子在庶，德無所施，功無所就，志在《春秋》，行在《孝經》。

《孝經鉤命決》三三七：孔子曰：「吾志在《春秋》，行在《孝經》，以《春秋》屬商，以《孝經》屬參。」

《孝經右契》四八：孔子在庶，德無所施，功無所就，志在《春秋》，行在《孝經》，以《春秋》屬商，《孝經》屬參。

《孝經緯》a七八〇：孔子云：「欲觀我襃貶諸侯之志，在《春秋》；崇人倫之行，在《孝經》。」

考文：1.邢昺《孝經序疏》於上下句間，次列《鉤命決》「志在、行在」、《鉤命決》「屬參、屬商」云云，是以黃奭本第三三七條乃合二條為一。惟黃奭之前，一二〇卷本《說郛》已將徐《疏》所引《孝經鉤命決》、《春秋說》合為一條，輯入《孝經右契》中，似成完整一段，惟讖文本非如此，作《右契》者亦無所據，黃奭本從之，非實也。

2. 安居本a七八〇條，採自北宋成都鄉貢傳注所撰之〈孝經注疏序〉，惟考源其始，此條同於邢昺《孝經序疏》中，解釋《鉤命決》「志在、行在」之語；而邢語又上承鄭玄、孔穎達《禮記・中庸注疏》而來，鄭注云：「孔子曰：『吾志在《春秋》，行在《孝經》。』」孔《疏》謂：「言褒貶諸侯善惡，志在於《春秋》；人倫尊卑之行，在於《孝經》。」[80]馬國翰《玉函山房輯佚書》乃採之入《孝經鉤命決》中，自謂此條佚文，乃結合〈中庸〉之鄭《注》、孔《正義》、以及傳注〈序〉而成。顯然為不實之臆測，安居本循之誤收，亦非是。當予刪除。

【一〇八】《春秋》之用辭

△僖四年〔公羊傳〕：喜楚服也。

〔解詁〕孔子曰：「書之重，辭之復。嗚呼！不可不察，其中必有美者焉。」

〔疏〕注「孔子曰」至「美者焉」。解云：《春秋說》文。（卷一〇，頁一三）

△成十五年：〔公羊傳〕宋華元自晉歸于宋。

〔疏〕知不省文是大之者，正以孔子曰：「書之重，辭之復，嗚呼，其中必有美者焉，不可

---

[80] 〔唐〕孔穎達：《禮記正義》卷五三，頁一五。

不察。」故知也。……《春秋說》文也。（卷一八，頁六）

《繁露‧祭義》：其辭直而重，有再歎之，欲人省其意也。而人尚不省，何其忘哉！孔子曰：

「書之重，辭之複。嗚呼！不可不察也。其中必有美者焉。」（卷一六，頁四一一）

釋義：楚為蠻夷，中國有王則後服，無王則先叛，齊桓盟師召陵以服楚，故孔子美之，筆之於《春秋》，欲人省其意。汪克寬曰：「盟于召陵（僖四年）與會于蕭魚（襄十一年），書法不異，皆一經特筆，一以美齊桓之服楚，一以美晉悼之定鄭。」[81]是其意也。

【一〇九】《春秋》之傳承

△《公羊傳》何休〈序〉：傳《春秋》者非一。

〔疏〕孔子至聖，卻觀無窮，知秦無道，將必燔書，故《春秋》之說，口授子夏，度秦至漢，乃著竹帛，故《說題辭》云：「傳我書者，公羊高也。」（〈序〉頁二）

【一一〇】孔子為漢制《春秋》

△隱一年：《隱公》卷第一

〔疏〕以此言之，則孔子見時衰政失，恐文武之道絕，又見麟獲，劉氏方興，故順天命，以制《春秋》以授之。必知孔子制《春秋》以授漢者，案《春秋說》云：「伏羲作八卦，

---

81 〔清〕孔廣林《公羊通義》引，（收入《皇清經解》中，臺北：漢京文化事業公司）冊一三，頁九一九五。

丘合而演其文，瀆而出其神，作《春秋》以改亂制。」又云：「丘攬史記，援引古圖，推集天變，為漢帝制法，陳敘圖錄。」又云：「丘水精，治法，為赤制功。」又云：「黑龍生為赤，必告（云）〔示〕象，使知命。」又云：「《經》十有四年春，西狩獲麟，赤受命，倉失權，周滅火起，薪采得麟。」以此數文言之，《春秋》為漢制，明矣。（卷一，頁二）

△哀十四年：〔公羊傳〕有王者則至。

〔疏〕若今未大平而麟至者，非直為聖漢將興之瑞，亦為孔子制作之象，故先至。故《孝經說》云：「丘以匹夫，徒步以制正法。」是其賤者獲麟，兼為庶人作法之義也。（卷二八，頁九）

《春秋說題辭》一〇四：伏羲作八卦，某合而演其文，瀆而出其神，作《春秋》以改亂制。

《春秋演孔圖》a四五：邱覽史記，援引古圖，推集天變，為漢帝制法，陳敘圖錄。

《春秋感精符》五二：黑孔生，為赤制。

《春秋漢含孳》a三〇：丘水精，治法為赤制方，又黑龍生為赤告，示象使知命。

《春秋漢含孳》a二九：《經》十有四年春，西狩獲麟，赤受命，蒼天權，周滅火起，薪來得麟。孔子曰：「丘覽史記，援引古圖，推集天變，為漢帝制法，陳敘圖錄。」

《孝經鉤命決》三五五：丘以匹夫，徒步以制正法。

考文：1.徐《疏》引《春秋說》五條、《孝經緯》一條，而輯本分別輯入《說題辭》、《演孔圖》、《漢含孳》及《鉤命決》中。

2. 《古微書》取《春秋說》第二至第四條，皆輯入《春秋漢含孳》中，未言所據。而安居本《漢含孳》a二九從之，乃組合《春秋說》之第五、二兩條而成；a三〇即《春秋說》之第三、四條。

3. 《古微書》取《春秋說》第一條入《說題中》，未言所據，黃奭本從之，亦為疏漏。

4. 黃奭本《感精符》取自李賢《後漢書・郅惲傳注》所引，與徐《疏》第四條文句相類。

5. 《漢含孳》a二九之「天權」乃「失權」之訛，又誤合兩條讖文為一，應重予分列。

【一一一】周微漢興

△哀十三年：有星孛于東方。

〔解詁〕是後周室遂微，諸侯相兼，為秦所滅，燔書道絕。

〔疏〕注「是后」至「道絕」。解云：《春秋說》云：「趨作法，孔聖沒，周姬亡，彗東出，秦正起，胡破術，書記散亂，孔子不絕」也。既言「周姬亡，彗東出」，故知由此孛星，周室遂微也。言「秦正起」，亦由此孛星。《秦本紀》云：「始皇名正，以二十六年滅周而并天下。」故云諸侯相兼，為秦所滅。始皇胡亥並悉焚書，聖人之道于斯絕矣，故曰「燔書道絕」。（卷二八，頁七）

考文：此條讖文，由【一〇二】「孔子得端門之命」勘覈，可知其屬《演孔圖》佚文也。

【一一二】劉季當代周

△哀一四：〔公羊傳〕反袂拭面涕沾袍。

〔解詁〕袍，衣前襟也。夫子素案圖錄，知庶姓劉季當代周，見采薪者獲麟，知為其出。何者？麟者，木精；薪采者，庶人，燃火之意；此赤帝將代周，居其位，故麟為薪采者所執。西狩獲之者，從東方王於西也，東卯、西金象也；言獲者，兵戈文也。言漢姓卯金刀，以兵得天下。不地者，天下異也。又先是螽蟲冬踊，彗金精，掃旦、置新之象。夫子知其將有六國爭彊，從橫相滅之敗，秦、項驅除，積骨流血之虞，然後劉氏乃帝。深閔民之離害甚久，故豫泣也。

〔疏〕注「夫子」至「代周」。解云：蓋見《中候》云：「卯金刀帝出，復堯之常。」是其案圖錄，從亭長之任而為天子，故謂之庶姓矣。……「秦項驅除」。解云：始皇据秦藉滅周之資而殄六國，項羽因胡亥之虐而籠括天下，皆非受命之帝，但為劉氏驅其狐狸，除其豺狼而已。故曰「秦項驅除」。……注「積骨」至「泣也」。解云：虐亦有作害者，爾時天下土崩，英雄鵲起，秦、項之君，視人如芥，殺、函之處，積骨成山，平原之地，血流如海，故曰「積骨流血之虐」也。自此以后，高祖乃興，故曰「然后劉氏乃帝」。

（卷二八，頁一〇）

△哀一四：〔公羊傳〕孔子曰：「孰為來哉？」

〔解詁〕見時無聖帝明王，怪為誰來。

〔疏〕解云：下注云：「夫子素案圖錄，知庶姓劉季當代周，見采薪者獲麟，知為其出。」然則夫子素知此事，而云「孰為來哉」，以怪之者，蓋畏時遠害，故為微解，非其本心注解其語，故「見時無聖帝明王，怪為誰來」矣。或者，「素案圖錄，知劉季當代周」，但初見之時，未知薪采獲麟為之出，仍自未明，故作此言也；乃后詳審，方知為薪采者所獲，於是煥然而寤，是以泣之。亦何傷乎！（卷二八，頁九）

△哀十四年：〔公羊傳〕西狩獲麟。……然則孰狩之？薪采者也。薪采者則微者也。

〔解詁〕西者，据狩言方地，類賤人象也。金主芟艾，而正以春盡，木火當燃之際，舉此為文，知庶人采薪者矣。

〔疏〕《經》言西者賤人象，金主芟艾，持斧之義，而文正以春盡，是火當絕木之時。今乃舉此為文，即知庶人持斧、破木、燃火之意，故曰「知庶人采薪樵者」，似若漢高祖起于布衣之內，持三尺之劍，而以火應之，君臨四海，從東鄉西，以應周家木德之象也。

（卷二八，頁七）

《尚書中候・日角》a五七一：夫子素案圖錄，知庶姓劉季當代周，見薪采者獲麟，知為其出。何者，麟者，木精；薪采者，庶人燃火之意。此赤帝將代周。

《易通卦驗》二六：孔子表《洛書摘亡辟》曰：「亡秦者胡也。……秦為赤軀，非命王。」

《尚書中候・覬期》三四〇：卯金刀帝出，復禹之常。

《尚書中候》a四三六：卯金刀帝出，復堯之常。

考文：1.徐彥將何休注文，分五段疏解，依次為：「夫子素案圖錄」、「麟者木精」、「西狩獲之」、「秦項驅除」、「積骨流血」等，其中止引《春秋說》、《中候》各一條，內文與何《注》不同，此外更未言何《注》與讖緯有關。徐《疏》又解何休「見時無聖帝明王」句，直謂「夫子素案圖錄」云云，是何休注文。可知徐彥當時並未視何《注》為讖緯也。

2. 徐《疏》未視何《注》為讖，而馬國翰《玉函山房輯佚書》乃收入《尚書中候・敕省圖》中，其下自注云：「哀十四年何休《注》，徐彥《疏》云：『蓋見《中候》。』案：『候』言圖錄，當是此篇文，據補。」（《尚書中候》卷中，頁一）然則徐《疏》實引《中候》兩句以證何《注》，並非指謂何《注》為《中候》，馬氏既誤解其文，又置此條入《敕省圖》中，而未言所據，其為失察無疑。

3. 安居本a五七一條更將何《注》輯入《尚書中候・日角》中。考諸家輯本未見《日角》篇名，安居本《日角》佚文亦僅一條而已。詳覈其事，乃知安居本誤讀《玉函》輯文所致也。蓋《玉函》收《敕省圖》佚文六條，第五條為「日角」僅兩字，實為《後漢書・光武帝紀》之《尚書中候》鄭玄注文，第六條即此條。是以安居本誤將「日角」視作此條之篇名，更別為立篇，是誤中之誤也。

4. 安居本《尚書中候》a四三六條「復堯之常」，與徐《疏》異，諸家輯本亦未見作「堯」字者，查安居本此條出據之書，可知乃安居本之筆誤也。

【一一三】虛主

△哀十四年：〔公羊傳〕有以告者曰：「有麕而角者。」

〔疏〕此《傳》則鄉云「薪采者」，還是「鉏商」也。而《春秋》不言之者，略微故也。不言為漢獲之者，微辭也。故《春秋說》云：「不言姓名為虛主。」宋氏云：「劉帝未至，故云虛主。若書姓名，時王惡之。」是其義也。（卷二八，頁九）

《春秋緯》七三：不言姓名為虛主。

參考書目

《周易正義》　唐孔穎達　臺北：藝文印書館

《尚書正義》　唐孔穎達　臺北：藝文印書館

《詩經正義》　唐孔穎達　臺北：藝文印書館

《禮記正義》　唐孔穎達　臺北：藝文印書館

《周禮注疏》　唐賈公彥　臺北：藝文印書館

《春秋左傳注疏》　唐孔穎達　臺北：藝文印書館

《春秋公羊傳注疏》　唐徐彥　臺北：藝文印書館

《春秋穀梁傳注疏》　唐楊士勛　臺北：藝文印書館

《爾雅注疏》　宋邢昺　臺北：藝文印書館

《京房易傳》　漢京房　臺北：武陵出版社

《易圖明辨》　清胡渭　臺北：漢京《皇清經解》本

《尚書大傳》　清孫之騄輯　臺北：臺灣商務印書館景文淵閣《四庫全書》本

《尚書大傳》　清陳壽祺輯　臺北：漢京《皇清經解續編》本

《尚書大傳》　清皮錫瑞疏證　臺北：藝文印書館《尚書類聚初集》第八冊

《逸周書集訓校釋》　清朱右曾釋　臺北：臺灣商務印書館

《韓詩外傳箋疏》　屈守元箋疏　成都：巴蜀書社

《大戴禮記解詁》　清王聘珍　北京：中華書局

《通典》　唐杜祐　北京：中華書局

《禮記正義引書考》　葉程義　臺灣：義聲出版社

《三禮注漢制疏證》　劉善澤　湖南：岳麓書院

《禮記正義引書考》　葉程義　臺灣：義聲出版社

《周官之成書及其反映的文化與時代新考》　金春峯　臺北：東大圖書公司

《古代禮俗左右之辨研究》　彭美鈴　臺北：臺大文史叢刊

《秦漢禮樂教化論》　蘇志宏　四川：四川人民出版社

《樂記理論新探》　呂驥　北京：新華出版社

《春秋史論集》　張以仁　臺北：聯經出版社

《史記春秋十二諸侯史事輯證》　劉操南　天津：天津古籍出版社

《春秋釋例》　晉杜預　臺北：臺灣中華書局
《漢代春秋學研究》　馬勇　四川：四川人民出版社
《漢儒賈逵之春秋左氏學》　葉政欣　臺南：興業圖書公司
《左氏春秋義例辨》　陳槃　南港：中央研究院史語所
《春秋公羊疏》　臺北：臺灣商務景印《四部善本》之宋刊本
《公羊義疏》　清陳立　臺北：臺灣商務印書館
《孔子改制考》　清康有為　北京：中華書局
《公羊家哲學》　陳柱　臺北：臺灣中華書局
《公羊學引論》　蔣慶　遼寧：遼寧教育出版社
《春秋公羊傳要義》　李新霖　臺北：文津出版社
《清末的公羊思想》　孫在春　臺北：臺灣商務印書館
《漢代公羊學災異理論研究》　黃肇基　臺北：文津出版社
《穀梁癈疾申何》　清劉逢祿　臺北：漢京《皇清經解》本
《白虎通疏證》　清陳立　臺北：漢京《皇清經解》本
《白虎通疏證》　吳則虞點校　北京：中華書局點校本
《六藝論》　清陳鱣輯佚　臺北：臺灣商務印書館《叢書集成簡

《駁五經異義》 清王復輯佚 臺北：臺灣商務印書館《叢書集成簡編》本
《箴膏肓》 東漢鄭玄 臺北：臺灣商務印書館《叢書集成簡編》本
《鄭志攷證》 清成蓉鏡輯佚 臺北：新文豐出版公司
《鄭志疏證》 皮錫瑞 臺北：世界書局
《經義考》 清朱彝尊 京都：中文出版社景刻本
《點校補正經義考》 林慶彰編審 南港：中央研究院文哲所
《經學歷史》 皮錫瑞 臺北：河洛圖書出版社
《經學通論》 皮錫瑞 臺北：臺灣商務印書館
《兩漢經學今古文評議》 錢穆 臺北：東大圖書有限公司
《西漢經學與政治》 楊向奎 臺灣：獨立出版社
《西漢經學與政治》 湯志鈞等 上海：上海古籍出版社
《西漢經學源流》 王葆玹 臺北：東大圖書有限公司
《兩漢經學史》 章才權 臺北：萬卷樓出版
《鄭珍集・經學》 清鄭珍 貴州：貴州人民出版社
《經今古文學問題新論》 黃彰健 南港：中央研究院史語所

《周予同經學史論著選集》　朱維錚編　上海：上海人民出版社

《兩漢儒學研究》　夏長樸　臺北：臺大文史叢刊

《漢代學術史略》　顧頡剛　北京：東方出版社

《經今古文字考》　金德建　山東：齊魯書社

《今古文經學新論》　王葆玹　北京：中國社會科學院

《周髀算經注》　魏趙爽注　臺北：臺灣商務印書館《四部叢刊》本

《五行大義》　隋蕭吉　清嘉慶《知不足齋叢書》本

《五行大義校証》　日中村璋八　東京都：明德出版社

《五行大義の基礎的研究》　日中村璋八　東京都：明德出版社

《中國古代陰陽五行の研究》　日井上聰　日本：翰林書房

《陰陽五行及其體系》　鄺芷人　臺北：文津出版社

《從漢書五行志看春秋對西漢政教的影響》　劉德漢　臺北：華正書局

《殷墟卜辭綜述》　陳夢家　北京：科學出版社

《說文解字注》　清段玉裁注　臺北：漢京文化事業有限公司

《說文解字詁林》　清丁福保　臺北：臺灣商務印書館

《隸釋》　宋洪适　臺北：臺灣商務印書館《四部叢刊》廣

編本
《新莽漢簡輯證》 饒宗頤、李均明 臺北：新文豐出版公司
《石刻史料新編》 臺北：新文豐出版公司
《秦漢碑述》 袁維春 北京：工藝美術出版
《漢碑集釋》 高文 河南：河南大學出版社
《古微書》 明孫瑴 臺北：藝文印書館影印《守山閣叢書》本
《漢學堂叢書・通緯逸書考》（一九三四年朱長圻重刊本） 清黃奭 上海：上海古籍出版社
《重修緯書集成》鉛排本八冊 日・安居香山、中村璋八編輯 東京：明德出版社出版
《緯書集成》 上海：上海古籍出版社
《尚書中候疏證》 皮錫瑞 臺北：藝文印書館《尚書類聚初集》
《尚書中候鄭注》 孔廣林 臺北：新文豐出版社《叢書集成初編》本
《緯史論微》 姜忠奎 民國二十四年影印手抄本
《讖緯的整理與研究》 張以仁 臺北：國科會研究獎助論文
《古讖緯研討及其書錄解題》 陳槃 臺北：國立編譯館

《緯學探原》 王令樾 臺北：幼獅文化事業公司

《讖緯論略》 鍾肇鵬 遼寧：遼寧教育出版社

《神秘文化——讖緯文化新探》 王步貴 北京：中國社會科學出版社

《神秘的預言——中國古代讖言研究》 丁鼎、楊洪權 山西：山西人民出版社

《緯書與漢代文化》 李中華 北京：新華出版社

《鄭玄之讖緯學》 呂凱 臺北：嘉新水泥文化基金會獎助出版

《鄭玄之讖緯學》 呂凱 臺北：商務印書館

《緯書》 日·安居香山 東京：明德出版社

《緯書之基礎的研究》 日·安居香山、中村璋八 東京：漢魏文化研究社

《緯書之成立及其展開》 日·安居香山 東京：國書刊行會

《讖緯思想の綜合的研究》 日·安居香山編 東京：國書刊行會

《中國古代金石文所含經書讖緯神仙說攷》 日·內野熊一郎 東京：汲古書院

《緯學研究論叢》 日·中村璋八編 東京：平河出版社

《緯書與中國神秘思想》 日·安居香山著，田人隆譯 河北：河北人民出版社

《超越神話》　冷德熙　北京：東方出版社
《中國謠讖文化研究》　謝貴安　海口市：海南出版社
《讖緯——末世預言》　林野　廣西：廣西民族出版社
《史記》　西漢司馬遷　北京：中華書局標點本
《漢書》　東漢班固　北京：中華書局標點本
《漢書補注》　清王先謙　臺北：新文豐出版公司
《東觀漢紀校注》　吳樹平校注　河南：中州古籍出版社
《漢紀》　東漢荀悅　臺北：華正書局景刻本
《後漢紀》　晉袁宏　臺北：華正書局
《後漢書》　劉宋范曄　北京：中華書局標點本
《後漢書校釋》　周天游校釋　中華文化網（電腦文獻資料庫網站）
《漢官儀》　漢應劭　臺北：臺灣中華書局（收入《漢官六種》中）
《三國志》　晉陳壽　北京：中華書局標點本
《晉書》　唐房玄齡等　北京：中華書局
《宋書》　蕭梁沈約　北京：中華書局
《魏書》　北齊魏收　北京：中華書局

《隋史》　唐魏徵等　北京：中華書局

《舊唐書》　後晉劉昫等　北京：中華書局

《新唐書》　宋歐陽修等　北京：中華書局

《逸周書集訓校釋》　清朱右曾　臺北：臺灣商務印書館

《華陽國志校注》　劉琳校注　四川：巴蜀書社

《西京雜記》　題晉葛洪　臺北：新興書局筆記小說大觀本

《路史》　宋羅泌　臺北：臺灣中華書局仿宋刻本

《繹史》　清馬驌　臺北：臺灣商務印書館《四部叢刊》本

《資治通鑑》　宋司馬光　臺北：宏業書局標點本

《郡齋讀書志校證》　孫猛校證　上海：上海古籍出版社

《直齋書錄解題》　宋陳振孫　上海：上海古籍出版社

《四部正譌》　明胡應麟　臺灣：華聯出版社

《四庫全書總目》　清紀昀　臺北：漢京文化事業有限公司

《補後漢書藝文》　清顧櫰三　臺北：新文豐《叢書集成續編》本

《燕京大學圖書目錄初稿——類書之部》　鄧嗣禹　臺北：大立出版社

《偽書通考》　張心澂　臺北：宏業書局

《考信錄》　清崔述　臺北：世界書局

《古史續辨》　劉起釪　北京：中國社會科學院出版

《中國上古史研究講義》　顧頡剛　臺北：洪業文化事業有限公司

《秦漢間的方士與儒生》　顧頡剛　臺北：里仁書局

《顧頡剛讀書筆記》　顧頡剛　臺北：聯經出版事業公司

《呂思勉讀史札記》上冊　呂思勉　上海：上海古籍出版社

《中國思想通史》　侯外廬等　北京：北京人民出版社

《中國哲學史》上冊　北大哲學系主編　北京：中華書局出版

《中國哲學發展史》（秦漢卷）　任繼愈主編　北京：北京人民出版社

《中國歷代思想史・秦漢卷》　周鈿桂　臺北：文津出版社

《先秦兩漢冥界及神仙思想探源》　蕭登福　臺北：文津出版社

《漢晉學術編年》　劉汝霖　臺北：長安出版社

《乙巳占》　唐李淳風　臺北：新文豐出版公司

《中國古代天文學簡史》　陳遵嬀　臺北：木鐸出版社

《中國天文學史》第一冊　陳遵嬀　臺北：明文書局

《中國天文學史》第三冊　陳遵嬀　上海：人民出版社

《中國天文學史》第四冊　陳遵嬀　上海：人民出版社
《天學真原》　江曉原　遼寧：遼寧教育出版社
《中國古宇宙論》　金祖孟　上海：華東師範大學出版社
《中國古人論天》　周桂鈿　北京：新華出版社
《古曆新探》　陳美東　遼寧：遼寧教育出版社
《古代天文曆法論集》　張聞玉　貴州：貴州人民出版社
《中國古星圖》　陳美東編　遼寧：遼寧教育出版社
《中國恆星觀測史》　潘鼐　上海：學林出版社
《中國天文史料彙編》　中科院北京天文臺　北京：科學出版社
《中國古代天文文物論集》　中科院考古所編　北京：文物出版社
《王充年譜》　鍾肇鵬　山東：齊魯書社
《管子今註今譯》　李勉　臺北：臺灣商務印書館
《晏子逸箋》　鄒太華輯注　臺北：臺灣中華書局
《莊子集釋》　清郭慶藩　臺北：河洛圖書出版公司
《文子要詮》　徐慧君等校注　復旦大學出版社
《尸子》　清汪繼培輯證　臺北：鼎文書局，景光緒三年浙江書局

刻本

《鶡冠子》　宋陸佃解　臺北：臺灣商務印書館

《呂氏春秋校釋》　陳奇猷校釋　上海：學林出版社

《春秋繁露義證》　蘇輿　北京：中華書局

《淮南鴻烈集解》　劉文典　北京：中華書局

《淮南子校釋》　張雙棣　北京：北京大學出版社

《淮南萬畢術》　漢劉安　臺北：新文豐出版公司

《說苑校證》　向宗魯校證　北京：中華書局標點本

《鹽鐵論》　漢桓寬　北京：中華書局標點本

《論衡校釋》　黃暉校釋　北京：中華書局標點本

《風俗通義校注》　王利器校注　臺北：明文書局

《申鑒》　東漢荀悅　臺灣：文文書局景抄本

《蔡中郎集》　東漢蔡邕　臺北：臺灣中華書局倣宋版

《金樓子》　蕭梁元帝　臺北：臺灣商務印書館文淵閣《四庫全書》本

《劉申叔先生遺書》　劉師培　臺北：華世出版社

《山海經》　晉郭璞註　臺北：臺灣中華書局

《楚辭補註》 宋洪興祖 臺北：藝文印書館
《全上古三代兩漢文》 清嚴可均編 京都：中文出版社
點校本《全上古三代秦漢三國文》 陳延嘉等 河北：河北教育出版社
《漢魏遺書鈔》 清王謨 京都：中文出版社
《新序疏證》 趙善詒 華東師範大學出版社
《昭明文選注》 唐李善注 臺北：藝文印書館
《博物志》 晉張華 臺北：明文書局
《搜神記》 晉干寶 臺北：里仁書局
《文心雕龍》 蕭梁劉勰 臺北：明倫出版社
《意林》 唐馬總 臺北：臺灣中華書局仿宋刻本
《稽瑞》 唐劉賡 臺北：新文豐《叢書集成初編》
《續博物志》 宋李石 四川：巴蜀書社
《北堂書鈔》 隋虞世南 臺北：宏業書局景刻本
《玉燭寶典》 隋杜臺卿 臺北：新文豐《叢書集成初編》本四十三冊
《初學記》 唐徐堅 北京：中華書局
《藝文類聚》 唐歐陽詢 臺北：西南書局鉛排本

《開元占經》　唐釋悉達　臺北：臺灣商務印書館，景文淵閣《四庫全書》本
《雲笈七籤》　宋張君房　臺灣：自由出版社
《冊府元龜》　宋王欽若　北京：中華書局
《太平廣記》　宋李昉等　臺北：古新書局標點本
《太平御覽》　宋李昉等　臺北：臺灣商務印書館
《事類賦注》　宋吳淑　北京：中華書局鉛排本
《山堂考索》　宋章如愚　北京：中華書局鉛排本
《玉海》　宋王應麟　臺北：文海出版社
《說郛三種》　明陶宗儀　上海：上海古籍出版社景《宛委山堂》本
《唐類函》　明余安期纂輯　北京：團結出版社
《天中記》　明陳耀文　臺北：臺灣商務印書館，景文淵閣《四庫全書》本
《類雋》　明鄭若庸　上海：上海辭書出版社
《淵鑑類函》　清張英　上海：上海文藝出版社
《佩文韻府》　清張玉書　上海：上海書店
《管城碩記》　清徐文靖　臺北：臺灣商務印書館，景文淵閣《四

庫全書》本

《篛園日札》 清成瓘 臺北：世界書局

【期刊論文】（依出版時間次列）

〈漢碑引緯攷〉 皮錫瑞 《石刻史料新編》第二十七冊

〈三統說的演變〉 顧頡剛 《文瀾學報》，二卷，一期，民國二十五年

〈鄭康成著述考〉 陳家驥 《文學年報》，一九三六年，二期，民國二十五年

〈論讖緯及其分目〉 陳槃 《大陸雜誌》特刊，一期，民國四十一年七月

〈三禮鄭氏學發凡〉 李雲光 師大國研所博士論文，民國五十三年

〈緯書集成河圖類鍼誤〉 張以仁 《中研院史語所集刊》，三五本，民國五十三年九月

〈河圖洛書的本質及其原來的功用〉 戴君仁 《臺大文史哲學報》，十五期，民國五十五年八月

〈禮記正義引佚書考〉 何希淳 師大國研所碩士論文，民國五十五年八月

〈河圖洛書的本質補證〉 戴君仁 《臺大文史哲學報》，十六期，民國五十六年

〈金樓子校注〉 許德平 政大中研所碩士論文，民國五十六年五月

〈讖緯思想下的政治社會——東漢時期〉	金發根	國科會研究獎助論文，民國五十七年
〈陰陽五行家與星曆及占筮〉	王夢鷗	《中研院史語所集刊》，四三本，三分，民國六十年十二月
〈東漢讖緯學之研究〉	呂凱	國科會研究獎助論文，民國六十一年
〈釋九錫〉	劉盼遂	《國學論叢》，二卷二號，民國六十二年五月
〈孔子的另一部書——緯書〉	徐進雄	《幼獅月刊》，三九卷，四期，民國六十三年四月
〈兩漢儒學研究〉	夏長樸	臺大中文所碩士論文，民國六十三年六月
〈白虎通義引禮考述〉	陳玉臺	師大國研所碩士論文，民國六十三年六月
〈中國天文史上的一個重要發現——馬王堆漢墓帛書中的《五星占》〉	劉雲友	《文物》，一九七四年十一期，一九七四年
〈《五星占》附表釋文〉	馬王堆漢墓帛書整理小組	《文物》，一九七四年十一期，一九七四年
〈白虎通義研究〉	王新華	政大中研所碩士論文，民國六四年五月
〈從帛書《五星占》看「先秦渾儀」的創制〉	徐振韜	《考古》，一九七六年二期，一九七六年

〈從宣化遼墓星圖論二十八宿和黃道十二宮〉　夏鼐　《考古學報》，一九七六年二期，一九七六年

〈讖緯思想下的東漢政治和經學〉　金發根　《沈剛伯先生八秩榮慶論文集》，民國六十五年十二月

〈東漢讖緯與政治〉　陳郁芬　臺大中文所碩士論文，民國六十六年

〈試論五星占的時代和內容〉　何幼琦　《學術研究》，一九七九年一期，一九七九年

〈太平經的哲學思想〉　卿希泰　《四川師院學報》，一九八〇年一期，一九八〇年三月

〈書經中的河圖洛書〉　黎凱旋　《中華易學》，一卷，四期，民國六十九年六月

〈河圖與天文曆律〉　黎凱旋　《中華易學》，一卷，五期，民國六十九年七月

〈漢代天文學與陰陽五行說之關係〉　王璧寰　政大中研所碩士論文，民國六十九年六月

〈東漢碑刻與讖緯神學〉　呂宗力　中國社會科學院研究生畢業論文，一九八一年

〈兩漢讖緯神學與反讖緯神學的鬥爭〉　王友三　《復印報刊資料（中國哲學史）》，一九八一年十一期

〈讖緯之學產生的思想淵源的〉　李宋清　《華山師範學報》，一九八二年增刊

歷史條件初探（西漢）〉
〈經、緯與西漢王朝〉　劉修明　《中國哲學》，九輯，一九八三年二月
〈《後漢書》《尚書》考辨〉　蔡根祥　師範大學國文研究所碩士論文，民國七十三年五月
《劉向學述》　韓碧琴　師範大學國文研究所碩士論文，民國七十三年六月
〈白虎通與讖緯〉　林麗雪　《孔孟月刊》，廿二卷，三期
〈論漢代讖緯神學〉　黃開國　《中國哲學史研究》，一九八四年一期
〈從漢碑看讖緯學對東漢思想的影響〉　呂宗力　《中國哲學》，十二輯，一九八四年八月
〈漢碑裏的緯書說〉　日·中村璋八撰，陳鴻森譯　《孔孟月刊》，廿三卷，六期，民國七十四年二月
〈談談許慎及其《說文》跟讖緯的問題〉　王顯　《古漢語論集》，第一輯，一九八五年三月
〈夏小正之經傳〉　莊雅洲　《淡江學報》，民國七十四年十月
〈詩緯星象分野考〉　林金泉　《成功大學學報——人文篇》廿一卷，民國七十五年十一月
〈讖緯的散失和明清時的輯佚〉　李勤德　《古籍整理研究學刊》，一九八七年一期
〈讖緯在哀平時期的泛濫及其　金春鋒　《漢代思想史》一九八七年四月，中國社會

思想意義〉　科學出版社

〈東漢蜀楊厚經緯學宗傳（上、下）〉　程元敏　《國立編譯館》十七卷一、二期，民國七十七年六月、十二月

〈何休春秋公羊解詁研究〉　張廣慶　師大國研碩士論文，七十九年五月

〈讖緯思想與訓詁符號——以白虎通為例〉　羅肇錦　《臺北師院學報》第三期，民國七十九年六月

〈試論漢代的古史系統〉　王仲孚　《漢代文學與思想學術研討會論文》

〈論讖緯〉　鄭先興　《南都學壇》（社科版），一九九一年三期

〈漢代災異學說與儒家君道論〉　楊世文　《中國社會科學》，一九九一年三期

〈東漢時期思想變遷略論〉　韓敬　《孔子研究》，一九九一年三期

〈讖緯中的宇宙秩序〉　殷善培　淡江中研所碩士論文，民國八十年六月

〈緯書政治神話研究〉　冷德熙　北大哲學系博士論文，一九九一年

〈緯書與政治神話研究〉　冷德熙　《天津社會科學》，一九九二年五期

〈論漢代讖緯之學的興起〉　董平　《中國史研究》，一九九三年二期

〈談讖緯文獻〉　方志平　《文獻學研究》，一九九三年

〈論讖緯文獻中的天道聖統〉　徐興無　南京大學中文系研究生畢業論文，一九九三年五月

〈《白虎通》禮制研究〉　唐兆君　輔大中研所碩士論文，民國八十三年六月

〈讖緯韻譜〉 周玟慧 《中國文學研究》第九期，一九九五年六月出版

〈漢代學官制度與儒家典籍的發展〉 邱秀春 淡江中文碩士論文，民國八十四年六月

〈讖緯思想研究〉 殷善培 政治大學中文博士論文，民國八十五年六月

〈禮儀、讖緯與經義——鄭玄經學思想及其解經方法〉 車行健 輔大中研所博士論文，民國八十五年六月

〈漢代《尚書》讖緯學述〉 黃復山 輔大中研所博士論文，民國八十五年六月

〈《白虎通》讖緯思想之歷史研究〉 周德良 淡江中研所碩士論文，民國八十六年二月

〈陶宗儀讖緯輯佚之文獻價值評議〉 黃復山 元代經學國際研討會，中研院文哲所，民國八十七年十二月

〈東漢《河圖》、《雒書》與「經讖」關係之探討〉 黃復山 《一九九七年東亞漢學論文集》，學生書局，一九九八年

〈論儒家神學與皇權的離合關係〉 田兆元 《上海大學學報·社科版》第五卷第二期（一九九八年四月）

〈漢代《河圖》、《雒書》研究〉 黃復山 八十七年度國科會個人研究計劃結案報告 NSC 八七－二四一一－H－○三二－○○三

〈《白虎通》與東漢圖讖關係探 黃復山 八十八年度國科會個人研究計劃結案報告

論〉 NSC 八八—二四一一—H—○三一—○○五

〈《白虎通》引讖說原舛論略〉 黃復山 《張以仁先生七秩壽慶論文集》，學生書局，一九九九年一月

〈緯書與漢代政治〉 張廣保 《原道》（貴州人民出版社），第五輯（一九九九年四月）

〈東漢圖讖《赤伏符》本事考〉 黃復山 《經學研究論叢》第八輯，二○○○年三月號，學生書局

國家圖書館出版品預行編目資料

東漢讖緯學新探

黃復山著. – 初版. – 臺北市：臺灣學生，2000
面；公分
參考書目：面

ISBN 978-957-15-1003-3(精裝)
ISBN 978-957-15-1004-0(平裝)

1. 讖緯學

097 89001822

東漢讖緯學新探

著作者 黃復山
出版者 臺灣學生書局有限公司
發行人 楊雲龍
發行所 臺灣學生書局有限公司
地址 臺北市和平東路一段 75 巷 11 號
劃撥帳號 00024668
電話 (02)23928185
傳真 (02)23928105
E-mail student.book@msa.hinet.net
網址 www.studentbook.com.tw
登記證字號 行政院新聞局局版北市業字第玖捌壹號
定價 精裝新臺幣八〇〇元
平裝新臺幣五〇〇元

二〇〇〇年二月初版
二〇二五年六月初版二刷

09707